Übungsbuch

Moeller • Adolph • Mabee • Berger

SIXTH EDITION

KALEIDOSKOP

Kultur, Literatur und Grammatik

Simone Berger
Rösrath, Germany

Jack Moeller
Oakland University

in association with
Gisela Hoecherl-Alden
University of Maine

Wolfgang Adolph
Florida State University

Houghton Mifflin Company   Boston   New York

Director, World Languages: Beth Kramer
Sponsoring Editor: Randy Welch
Development Editor: Angela Schoenherr
Project Editor: Harriet C. Dishman/Elm Street Publications
Senior Manufacturing Coordinator: Jane Spelman
Marketing Manager: Claudia Martínez

Permissions and Credits

The authors and editors would like to thank the following authors and publishers for granting permission to use copyrighted material.

Übungen zum schriftlichen Ausdruck

p. 3   Courtesy: Hotel Econtel Berlin/Der Tour GmbH, Frankfurt a/M; Grand Hotel Esplanade Berlin/Der Tour GmbH, Frankfurt a/M; InterCity Hotel Berlin/Der Tour GmbH, Frankfurt a/M; Berliner Filmhotel/Der Tour GmbH, Frankfurt a/M

p. 7   Map of Hamburg. Source: www.hamburg-highlights.de/de/citytourmap.php3

p. 10   Source: www.megakids.de

p. 15   Source: *Deutschland*, August/September 2000, from article "Generation @ und die Einheit"

p. 19   Source: *Geo*, Nr.1, 1/2001, p. 167

p. 25   Sources: www.e-werk-koeln.de, www.boncity.de

p. 28   Niemann, Kai. "Im Osten." Reprinted by permission of KUKA music & project GmbH.

p. 32   Source: *Die Zeit*, Nr.12, March 15, 2001

p. 34   "Die Idee zur 'Rampen-Selbsthilfe' kam in Amerika" reprinted by permission of *Deutschland Nachrichten*, March 11, 1994.

p. 37   Courtesy: Al-Andalus; Osho's Place; Restaurant Karawane; Daitokai Restaurant

p. 51   © Erich Rauschenbach, from *Spiegelbilder,* Hrsg. Walther Keim/Hans Dollinger, 1992 List Verlag.

p. 54   "Alle Jahre wieder", aus der Nordwest-Zeitung, Sonnabend, 20. August 1992, #202, S. 8. Reprinted by permission of *Naturschutzbund Deutschland* (NABU), Bonn.

p. 56   Adaptation of an article from *Jugendscala,* Oktober 1980 issue. p. 17. Reprinted by permission of *scala*, Frankfurt a/M ©1980.

Übungen zur Grammatik

p. 63   Bremer Touristik-Zentrale

p. 70   Illustration: Vera Solyosi-Thurzó; from *Der Große Polyglott-Deutschland: Das aktuelle Reisehandbuch.* © Polyglott-Verlag Dr. Bolte KG, München.

p. 73   Illustration: Tim Jones

p. 87   Austrian National Tourist Office

p. 88   Source: pharmacy: www.kollwitzapo.de; theater: www.cinemaxx.com; bakery: Simone Berger; post office: www.deutschepost.de

p. 109   Illustration: Vera Solyosi-Thurzó; from *Polyglott Reiseführer: Österreich.* © Polyglott-Verlag Dr. Bolte KG, München.

Übungen zum Hörverständnis

p. 135   Illustration: Tim Jones

p. 145   Wader, Hannes. Adaptation of "Es zogen einst fünf wilde Schwäne." Reprinted by permission; recording used by permission of Mr. Wader and Phonogram GmbH, Hamburg.

Video Workbook

p. 185   Map: Patti Isaacs/Parrot Graphics

p. 207   Map based on map published in "Unser Berlin," Paul List Verlag, 1961; www.berlinermauer.org

Printed in the U.S.A.

ISBN: 0-618-10319-8

Contents

Video Workbook

The *Übungsbuch* accompanying *Kaleidoskop: Kultur, Literatur und Grammatik, Sixth Edition*, is designed to develop your writing and listening comprehension skills and to reinforce your knowledge of basic grammar in German. The *Übungsbuch* consists of three main components: (1) the Workbook, containing writing activities and written grammar exercises; (2) the Lab Manual, containing listening comprehension activities and oral grammar exercises, as well as a Pronunciation Guide coordinated with the Pronunciation section of the Audio Program; and (3) the Video Workbook. Four different icons are incorporated into the chapter headings to help students locate the various sections easily.

Workbook

The writing exercises (*Übungen zum schriftlichen Ausdruck*) provide you with practice in written expression and writing strategies. All activities are related to the topics of the corresponding *Thema* and reinforce the content and vocabulary of the *Thema*. Activities include controlled exercises as well as more loosely structured situations. You may be asked to complete sentences or passages, or work with active vocabulary. In the more independent activities you are expected to provide appropriate responses to stimulus questions or situations. You can also engage in creative writing such as objective descriptions, letters, personal opinions and impressions. The *Besondere Ausdrücke* exercises provide further practice of the active vocabulary. Some activities are based on authentic texts such as ads or articles from German newspapers and magazines. In other instances the texts have been especially designed for the Workbook. For example, you are asked to select an ethnic restaurant on the basis of several ads or find out what several advertised hotels have to offer for a vacation. Meanings of less familiar terms are glossed in the margins to facilitate your comprehension of the texts.

The written grammar exercises (*Übungen zur Grammatik*) in the Workbook complement those in your textbook. This section also includes a number of exercises with personalized questions that enable you to practice, in more creative fashion, the central grammar principles covered in each chapter. The written grammar exer-cises in the Workbook, like those in the textbook, are situation-based, reinforcing and often amplifying the topics of the corresponding *Thema*. Most of the words are found in the basic vocabulary of the 1,200 high-frequency word list in your textbook.

Lab Manual

The listening comprehension exercises (*Übungen zum Hörverständnis*) of the Lab Manual are based on dialogues or short passages recorded in the Audio Program. You are expected to listen for key ideas and content. Each *Thema*, correlated to the student text, contains one or more exercises asking you to answer questions in writing. Frequent dictations reinforce the new active vocabulary from the textbook and also review vocabulary from the basic 1,200-word list. The final activity is either a true/false or a multiple-choice exercise based on the literary selection in the *Thema*. The poems and many of the authentic cultural texts from the textbook are recorded in the Audio Program, providing you with further listening practice.

A series of oral grammar exercises on the Audio Program (*Mündliche Übungen*) furnish additional practice of the grammar points you have reviewed in the *Kapitel* of the textbook. In these activities you are asked to respond orally to a variety of questions and statements you hear on the tape. To aid you in your understanding, direction lines and models are printed in your Lab Manual.

The last section of the *Mündliche Übungen* is a Pronunciation Guide. Audio icons in the Pronunciation Guide indicate which sections are recorded for repetition.

Video Workbook

The Video Workbook contains activities designed to be used in conjunction with *Kaleidoskop: Das Video*.

Kaleidoskop: Das Video consists of 18 segments from recent broadcasts of the German TV network, the ZDF (*Zweites Deutsches Fernsehen*). At the start of certain segments you will see the lead-in graphics from the various news programs that provided the material: *ML Mona Lisa, heute nacht, heute-journal, Morgenmagazin, drehscheibe Deutschland*. The segments shown in *Kaleidoskop: Das Video* have been chosen because they offer images and texts of interest to you as learners of German. They each deal with some element of German culture and let you see German-speaking people and places from a new perspective. You will hear and see the diversity of German culture, observe the everyday problems of German-speaking people, and confront vital issues of interest to both North Americans and Europeans.

The Video Workbook is divided into ten units, each containing one or two video segments, that correspond to the ten *Themen* of *Kaleidoskop*. The video material in each *Thema* runs from 4 1/2 to 6 minutes, while the total viewing time of *Kaleidoskop: Das Video* is 60 minutes.

Kaleidoskop: Das Video consists of real television programs made by German speakers for viewing by other German speakers. The producers of these video segments did not have learners of German in mind when they created the programs you will be watching. That means that sometimes you will not understand everything that is said. The goal of *Kaleidoskop: Das Video* is to prepare you to understand authentic German-language video programs without feeling that you must know or understand every word.

The Video Workbook helps your understanding by taking you through a series of steps.

Step one consists of two parts. The first part, *Worum geht es hier?* provides a preview of the content of the segment, that is, what is it about? The second part is a type of brainstorming activity entitled *Einstieg* and attempts to aid your understanding of the video by focusing your attention on experiences and ideas you are already familiar with.

In step two you are asked to watch the video segment without sound. At this first viewing you should try to get an overall impression. One or more activities will be based on what you have seen. You may be asked to check off a list of things you have seen. Or you may be asked to put the things you have seen in the order in which they appeared.

In step three you will be asked to view the video with sound. On the first viewing with sound, it is generally useful to concentrate on what the people are doing and on the setting and get just a general idea of what the people are saying. Generally there will be words and even sentences you don't under-

stand. Don't worry about it. You will find you can obtain a very good idea of what the segment is about without having to understand every single word. This step consists of several activities, all designed to aid a more detailed understanding of the segment and to help you understand more of what is said. As part of this step you may be asked to view a certain part of the segment again and answer simple questions or multiple-choice or true/false questions, do a matching exercise, order the events chronologically, or identify which persons said what. The cumulative effect of these various exercises is that you will have a large part of the spoken text before you, part of the actual transcript. It is often useful to read over the sentences in the activities before viewing the tape. In fact, in the direction line we will often remind you to do that very thing. At the end of each segment is a list of the important words in that segment, both from the video and from the activities themselves. You can look in this list for words you don't know. You will discover very soon that with each viewing you understand more and more of the video, so that in the end you are working at a level equal to that of native speakers of German, for whom the video was produced in the first place.

Step four provides culminating activities such as discussion questions and role-playing. In these activities you are encouraged to expand on what you have seen in the video by calling upon your own experiences and imagination. You may be asked to give your impression of a person, action, or idea, to discuss related ideas and concepts, or to work with a partner in a simulated situation.

While playing a video clip you will notice a small time counter in the upper left-hand corner of your TV screen. The counter is visible during each video clip, but turned off during the titles and credits. The time on the counter in the video corresponds to the time next to the ▶ icon at the beginning of those exercises in the Video Workbook that are based upon a simultaneous viewing of the video.

Answer Keys

Answer Keys to the Workbook, Lab Manual, and Video Workbook are included in the Instructor's Resource Manual.

WORKBOOK

Übungen zum schriftlichen Ausdruck

Thema 1   Freizeit

A. Bei der Touristen-Information in Berlin. Hier bekommen Sie Tipps, wo Sie in Berlin übernachten können. Lesen Sie die Anzeigen der verschiedenen Hotels und ergänzen° Sie die Gespräche der Touristinnen und Touristen mit den Angestellten der Touristen-Information.

complete

Hotel Econtel Berlin
Sömmeringstr. 24-26
10589 Berlin
Tel: ++49 (0)30 / 346 81-0
Fax: ++49 (0)30 / 346 81-163

ECONTEL BERLIN

Familienfreundliches Hotel, in ruhiger Lage, nahe Spreeufer und Schloss Charlottenburg. Für Familien gibt es die kinderfreundlichen im „Mickey for Kids" Stil eingerichteten 4-Bett-Zimmer.

Willkommen in der Welt
welcome to the world of **des**
Esplanade Hotels

GRAND HOTEL ESPLANADE BERLIN

LÜTZOWUFER 15, 10785 BERLIN
(BERLIN-TIERGARTEN)
TEL.: 254780   FAX: 254788222

Designer-Hotel, mitten im Kulturzentrum, nahe Kurfürstendamm und Potsdamer Platz. Gourmet-Restaurant, Harry's New York Bar, Berliner Eck-Kneipe, Fitnesscenter mit Hallenbad, Saunen, Solarien, Massage.

IntercityHotel   Berlin

InterCityHotel Berlin
Am Ostbahnhof 5
D-10243 Berlin
Telefon (0 30) 29 36 8 0
Telefax (0 30) 29 36 85 99

Neu eröffnetes Mittelklassehotel, direkt am Ostbahnhof. Restaurant, Bar, Lift, Garage. Zimmerausweis gilt als Fahrausweis für alle öffentlichen Verkehrslinien.

DAS BERLINER FILMHOTEL
Kurfürstendamm 202

Kurfürstendamm 202
10719 Berlin
(Berlin-Charlottenburg)
Tel.: 889100
Fax: 88910280

Erstes Film-Hotel Deutschlands, mit außergewöhnlichem Kinofilm-Ambiente, direkt am Kurfürstendamm, nahe Zoo

1. **TOURISTIN:** Wir haben drei Kinder von fünf bis zwölf. Können Sie uns ein familienfreundliches Hotel empfehlen?

    ANGESTELLTER: Da ist das _____ genau das richtige Hotel für Sie. Dort gibt es sogar Zimmer extra für Kinder.

2. **TOURIST:** Meine Frau ist Architektin und sie möchte gern in einem schicken Hotel mit besonderem Flair übernachten. Außerdem suchen wir etwas, wo wir auch Sport treiben können.

    ANGESTELLTE: Dann rufe ich für Sie gern im _____ an, ob dort noch Zimmer frei sind.

3. **ZWEI JUNGE MÄNNER:** Wir wollen Berlin mit Bus und U-Bahn kennen lernen und das Hotel sollte auch nicht so teuer sein.

    ANGESTELLTER: Das _____ hat neu eröffnet. Dort bekommen Sie sogar inklusive einen Fahrausweis für alle Verkehrslinien.

4. **EINE DAME:** Ich bin zur Berlinale° hier und suche ein Zimmer für drei Tage.   *annual film festival*

    ANGESTELLTE: Dann würde Ihnen das _____ sicher gut gefallen. Ich hoffe, dass noch Zimmer frei sind. Gerade jetzt, wenn so viele Kinofans in der Stadt sind, wollen sicher viele dort wohnen.

5. **EIN HERR:** Das Hotel sollte ruhig liegen. Bei Straßenlärm schlafe ich so schlecht.

    ANGESTELLTE: Das _____ liegt sehr idyllisch in der Nähe des Spreeufers.

6. **EINE DAME:** Ich habe beruflich in Berlin zu tun und suche ein komfortables Hotel. Ich habe zwar wenig Zeit, aber ich gehe gern gut essen und möchte auch abends etwas für meine Gesundheit tun.

    ANGESTELLTER: Im _____ gibt es ein ausgezeichnetes Restaurant und außerdem einen schönen Fitnessbereich mit Sauna und Massageraum.

B. Noch eine Anzeige. Wie sieht Ihr Idealhotel aus? Schreiben Sie eine Anzeige dafür.

NÜTZLICHE INFORMATIONEN: Name, Adresse, Telefon, wichtige/interessante Details.

C. Besondere Ausdrücke.[1] Michael hat Nancy kennen gelernt, als sie als Austauschschülerin in München war. Ergänzen Sie Michaels Brief an Nancy mit passenden Ausdrücken aus der folgenden Liste. Die Paraphrasierungen für die Ausdrücke stehen im Brief in kursiver Schrift in Klammern. Achten Sie darauf, dass Sie die Ausdrücke in manchen Fällen umformen müssen, so dass sie von ihrer Wortstellung° her in den Satz passen.   *word order*

Ich unternehme etwas mit anderen Leuten.	[etwas unternehmen mit]
Ich habe Spaß an sportlichen Aktivitäten.	[Spaß haben an (+ *dat.*)]
Ich beschäftige mich viel mit dem Thema meiner Diplomarbeit.	[sich beschäftigen mit]
Ich bin gespannt darauf, was du zu erzählen hast.	[gespannt sein auf (+ *acc.*)]
Du hast schon Pläne für die Zeit nach dem Studium gemacht.	[Pläne machen für]

Liebe Nancy,

wie geht es dir? Du bist jetzt bald fertig mit dem College, nicht? _____

_____?

(Hast du dir schon überlegt, was du danach machst?)

Du willst doch erstmal arbeiten, bevor du weiterstudierst, nicht? Ich muss zur Zeit viel lernen und

_____.

(denke sehr intensiv über meine Arbeit nach)

Leider habe ich kaum Freizeit und es ist selten, dass _____

                                                    (ich mit meinen Freunden ausgehe)

_____. Aber du wirst es kaum glauben. Seit ein paar Monaten

_____

(treibe ich richtig gern Sport)

Ich habe mir Inliners gekauft und gehe jeden Tag eine Stunde Rollschuhlaufen. Und du hattest Recht,

ich fühle mich wirklich viel fitter als vorher. Es ist übrigens inzwischen auch hier ein richtiger

Volkssport und man sieht viele durch die Gegend fahren – junge Leute, aber auch ältere. Und der

neueste Trend hier sind Kickboards, kleine Roller aus Aluminium. Die sieht man jetzt ziemlich oft.

Gibt es die bei euch in Kalifornien auch?

So, lass mal wieder etwas von dir hören. _____

                                    (Ich bin neugierig zu erfahren, was du so machst.)

_____.

                                    Viele liebe Grüße

                                    von deinem *Michael*

---

[1] This type of exercise occurs in all *Themen*. It provides you with expressions, rather than isolated words, that you will find useful in your future study of the German language. The expressions are taken from the *Einstieg in das Thema* and the *Texte*. In the list that follows the direction line, the specific forms you will need to complete the exercise sentences grammatically and logically are given first. In some instances sentences may need to be modified, e.g., the word order may need to be changed or subjects may need to be dropped. The more general "dictionary entry" forms of the expressions are given in brackets.

D. Jetzt sind Sie dran. Schreiben Sie nun ein paar Sätze von Nancys Antwortbrief. Benutzen Sie drei der Ausdrücke aus **Übung C.**

_____

_____

_____

_____

E. Trendsportarten – eine Umfrage°. Eine Sportartikelfirma macht eine Umfrage über Trendsportarten bei jungen Leuten. Machen Sie auch mit und beantworten Sie die folgenden Fragen in ganzen Sätzen.

poll

1. Wie alt sind Sie?

_____

2. Welchen Sport treiben Sie in Ihrer Freizeit?

_____

3. Wie oft machen Sie diesen Sport? Wie viele Stunden pro Woche/pro Tag?

_____

4. Was gefällt Ihnen an dieser Sportart?

_____

5. Was finden Sie wichtig am Sporttreiben – die Stimmung, die Fitness, die Gesundheit? Warum?

_____

6. Treiben Sie allein Sport? Oder mit Freunden?

_____

7. Welches dieser Sportgeräte haben Sie schon? Rollschuhe, Skateboard, Snowboard, Kickboard?

_____

8. Welches davon möchten Sie gerne haben? Warum?

_____

9. Wie viel Geld geben Sie pro Monat/pro Jahr für Sport aus?

_____

10. Wollen Sie eher mehr oder weniger ausgeben?

_____

F. Hamburg – eine Weltstadt mit Flair. Sie wollen im Sommer nach Deutschland reisen und Sie finden in einem Reiseführer diese Beschreibung von Hamburg. Lesen Sie den Text und beantworten Sie die folgenden Fragen mit ganzen Sätzen.

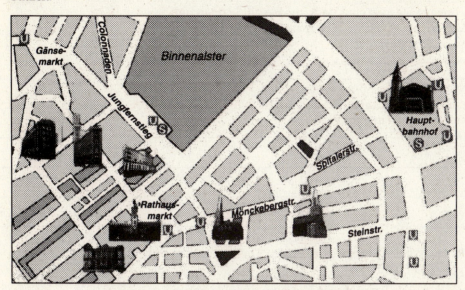

Hamburg – Weltstadt mit vielen Attraktionen

Mit seinen über 2000 Brücken liegt Hamburg vor Venedig und man nennt es auch das „Venedig des Nordens". Lernen Sie diese charmante Weltstadt zu Fuß kennen. Spazieren Sie entlang der Binnenalster° zum Jungfern-stieg° und zur Mönckebergstraße. Hier laden exklusive Geschäfte und elegante Boutiquen zum Shopping ein. Sie finden vom Designerladen bis hin zum Hamburger Traditionsgeschäft alles, was Sie sich nur wünschen. Erholen Sie sich danach in einem der vielen Cafés.

Inner Alster Lake
tree-lined avenue along the Alster

   Kunstfreunden bietet Hamburg eine große Zahl an Galerien und Museen. Lassen Sie sich mit berühmten Kunstwerken durch die Kunst der Jahrhunderte führen. Auch für den Abend gibt es volles Programm. Wie wäre es mit einem Theaterstück, einer Oper oder einem Musical? Wählen Sie zwischen „Hamlet", „Carmen" oder „Das Phantom der Oper". Oder lassen Sie sich mit dem Musicalhit „Saturday Night Fever" in die siebziger Jahre zurückversetzen°. Genießen Sie danach ein ausgezeichnetes Essen in einem der vielen Restaurants. Und für die richtigen Nachtschwärmer° ist die Reeperbahn° in St. Pauli ein absolutes Muss. Feiern Sie in einer der Diskotheken oder Bars die Nacht durch. Hamburg – eine Stadt, die nie schläft.

take back to
night owls
amusement and red light district

1. Wie nennt man Hamburg? Warum?

_____

2. Was können Kunstliebhaber hier machen?

_____

3. Welche Einkaufsmöglichkeiten gibt es in Hamburg?

_____

4. Welche Veranstaltung würden Sie gerne besuchen?

_____

5. Was kann man sonst noch am Abend unternehmen?

_____

G. Schreiben Sie. Beschreiben Sie jetzt eine Stadt, die Sie gut kennen und interessant finden. Verwenden Sie dabei auch manchmal den Imperativ wie in der Beschreibung von Hamburg.

_____

_____

_____

_____

_____

H. Schreiben Sie: Gedichte. Wählen Sie eines der beiden Themen und schreiben Sie ein Gedicht auf ein extra Blatt Papier.

1. Konkrete Gedichte verbinden Wort, Laut° und Bild. Schreiben Sie Ihr   *sound*
   eigenes konkretes Gedicht zum Thema Freizeit. Lesen Sie zuerst das
   Gedicht „ die zeit vergeht" des bekannten Dichters Ernst Jandl im Buch
   auf Seite 29 und danach das folgende Beispiel zum Thema Freizeit.

> **Freizeit**
>
> fitnesstraining joggen inlineskaten snowboarden einkaufen
> computerspiele internetsurfen fernsehen skateboarden aerobics
> fitnesstraining joggen inlineskaten snowboarden einkaufen
> computerspiele internetsurfen fernsehen skateboarden aerobics
> freie Zeit? Nein!

2. Lesen Sie das Gedicht „Vergnügungen" von Bertolt Brecht im Buch auf
   Seite 24. Was macht Ihnen Spaß? Schreiben Sie Ihr eigenes Gedicht zum
   Thema Freizeit, Spaß und Vergnügen. Vergessen Sie nicht den Titel!

Thema 2   Kommunikation

A. Mimik°. Neben Sprache ist die Körpersprache – Haltung, Gestik° und Mimik – ein wichtiger Teil der Kommunikation. Hier sehen Sie ein Beispiel der so genannten „Berliner Luftblasen°" aus dem Wochenmagazin *Stern*. In dieser Rubrik werden immer Fotos von Politikerinnen oder Politikern gezeigt, denen man in Sprechblasen° passende Worte „in den Mund legt". Hier sehen Sie drei Nahaufnahmen° von Außenminister° Joschka Fischer. Beschreiben Sie, wie er aussieht und seinen Gesichtsausdruck auf jedem der drei Fotos. Überlegen Sie sich dann, was er auf jedem einzelnen Bild vielleicht sagt oder denkt und schreiben Sie diesen Text in die leeren Sprechblasen.

facial expressions / gestures
air bubbles

speech bubbles / close-ups / Secretary of State

Nützliche Vokabeln

verträumt dreamy	**nachdenklich** pensive	**glücklich**
genießerisch appreciative	**konzentriert** thinking hard	**zufrieden**
erstaunt surprised	**verzückt** enraptured	

⭐ BERLINER LUFTBLASEN

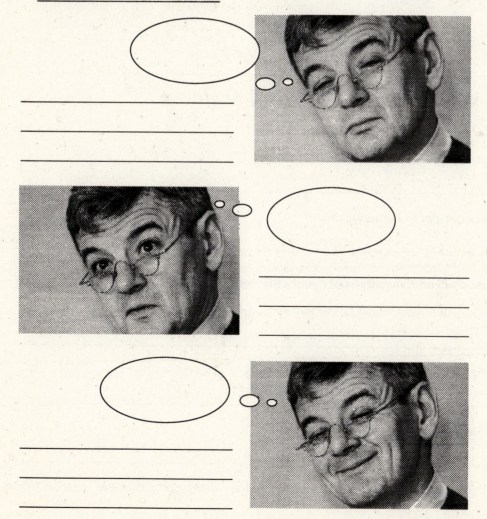

Übungen zum schriftlichen Ausdruck **Thema 2 ■ 9**

B. Kinder am PC. Der folgende Text ist aus der Broschüre einer Computerschule für Kinder. Lesen Sie den Text und beantworten Sie die Fragen.

von 4–16 Jahre

Computerkurse für Kinder

Computer sind aus unserer Welt nicht mehr wegzudenken. Sie spielen eine immer wichtigere Rolle im täglichen Leben. Die MegaKids Computerschule hat es sich zur Aufgabe gemacht, die Kinder so früh wie möglich an die neuen Technologien heranzuführen. Je eher, desto besser. Denn so leicht wie jetzt lernen sie nie wieder!

Schritt für Schritt lernen bei MegaKids

In den Kursen lernen die Kinder alle wichtigen Bereiche° der Computernutzung kennen:

Sie arbeiten mit verschiedenen **Textverarbeitungsprogrammen**° und werden in Teamarbeit eine Schülerzeitung machen. Sie lernen, wie man mit **Grafikprogrammen** malt, zeichnet°, Fotos scannt, bearbeitet und druckt°. Sie verwenden **Lernprogramme,** die ihnen Wissen aus allen möglichen Bereichen – von Mathematik und Musik über Geografie bis hin zu Fremdsprachen – spielerisch präsentieren.

Außerdem bekommen sie eine Einführung°, wie ein Computer funktioniert. Mit einem Ausflug auf den Datenhighway lernen die Kinder dann, wie man das **Internet** nutzen kann.

Bereiche areas *Textverarbeitungsprogramme* word-processing software *zeichnet* draw *druckt* print
Einführung introduction

1. Welche Rolle spielen Computer heute?

   _____

2. Warum sollen Kinder schon früh lernen mit dem Computer zu arbeiten?

   _____

3. Was kann man mit den Grafikprogrammen lernen?

   _____

4. Für welche Bereiche gibt es Lernprogramme?

   _____

Und nun Ihre persönlichen Erfahrungen mit dem Computer:

5. Wie alt waren Sie, als Sie das erste Mal vor einem Computer saßen?

   _____

6. Was waren Ihre ersten Tätigkeiten am Computer?

   _____

7. Wann haben Sie das erste Mal im Internet gesurft?

   _____

8. Finden Sie es gut, wenn Kinder schon mit 4 Jahren Zeit am Computer verbringen? Warum (nicht)?

   _____

C. Besondere Ausdrücke: Warum ich E-Mails so toll finde. Sarah, 18, berichtet, warum sie viel lieber E-Mails schreibt als Briefe. Ergänzen Sie Sarahs Bericht mit passenden Ausdrücken aus der folgenden Liste. Die Paraphrasierungen für die Ausdrücke stehen im Text in kursiver Schrift in Klammern. Achten Sie darauf, dass Sie die Ausdrücke in manchen Fällen umformen müssen, so dass sie von ihrer Wortstellung° her in den Satz passen.

word order

Ich kann meine Emotionen besser ausdrücken.   [etwas ausdrücken]
In meinem Alltag spielen E-Mails eine   [eine besondere Rolle spielen]
   besondere Rolle.
Ich freue mich darüber.   [sich freuen über (+ *acc.*)]
Ich habe es satt.   [etwas satt haben]
Ich kann mir ihre Stimmung genau vorstellen.   [sich etwas vorstellen]

_____, dass manche Leute
(Es ärgert mich)

meine Generation, die so genannte Generation @, für egozentrisch und kon-

taktarm halten. Doch gerade durch das Internet kann ich mit vielen Leuten

Kontakt halten. _____
   (E-Mails sind für mich sehr wichtig.)

_____. Wenn ich E-Mails von meinen

Freunden bekomme, _____.
   (bin ich darüber sehr froh)

E-Mails finde ich oft viel ehrlicher° und direkter als Briefe. Wenn ich einen   *more honest*

Brief schreibe, meine ich immer, es muss alles plausibel klingen°. Dabei muss   *sound*

ich dann oft etwas erfinden, so dass alles zusammenpasst. Eine E-mail

schreibe ich ganz spontan und sie ist wahr für diesen Moment. Sie ist ein biss-

chen wie ein Gespräch. Oder anders gesagt, wie ein Schnappschuss° von mir   *snapshot*

– ein Brief ist eher wie ein Foto, auf dem ich posiere. In einer E-Mail

_____.
(kann ich von meinen Gefühlen ganz offen erzählen)

Und wenn zum Beipiel meine Freundin Tanja mir eine E-Mail schreibt,

_____.
(weiß ich ganz genau, wie ihre Laune ist)

Jemand hat einmal gesagt, „eine E-Mail ist, wie wenn man einem Freund, der

1000 km weit weg wohnt, etwas ins Ohr flüstert°". Ich finde, das ist ein guter   *whispers*

Vergleich.

D. Der Vermieter. Sie wollen das Zimmer von Herrn Altenkirch mieten. Bevor Sie das Zimmer mieten, möchten Sie noch einiges von Herrn Altenkirch wissen. Da er inzwischen ein Telefon hat, können Sie ihn anrufen. Welche Fragen stellen Sie ihm? Formulieren° Sie die logischen Fragen zu den Antworten, die Herr Altenkirch Ihnen gibt.

give

1. SIE: _____?

   HERR ALTENKIRCH: Die Wohnung ist nur fünf Minuten vom Stadtzentrum entfernt.

2. SIE: _____?

   HERR ALTENKIRCH: Es ist ein großes, helles Zimmer.

3. SIE: _____?

   HERR ALTENKIRCH: Ja, es ist möbliert°! Es hat ein Bett, einen Tisch, einen Schrank, einen Stuhl, ein Bücherregal und einen Sessel.

   furnished

4. SIE: _____?

   HERR ALTENKIRCH: Die Miete ist 230 Euro im Monat.

5. SIE: _____?

   HERR ALTENKIRCH: Nein, leider keine Haustiere. Ich bin allergisch gegen Katzen und Hunde.

6. SIE: _____?

   HERR ALTENKIRCH: Das Zimmer ist im Moment nicht vermietet. Sie könnten sofort einziehen°.

   move in

7. SIE: _____?

   HERR ALTENKIRCH: Besuch ist bei mir immer willkommen!

E. Postkarte an Herrn Altenkirch. Nach ein paar Jahren treffen Sie zufällig° eine Dame aus Brandenburg, die Herrn Altenkirch kennt. Sie erzählt Ihnen, dass Herr Altenkirch sehr deprimiert und einsam ist. Sie hatten immer ein schlechtes Gewissen°, dass Sie ihm nie eine Postkarte geschickt haben. Jetzt schreiben Sie ihm und erzählen ihm von Ihrem neuen Wohnort und Ihrer Arbeit dort. Entschuldigen Sie sich auch, dass Sie so lange nicht geschrieben haben. Verwenden Sie dabei auch Modalverben im Präteritum.

by accident

bad conscience

Lieber Herr Altenkirch,

An Herrn Altenkirch

Hauptstraße 7

14776 Brandenburg

F. Eine Meinungsverschiedenheit. Heute findet beim Fernsehsender „Pro 7" ein Meeting statt über das Thema „Gewalt in Filmen". Die verschiedenen Mitarbeiterinnen und Mitarbeiter haben unterschiedliche Meinungen. Formulieren Sie für drei der Argumente ein passendes Gegenargument.

FRAU ÖTTINGER: Wenn wir keine Actionfilme mehr anbieten, werden unsere Zuschauerzahlen zurückgehen°.   *decrease*

SIE: _____

_____

HERR TEURER: Ich glaube schon, dass auch Kinder zwischen Film und Realität unterscheiden können. Das heißt, ich glaube nicht, dass sie auch selbst aggressiver und gewalttätiger° werden, wenn sie Gewalt im Film sehen.   *more violent*

SIE: _____

_____

HERR OHLMANN: Wir können die Kritik an unserem Filmprogramm nicht ignorieren. Filme, die Gewalt zeigen, dürfen wir nur am späten Abend senden.

SIE: _____

_____

FRAU WOLLENWEBER: Ich finde, die Eltern sind selbst verantwortlich° dafür, dass ihre Kinder keine Filme mit zu viel Gewalt anschauen. Wir zwingen ja niemanden unser Programm zu sehen.   *responsible*

SIE: _____

_____

G. Schreiben Sie: Das Internet. Wählen Sie eines der beiden Themen und schreiben Sie einen kurzen Aufsatz auf ein extra Blatt Papier.

1. Lesen Sie die ersten beiden Abschnitte des Texts „Ständig unter Strom" im Buch auf Seite 36. Wie sieht ein typischer Nachmittag im Leben eines Jugendlichen der Generation @ aus? Was halten Sie von einem solchen Freizeitprogramm?

2. Sie möchten Ihr Deutsch verbessern und suchen internationale E-Mail-Partner im Internet. Schreiben Sie ein kurzes Selbstporträt. Vergessen Sie nicht Ihre E-Mail-Adresse anzugeben.

F.   Eine Meinungsverschiedenheit. Heute findet beim Fernsehsender „Pro 7" ein
Meeting statt über das Thema „Gewalt in Filmen". Die verschiedenen
Mitarbeiterinnen und Mitarbeiter haben unterschiedliche Meinungen.
Formulieren Sie für drei der Argumente ein passendes Gegenargument.

FRAU ÖTTINGER: Wenn wir keine Actionfilme mehr anbieten, werden unsere
Zuschauerzahlen zurückgehen°.   *decrease*

SIE: _____

_____

HERR TEURER: Ich glaube schon, dass auch Kinder zwischen Film und
Realität unterscheiden können. Das heißt, ich glaube nicht,
dass sie auch selbst aggressiver und gewalttätiger° werden,   *more violent*
wenn sie Gewalt im Film sehen.

SIE: _____

_____

HERR OHLMANN: Wir können die Kritik an unserem Filmprogramm nicht
ignorieren. Filme, die Gewalt zeigen, dürfen wir nur am
späten Abend senden.

SIE: _____

_____

FRAU WOLLENWEBER: Ich finde, die Eltern sind selbst verantwortlich° dafür, dass   *responsible*
ihre Kinder keine Filme mit zu viel Gewalt anschauen. Wir
zwingen ja niemanden unser Programm zu sehen.

SIE: _____

_____

G.   Schreiben Sie: Das Internet. Wählen Sie eines der beiden Themen und
schreiben Sie einen kurzen Aufsatz auf ein extra Blatt Papier.

1. Lesen Sie die ersten beiden Abschnitte des Texts „Ständig unter Strom" im
Buch auf Seite 36. Wie sieht ein typischer Nachmittag im Leben eines
Jugendlichen der Generation @ aus? Was halten Sie von einem solchen
Freizeitprogramm?

2. Sie möchten Ihr Deutsch verbessern und suchen internationale E-Mail-
Partner im Internet. Schreiben Sie ein kurzes Selbstporträt. Vergessen Sie
nicht Ihre E-Mail-Adresse anzugeben.

Thema 3   Deutschland im 21. Jahrhundert

A. Das vereinigte Deutschland. Sehen sich „Ossis" und „Wessis" inzwischen als eine Nation? Vergleichen Sie die folgenden Aussagen aus verschiedenen Umfragen im Jahre 1999 mit dem *Spiegel*-Interview von 1999 „Bei den Wessis ist jeder für sich" (im Buch auf Seite 58 bis 60). Markieren Sie den Satz mit **a**, wenn der Inhalt der Aussage aus dem *Spiegel*-Interview ist. Markieren Sie die Aussagen mit **b**, wenn Sie den Inhalt nicht im *Spiegel*-Interview finden.

_____ 1. Die Ostdeutschen sind insgesamt pessimistischer als die Westdeutschen.

_____ 2. Das Zusammengehörigkeitsgefühl° ist bei den Ostdeutschen stärker.

communal spirit

_____ 3. Für die medizinische Versorgung° mussten die DDR-Bürger nichts bezahlen.

care

_____ 4. Die Westdeutschen sind mit ihrer Arbeit und ihrer finanziellen und gesundheitlichen Situation zufriedener als die Ostdeutschen.

_____ 5. In der DDR gab es Noten in Fleiß° und Betragen°.

effort / conduct

_____ 6. 42 Prozent der Ostdeutschen haben sich im Gesellschaftssystem der DDR wohler gefühlt als in der Bundesrepublik.

_____ 7. 88 Prozent der Ostdeutschen sind aber der Ansicht, dass die Wiedervereinigung richtig war.

_____ 8. Die meisten Lehrbücher, die an ostdeutschen Schulen benutzt werden, sind von westlichem Denken geprägt°.

molded

B. Ein Ostdeutscher berichtet. Lesen Sie, was Etienne Runow, ein 22-Jähriger aus Leipzig, über sein Leben im vereinigten Deutschland sagt: Was für ihn die Einheit bedeutet und wie er seine Zukunft sieht. Schreiben Sie seine Aussagen über das Leben in der DDR und das Leben in der Bundesrepublik in die folgende Tabelle.

Ich war 12 Jahre alt, als die Wende kam. Durch meine kommunistische Erziehung war die Zeit etwas beängstigend°, aber rückblickend° auch eindrucksvoll, sie zumindest halb bewusst miterlebt zu haben. Heute habe ich wesentlich mehr Freiheiten. Es gibt mehr Möglichkeiten, sich selbst zu verwirklichen°. Man kann etwas Eigenes aufbauen. Das ist positiv. Nicht so schön finde ich die zwischenmenschliche Entwicklung. Viele sind zu egoistisch. Aber das überwiegt° nicht. In der Familie hat sich nicht viel geändert, außer dass meine Mutter jetzt arbeitslos ist. Sagen wir, ich vermisse die DDR nicht.

frightening
looking back

fulfill oneself

predominate

Leben in der DDR	Leben in der Bundesrepublik

C. Was meinen Sie? In manchen Bundesländern wird überlegt, ob man an den Schulen wieder Noten für Fleiß und Betragen einführen sollte. Was sind Ihrer Meinung nach die Vorteile? Was sind die Nachteile?

_____

_____

_____

_____

D. Besondere Ausdrücke. Philipp möchte am College of Europe in Brügge°   *Bruges*
weiterstudieren, doch seine Eltern sind dagegen. Er schreibt ihnen einen Brief. Ergänzen Sie Philipps Brief mit passenden Ausdrücken aus der folgenden Liste. Die Paraphrasierungen für die Ausdrücke stehen im Text in kursiver Schrift in Klammern. Achten Sie darauf, dass Sie die Ausdrücke in manchen Fällen umformen müssen, so dass sie von ihrer Wortstellung her in den Satz passen.

Ich war ärgerlich darüber.   [über etwas ärgerlich sein]
Ich interessiere mich schon seit mehreren Jahren   [sich für etwas interessieren]
    dafür.
Vielleicht können wir am Wochenende noch   [über etwas sprechen]
    einmal in aller Ruhe darüber sprechen.
Ihr wollt doch sicher nicht verantwortlich dafür   [verantwortlich sein für]
    sein.
Ihr könnt euch das leisten.   [sich etwas leisten können]
Überlegt es euch bitte noch einmal.   [sich etwas überlegen]

Liebe Mutti, lieber Papa,

da es bei meinem letzten Besuch leider zum Streit kam, möchte ich euch heute

schreiben. _____,
        (Ich fand es gar nicht nett)

dass Papa mir nicht einmal zuhören wollte. Deshalb schreibe ich hier noch

einmal meine genauen Gründe, warum ich in Brügge EU-Recht weiter-

studieren möchte. _____
            (Schon seit längerer Zeit habe ich großes Interesse daran)

_____ und meine Uni ist nicht darauf spezialisiert.

Das College of Europe ist bekannt und es ist dort auch möglich schon

Kontakte zu EU-Mitarbeitern zu bekommen. Ich möchte später gern für die

Europäische Union arbeiten, deshalb muss ich schon heute etwas dafür tun.

Wenn ich nicht in Brügge studieren kann, wird es schwieriger sein mein Ziel

zu realisieren. _____

(Ihr wollt doch sicher nicht schuld daran sein.)

_____.

    Natürlich sind die Kosten dafür ein wichtiges Thema, weil die Studien-

gebühren° hoch sind. Ich denke eigentlich, dass _____   *tuition*

_____. Trotzdem möchte ich euch

(ihr genug Geld habt, um das zu bezahlen)

das Geld zurückzahlen, wenn ich mit dem Studium fertig bin. Wenn ich dann

in meinem Traumberuf arbeite, wird das sicher nicht so schwierig sein.

_____

(Denkt bitte noch einmal darüber nach)

Es geht um meine Zukunft und es ist mir sehr ernst mit meinem Berufsziel.

_____

(Wir können uns doch sicher am Sonntag noch einmal ganz ruhig darüber unterhalten.)

_____.

    Viele liebe Grüße

    euer *Philipp*

E. Jetzt sind Sie dran. Schreiben Sie nun Ihre eigenen Sätze oder einen Absatz
über einen Konflikt, den Sie mit jemandem hatten. Benutzen Sie drei der
Ausdrücke aus **Übung D.**

_____

_____

_____

_____

F. Die EU – ein kleines Quiz. Hier finden Sie einige Fakten über die Europäische Union. Setzen Sie die richtige Information ein, um die Aussage zu ergänzen.

_____ 1. Die Europäische Union hat _____ Staaten als Mitglieder.
    a. 11   b. 13   c. 15   d. 17

_____ 2. _____ gehört nicht zur Europäischen Union.
    a. Großbritannien   b. Griechenland
    c. Die Schweiz   d. Irland

_____ 3. Der Sitz des Europäischen Parlaments ist in _____.
    a. Straßburg   b. Brüssel   c. Amsterdam   d. Wien

_____ 4. Die EU hattte im Jahre 1999 _____ Millionen Einwohner.
    a. 178,5   b. 280,6   c. 375,9   d. 481,2

_____ 5. Seit dem Jahr 2002 bezahlt man in Österreich mit _____.
    a. Mark   b. Schilling   c. Euro   d. Franken

_____ 6. Drei der Mitgliedsländer der EU gehören nicht zur Währungsunion°. Eins davon ist _____.   *currency union*
    a. Dänemark   b. Schweden   c. Luxemburg   d. Frankreich

_____ 7. Ein Euro ist 100 _____.
    a. Pfennige   b. Rappen   c. Schillinge   d. Cents

G. Schreiben Sie. Wählen° Sie eines der drei Themen und schreiben Sie auf ein extra Blatt Papier.   *choose*

1. Denken Sie an das Drehbuch zu dem Film „Das Versprechen". Stellen Sie sich vor, dass Sie Konrad oder Sophie sind. Nach 38 Jahren ist die Grenze zwischen Ost- und Westdeutschland wieder geöffnet. Würden Sie jetzt versuchen wieder zusammen zu leben? Warum (nicht)?

2. Der Film „Das Versprechen" endet in dem Moment, als Konrad und Sophie sich nach der Öffnung der Grenze wieder sehen. Stellen Sie sich vor, was sie zueinander sagen. Schreiben Sie einen kurzen Dialog.

3. Haben Sie eine Freundin oder einen Freund nach vielen Jahren wieder gesehen? Erklären Sie, woher Sie diese Freundin oder diesen Freund kennen. Wie lange haben Sie sich nicht gesehen? Wie waren die ersten Momente des Wiedersehens? Hat sich Ihre Freundschaft verändert oder fühlten Sie sich nach kurzer Zeit wieder so vertraut° wie früher?   *close*

Name _____   Datum _____

Thema 4   Familie

A. Väter. Heute sind es nicht unbedingt die Mütter, die in den ersten Jahren ihre Kinder versorgen°. Immer mehr Väter nehmen Erziehungsurlaub, um sich um ihre kleinen Kinder zu kümmern. Lesen Sie hier einen Bericht über einen solchen Vater und beantworten Sie die folgenden Fragen.

look after

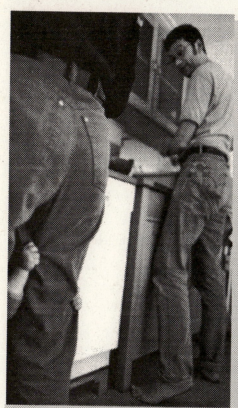

Guido Drüke wollte sich „ganz auf das Kind einlassen°, etwas von ihm haben". So nahm er im Sommer 2000 eine einjährige Babypause. Dem 37-jährigen Lehrer aus Bielefeld ist bewusst, dass er besonders gute Bedingungen° hat: Sein Arbeitgeber hat mitgespielt, und seine Partnerin, eine Ärztin, kann den Einkommensverlust° kompensieren – „da haben es die meisten Männer, vor allem in der freien Wirtschaft, viel schwerer". Am engen Kontakt zu seinem Sohn Paul beglückt ihn vor allem „die Unmittelbarkeit°": Man bekommt eine Reaktion, ein Lächeln oder einen Wutanfall°." Um nicht immer der „männliche Außenseiter°" zu sein, trifft sich Guido Drüke regelmäßig mit anderen Vätern, etwa zum Schwimmen. Und er empfiehlt° allen Männern, die Erfahrung als „Vollzeit-Daddy" auf keinen Fall zu verpassen.

devote himself

conditions

loss in income

immediacy

tantrum
outsider

recommends

Der Erziehungs-Urlauber

1. Was ist Guido Drüke von Beruf? Für wie lange nahm er Erziehungsurlaub?

_____

2. Warum ist Herrn Drükes Situation besonders gut? Nennen Sie zwei Gründe, warum es für ihn relativ einfach ist Erziehungsurlaub zu nehmen.

_____

_____

3. Was findet Guido Drüke an seiner Aufgabe besonders schön?

_____

4. Wie sieht sein Alltag aus? Hat er Kontakte zu anderen Eltern?

_____

5. Was empfiehlt Herr Drüke anderen Vätern?

_____

6. Wie ist Ihre Meinung? Wären Sie dafür, dass Ihre Partnerin/Ihr Partner sich um das Baby kümmert? Warum (nicht)?

_____

_____

B. Besondere Ausdrücke: Sprechstunde. Stefan Heitmann geht in die 7. Klasse im Gymnasium. Er ist eigentlich ein guter und interessierter Schüler, doch seit ein paar Monaten ist er oft unkonzentriert und passiv. Herr Specht, sein Klassenlehrer, ruft Stefans Mutter an und bittet sie in seine Sprechstunde zu kommen. Ergänzen Sie das folgende Gespräch mit passenden Ausdrücken aus der folgenden Liste. Die Paraphrasierungen für die Ausdrücke stehen in Klammern am Ende jedes Satzes. Achten Sie darauf, dass Sie die Ausdrücke in manchen Fällen umformen müssen, so dass sie von ihrer Wortstellung her in den Satz passen.

Es handelt sich um ...	[sich handeln um]
Es geht mich nichts an.	[jemanden etwas/nichts angehen]
Ich habe mich vor kurzer Zeit scheiden lassen.	[sich scheiden lassen]
Sie sind schuld daran.	[schuld sein an etwas]
Sie haben es eilig.	[es eilig haben]
Ich darf Ihnen einen Rat geben.	[jemandem einen Rat geben]
Es spielt sicher auch eine Rolle.	[eine Rolle spielen]

HERR SPECHT: Danke, dass Sie gekommen sind. Ich weiß, dass _____

_____. Kommen wir gleich zur Sache.

(Sie nicht viel Zeit haben)

_____ Stefans Verhalten° in letzter Zeit.   *behavior*

(Es geht um)

Ich kenne ihn ja seit drei Jahren und er war immer ein fröhlicher und

interessierter Schüler. Seit ein paar Monaten wirkt er allerdings traurig

und desinteressiert. _____.

(Ich habe ja kein Recht, danach zu fragen.)

Aber gibt es denn vielleicht familiäre Probleme, unter denen Stefan leidet?

FRAU HEITMANN: Ja, _____

(mein Mann und ich haben uns vor drei Monaten getrennt)

_____. Und seitdem ist Stefan ganz anders als

früher. Ich versuche oft mit ihm darüber zu sprechen, aber er ist immer distanziert und sagt, es ist alles okay. Ich weiß gar nicht mehr, wie ich

darauf reagieren soll.

HERR SPECHT: Oft haben bei Scheidungen die Kinder das Gefühl, dass

_____. Man muss sie davon
(sie dafür verantwortlich sind)

überzeugen, dass sie es nicht sind. Aber das ist natürlich nicht so einfach.

FRAU HEITMANN: _____, dass
(Es ist sicher auch ein wichtiger Punkt)

mein Mann jetzt schon eine neue Freundin hat und Stefan ihn selten sieht.

Ich glaube, er vermisst seinen Vater sehr.

HERR SPECHT: _____?
(Darf ich Ihnen etwas empfehlen?)

Unsere Schulpsychologin Frau Dr. Meier hat sehr viel Erfahrung mit

Kindern, die nach der Scheidung ihrer Eltern schulische Probleme haben.

Ich gebe Ihnen ihre Telefonnummer. Vielleicht rufen Sie sie einfach mal an.

FRAU HEITMANN: Ja, das ist nett. Vielen Dank, Herr Specht. Ich bin froh, dass

Sie mich angerufen haben.

C. Jetzt sind Sie dran. Schreiben Sie nun ein paar Sätze oder einen Absatz
darüber, was Frau Heitmann der Schulpsychologin erzählt. Benutzen Sie drei
Ausdrücke aus **Übung B**.

_____

_____

_____

_____

D. Musik und Märchen. Ein bekanntes Volkslied aus dem 19. Jahrhundert, das Kinder auch heute noch singen, erzählt das Märchen von „Hänsel und Gretel" in drei Strophen. Hier lesen Sie die neun Doppelzeilen des Liedes, die allerdings nicht in der richtigen Reihenfolge° sind. Erzählen Sie die Geschichte der beiden Kinder, indem Sie die Doppelzeilen ordnen°. Die ersten drei sind schon in der richtigen Reihenfolge.

sequence

arrange

_____ Die Hexe° muss jetzt braten,
wir Kinder gehn nach Haus.

witch

___2___ Sie kamen an ein Häuschen
von Pfefferkuchen° fein:

gingerbread

_____ Und als die Hexe ins Feuer schaut hinein[1],
wird sie gestoßen von unserm Gretelein.

___1___ Hänsel und Gretel verirrten sich° im Wald,
es war schon finster° und draußen bitter kalt.

verirrten sich: lost their way / dark

_____ Sie stellet sich° so freundlich,
o Hänsel, welche Not°!

stellet sich: pretends to be / serious problem

_____ Sie will dich braten
und backt dazwischen° Brot!

in the meantime

_____ Hu, hu, da schaut eine garst'ge° Hexe 'raus°,
sie lockt° die Kinder ins kleine Zuckerhaus.

= garstig: ugly, nasty / schaut heraus: looks out / entices

___3___ Wer mag der Herr° wohl
von diesem Häuschen sein°?

master
mag sein: might be

_____ Nun ist das Märchen
von Hänsel, Gretel aus°.

ist aus: is over

---

[1] For reasons of rhyme and rhythm some rules of German are violated, e.g., **Und als die Hexe ... schaut hinein** should be **... hineinschaut.**

E. Märchenmotive. Eine beliebte Briefmarkenserie° der Deutschen Bundespost° reduziert den Inhalt des Märchens noch weiter – nämlich auf vier Bilder. Schreiben Sie anhand der° Briefmarken eine ganz kurze Version des Märchens in Ihren eigenen Worten.

postage stamp series / Federal Postal Office
***anhand der:** guided by*

Nützliche Vokabeln

SUBSTANTIVE	VERBEN	ANDERE WÖRTER
der Wald	sich verlaufen (äu; ie, au) to lose one's way	ängstlich
die Brotkrümel bread crumbs	werfen (i; a, o); auf den Weg werfen	garstig
die Vögel (*pl.*)		blass
das Pfefferkuchenhaus gingerbread house	auffressen (frisst; fraß, e) to eat up (*used for animals and creatures*)	erschrocken
die Hexe	locken to entice	tapfer brave
der Käfig cage	einsperren to lock up	
	erschrecken	
	retten	
	zurückkehren	
	umarmen	

_____

_____

_____

_____

_____

_____

_____

_____

F. Schreiben Sie. Wählen Sie eines der vier Themen und schreiben Sie auf ein extra Blatt Papier.

1. Wie sieht Ihrer Meinung nach die Familie im Jahr 2030 aus? Was wird bleiben wie heute, was wird wohl anders sein?

2. Wie stellen Sie sich Ihr Familienleben später vor? Wer soll was machen?

3. Was war Ihr Lieblingsmärchen, als Sie ein Kind waren? Erzählen Sie es kurz nach.

4. Seien Sie kreativ. Denken Sie sich ein kurzes Märchen aus. Denken Sie daran, dass viele Märchen mit „Es war einmal …" beginnen.

Thema 5   Musik

A. Söhne Mannheims in Köln. Schauen Sie sich die Anzeige für ein Konzert im Kölner E-Werk an und beantworten Sie die folgenden Fragen.

ZION-TOUR

söhne mannheims

Wir haben Euch noch nichts getan

"Getragen von ihrer Liebe zu Mannheim und dem Willen zu einer positiven Veränderung" treten die Söhne Mannheims an. In dem Fall ist das Ereignis ein Stilmix aus Soul, Hip-Hop, Reggae, Rock und Pop, mit dem das 17-köpfige Ensemble die Bühne des E-Werks belagert. Star des Ganzen ist und bleibt Xavier Naidoo.

EINLASS: 19 UHR - BEGINN: 20 UHR - VVK: 18 EURO ZZGL. GEB.-AK: 20 EURO

E-Werk heißt Entertainment.
Seit 1991 ist Köln-Mülheim das Mekka moderner Unterhaltungskultur. Die Liste der Stars, die im E-Werk zu Gast waren, liest sich wie ein "Who's Who" des Rock und Showbizz: ob legendäre Bands, aktuelle Chart-Topper oder Comedians. Mehr als 400.000 Besucher jährlich machen das E-Werk zu einer Top-Adresse.

 20.MÄRZ

Einlass admission   *VVK = Vorverkauf* tickets bought in advance   *zzgl. = zuzüglich* plus   *Geb. = Gebühren* fees
AK = Abendkasse box office   *getragen* carried by; motivated by   *antreten* assemble   *belagern* besiege   *E-Werk = Elektrizitätswerk* power plant   *sich lesen wie* read like a

1. Welche Band spielt am 20. März?

   _____

2. Wie heißt die Tour?

   _____

3. Was kosten die Karten an der Abendkasse?

   _____

4. Wann beginnt das Konzert?

   _____

5. Was für einen Musikstil haben die „Söhne Mannheims"?

   _____

6. Wer ist ihr Topsänger?

_____

7. Das Konzert findet im E-Werk statt. Warum ist das E-Werk bekannt?

_____

8. Wie viele Leute besuchen jedes Jahr das E-Werk?

_____

9. In der Musikszene in Deutschland werden viele englische Ausdrücke benutzt. Welche Ausdrücke finden Sie hier in der Anzeige?

_____

10. Würden Sie das Konzert gern besuchen? Warum (nicht)?

_____

B. **Besondere Ausdrücke.** Nach dem Konzert gibt der Pianist Karl Eschenhausen der Reporterin einer Klatschzeitschrift° ein Interview. Ergänzen Sie das folgende Gespräch mit passenden Ausdrücken aus der folgenden Liste. Die Paraphrasierungen für die Ausdrücke stehen in kursiver Schrift in Klammern. Achten Sie darauf, dass Sie die Ausdrücke in manchen Fällen umformen müssen, so dass sie von ihrer Wortstellung her in den Satz passen.   *tabloid*

Herzlichen Glückwunsch zu Ihrem wunderbaren Konzert.	[herzlichen Glückwunsch]
Macht es Ihnen etwas aus?	[jemandem etwas ausmachen]
Sie haben sich heute Abend mit mir verabredet.	[sich verabreden]
Sie sorgen für meine zwei Töchter und meinen Sohn.	[sorgen für]
Sie sind bekannt geworden.	[bekannt werden]

REPORTERIN: _____
        (Zuerst möchte ich Ihnen zu Ihrem heutigen Erfolg gratulieren.)

_____.

KARL ESCHENHAUSEN: Danke schön.

REPORTERIN: Und ich danke Ihnen sehr, dass _____
                                        (Sie sich heute Abend mit mir treffen)

_____.

KARL ESCHENHAUSEN: Das mache ich doch gern. Nach meinen Konzerten bin

ich meistens in so angeregter Stimmung°, dass ich mich gern unterhalte.   *in angeregter Stimmung: stimulated*

REPORTERIN: Sie sind zur Zeit auf einer Europatournee, die noch etwa vier

Monate dauern wird. _____,
              (Ist es schwierig für Sie)

so lange von Ihrer Familie getrennt zu sein?

KARL ESCHENHAUSEN: Ja, es ist nicht einfach, vor allem weil auch meine Frau

zur Zeit in Amerika auf Tournee ist. Doch unsere Kinder sind in guten

Händen. Meine Eltern sind noch recht aktiv und wenn meine Frau und ich

weg sind, _____
 (kümmern sie sich um unsere drei Kinder)

_____ .

REPORTERIN: Wie hat sich Ihr Leben verändert, seit _____
 (Sie ein berühmter Künstler sind)

_____ ?

KARL ESCHENHAUSEN: Außer in den Zeiten, wenn ich auf Tournee bin, nehme

ich gar nicht so viel am öffentlichen Leben teil. So ist es auch kein Problem

für mich, dass die Menschen mich kennen.

REPORTERIN: Ich danke Ihnen für das Gespräch, Herr Eschenhausen. Dürfte

unser Fotograf nun noch ein paar Fotos von Ihnen machen?

C. Jetzt sind Sie dran. Schreiben Sie ein paar Sätze des Artikels, den die
Reporterin über den Pianisten Karl Eschenhausen schreibt. Benutzen Sie dabei
drei Ausdrücke aus **Übung B.**

_____

_____

_____

_____

_____

_____

_____

D. Im Osten – ein Spaßhit für die ganze Nation. Mehr als 10 Jahre nach der Vereinigung kam ein Hit auf den Markt mit dem Titel „Im Osten". Hier singt eine ostdeutsche Band in humorvoller Weise davon, was Millionen Deutsche denken und fühlen: Dass man nämlich im Osten auf die westdeutsche Art immer noch viel zu bescheiden° reagiert. Innerhalb von wenigen Wochen war der Song auf Platz 2 der deutschen Charts. Lesen Sie zuerst den Text des Liedes und beantworten Sie dann die Fragen.

modestly

Im Osten

Die eingefleischten° Kenner° wissen,
daß die Männer im Osten besser küssen.
Daß die Mädchen im Osten schöner sind,
weiß heutzutage° jedes Kind.

confirmed / experts

nowadays

Daß die Mauern im Osten besser halten,
daß die meisten hier meistens etwas schneller schalten°.
Daß eigentlich fast alles etwas besser ist,
als im Westen.

to catch on

Jeder wird mal die Erfahrung machen,
daß die Kinder im Osten öfter lachen.
Daß sie sich auch über kleine Sachen freuen
und, wenn sie böse war'n, das später auch bereuen°.

regret

Daß die Omis im Osten viel lieber sind
und jeder Spinner° hier eigentlich nur halb so viel spinnt°.
Daß eigentlich fast alles etwas besser ist,
als im Westen.

nut / is nutty

REFRAIN:
Trotzdem sind wir viel zu bescheiden°.
Trotzdem kann uns immer noch nicht jeder leiden°.
Wir sind viel zu bescheiden.
Daß wir irgendwann die Sieger° sind, läßt sich nicht vermeiden°.

modest
leiden können: *like*

winners / avoid

Jeder weiß, daß wir hier immer unser Bestes gaben,
und daß die Ossis den Golf° erfunden haben.
Daß die Zeit hier nicht so schnell vergeht°,
weil sich die Erde etwas langsamer dreht°.

German name for VW Rabbit
passes
turns

Daß die Butter hier mehr nach Butter schmeckt
und der Sekt° auch etwas mehr nach Sekt.
Daß eigentlich fast alles etwas besser ist,
als im Westen.

champagne

REFRAIN

Jeder weiß, daß die Sonne im Osten erwacht
und um den Westen meistens einen großen Bogen macht°.
Und daß der Wind von Osten meistens etwas frischer weht°,
und daß die Semperoper° nicht in Düsseldorf steht.

um ... Bogen macht: *makes a wide circle around the West / blows / famous opera house in Dresden*

Daß selbst Martin Luther auch ein Ossi war
und daß im Osten überhaupt alles wunderbar
und eigentlich auch alles etwas besser ist,
als im Westen.

REFRAIN

Musik und Text: Kai Niemann

1. Das Lied ist humoristisch, aber die ostdeutsche Band meint es halbernst. Inwiefern sind die Ostdeutschen nach Meinung der Sänger besser als die Westdeutschen?

_____

_____

2. Was machen die Ostdeutschen besser?

_____

3. Was ist im ostdeutschen Alltag „besser"?

_____

4. Welche Erfindung° soll aus Ostdeutschland kommen?   *invention*

_____

5. Welche bekannten Personen und Gebäude sind ostdeutsch?

_____

6. Im Refrain liegt eine gewisse Selbstironie. Was sind die selbstironischen Elemente?

_____

_____

E. Clara Schumann. Lesen Sie den Text „Clara Schumann (1819–1896)" und das Vor dem Lesen im Buch auf Seite 111 noch einmal durch. Schreiben Sie für jeden folgenden Satz **R,** wenn die Aussage richtig, und **F,** wenn die Aussage falsch ist.

_____ 1. Clara Schumann gab insgesamt nur drei Konzerte.

_____ 2. Robert Schumann lernte Clara kennen, als sie 13 Jahre alt war.

_____ 3. Robert Schumann beschloss Musiker zu werden, als er Clara Klavier spielen hörte.

_____ 4. Clara Schumanns Vater war zuerst gegen eine Heirat zwischen Robert und Clara, weil er dagegen war, dass Robert Schumann Recht studierte.

_____ 5. Die Ehe von Clara und Robert Schumann blieb kinderlos.

_____ 6. Clara Schumann spielte nie die Kompositionen ihres Mannes.

_____ 7. Clara Schumanns Kompositionen wurden schon zu ihren Lebzeiten gespielt.

_____ 8. Mit Clara Schumanns Hilfe bekam der Komponist Brahms eine Stelle am Hofe zu Detmolt.

F. **Schreiben Sie.** Wählen Sie eines der Themen und schreiben Sie auf ein extra Blatt Papier.

1. Welche Rolle spielt Musik in Ihrem Leben? Welche Art von Musik gefällt Ihnen besonders? Warum?

2. Finden Sie es wichtig, dass Kinder lernen sollen ein Musikinstrument zu spielen? Warum (nicht)?

3. Schreiben Sie einen Fanbrief an eine Musikerin/einen Musiker. Erklären Sie, was Ihnen an der Musik, an der Person und an den Auftritten° beson- ders gefällt. Wenn Sie wollen, können Sie der Musikerin/dem Musiker auch Vorschläge machen.

    stage appearances

4. Verschiedene Leute haben oft einen unterschiedlichen Musikgeschmack°. Denken Sie an Leute, denen eine andere Art von Musik gefällt als Ihnen. Was halten Sie von dieser Musik?

    taste in music

Thema 6   Die Welt der Arbeit

A. Was meinen Sie? Aus Umfragen weiß man, dass Arzt/Ärztin, Ingenieur/
Ingenieurin, Professor/Professorin, Apotheker/Apothekerin und Rechtsanwalt/
Rechtsanwältin die Berufe sind, die in Deutschland das höchste Ansehen°   *prestige*
haben. Welche Vorteile und Nachteile haben diese Berufe Ihrer Meinung
nach? Benutzen Sie die folgende Skala, um die Berufe zu bewerten°.   *evaluate*

SKALA

1 = ja, fast immer
2 = manchmal
3 = selten
4 = nie

	Arzt/Ärztin	Ingenieur/Ingenieurin	Professor/Professorin	Apotheker/Apothekerin	Rechtsanwalt/Rechtsanwältin	
a. Die Arbeit ist eine Herausforderung°.						*challenge*
b. Die Arbeit bietet Abwechslung°.						*variety*
c. Der Beruf kann viel Freude bringen.						
d. Der Arbeitsplatz ist sicher.						
e. Man hat viel Freizeit.						
f. Man kann gut verdienen.						
g. Man kann unabhängig° arbeiten.						*independently*
h. Man kann beruflich aufsteigen.						

B. Der ideale Job? Würden Sie sich dafür interessieren, Professorin/Professor
zu werden? Geben Sie an, welche Vorteile und welche Nachteile für Sie bei
Ihrer Entscheidung° wichtig sind.   *decision*

Ihre Entscheidung: _____

Vorteile: _____

_____

Nachteile: _____

_____

C. Sprachreisen. Lesen Sie die folgende Anzeige aus der Wochenzeitung *Die Zeit* und beantworten Sie die folgenden Fragen.

Wie wär's mit Ferien in Antibes, Eastbourne oder Los Angeles? Gemeinsam mit Jugendlichen die Sprachreise aktiv selbst gestalten° *arrange* **und dabei viel Spaß haben? Für die Leitung°** *leadership* **einer der Schülersprachkurse in den Oster-, Pfingst-, Sommer- oder Herbstferien suchen wir**

Junge engagierte° Englisch- und Französisch- *committed*
Lehrer/innen (1. und 2. Staatsexamen)

Zusammen mit einheimischen° Kollegen unterrichten und betreuen° Sie die *local / be in charge of* **Schüler und gestalten das Freizeitprogramm. Sie möchten in den nächsten Ferien mit dabei sein? Dann schreiben Sie uns oder rufen einfach an.**

iSt
iSt Internationale Sprach- und Studienreisen GmbH

Stiftsmühle • 6980 Heidelberg
Telefon: 0 62 21/89 00-100
Telefax: 0 62 21/89 00-200
E-Mail: iSt@sprachreisen.de
www.sprachreisen.de

1. Für welche Fremdsprachen sucht die Organisation **iSt** Lehrerinnen und Lehrer?

   _____

2. Welche Aufgaben werden die Lehrerinnen und Lehrer haben?

   _____

   _____

3. Wann finden die Sprachkurse statt?

   _____

4. Welche Qualifikation sollen die Lehrerinnen und Lehrer haben und wie sollen sie sein?

   _____

5. Wie sollen die Interessenten° mit der Sprachschule in Kontakt treten? *the people who are interested*

   _____

6. Würde Ihnen so eine Mischung aus Arbeit und Ferien gefallen? Warum (nicht)?

   _____

   _____

7. Wie sollte Ihrer Meinung nach eine Lehrerin oder ein Lehrer sein? Welche Eigenschaften finden Sie wichtig?

   _____

   _____

D. Besondere Ausdrücke. Daniel Haffner hat die Anzeige in der *Zeit* gelesen und er interessiert sich für die Stelle. Ergänzen Sie seine Bewerbung mit passenden Ausdrücken aus der folgenden Liste. Die Paraphrasierungen für die Ausdrücke stehen in kursiver Schrift in Klammern. Achten Sie darauf, dass Sie die Ausdrücke in manchen Fällen umformen müssen, so dass sie von ihrer Wortstellung her in den Satz passen.

Ich möchte mich hiermit um diese Stelle bewerben. [sich bewerben um]
Doch ich konnte während der letzten Jahre bei [Berufserfahrung sammeln]
   mehreren Sprachschulen Berufserfahrung sammeln.
Ich habe mein Studium mit der Note 2 abgeschlossen. [Studium abschließen]
Denn ich war bereit dazu auf sie einzugehen°. [bereit sein zu] *to give time and attention to someone*
Zur Zeit bin ich damit beschäftigt zu lernen, ... [beschäftigt sein mit]

Daniel Haffner
Gartenstraße 121a
72074 Tübingen

iSt Sprach- und Studienreisen GmbH
Stiftsmühle
69080 Heidelberg

19. März 2002

Sehr geehrte Damen und Herren,

In der *Zeit* vom 15. März habe ich gelesen, dass Sie Englischlehrer suchen und

_____ .
(ich schicke Ihnen hiermit meine Bewerbung für diese Stelle zu)

Ich habe an der Universität Tübingen Englisch und Geschichte studiert und

im Sommer 2001 _____
                (habe ich meine Studienzeit erfolgreich beendet)

_____ .

Leider habe ich noch keine Stelle als Lehrer an einer staatlichen Schule gefunden.

(Doch ich hatte in den letzten Jahren oft die Gelegenheit Fremdsprachenunterricht zu geben.)

_____ .

Während meines Studienaufenthalts in den USA gab ich amerikanischen

Studenten Deutschunterricht und während der Semesterferien in Tübingen

habe ich immer an einer Sprachschule Deutsch als Fremdsprache unterrichtet.

Seit einem halben Jahr gebe ich zwei Englisch-Konversationskurse an der

Volkshochschule° hier in Tübingen. Auch für die Gestaltung° des Freizeit- *center for adult education / creation*

programms halte ich mich für qualifiziert, weil ich in meiner Jugend

Skifreizeiten° für Kinder und Jugendliche organisiert habe. Ich hatte immer *skiing holidays* eine gute Beziehung zu den jungen Leuten, _____

(weil es mir wichtig war ihre Art zu verstehen)

_____ .

_____ ,

(Im Moment lese ich viel über das Thema)

wie man Computerprogramme im Sprachunterricht nutzen° kann. Ich denke,   *use*

dass auch dieses Wissen für eine Stelle als Englischlehrer nützlich° wäre.   *useful*

     Meinen Lebenslauf° und Kopien meiner Zeugnisse° lege ich bei und ich   *curriculum vitae /*
    grades

würde mich freuen bald von Ihnen zu hören.

     Mit freundlichen Grüßen

Daniel Haffner

(Daniel Haffner)

E. Jetzt sind Sie dran. Schreiben Sie nun ein paar Sätze für eine eigene
Bewerbung. Benutzen Sie drei Ausdrücke aus **Übung D**.

_____

_____

_____

_____

F. Text: Die Idee zur „Rampen-Selbsthilfe"° kam aus Amerika. Lesen Sie den   *self-help with a wheel-*
folgenden Artikel aus den „Deutschland Nachrichten". Lesen Sie dann die   *chair ramp*
Aussagen unten und bestimmen Sie, ob sie richtig **(R)** oder falsch **(F)** sind.
Wenn eine Aussage falsch ist, schreiben Sie die richtige Antwort darunter.

Normalerweise wäre es für Bärbel Reichelt unmöglich, im „Ristorante
Mirabella" nahe ihrer Wohnung in Berlin-Tempelhof etwas zu essen und zu
trinken. Die hohe Stufe° am Eingang des Lokals ist für die Rollstuhlfahrerin   *step*
ein unüberwindbares° Hindernis°. Dennoch braucht die von Geburt an gehbe-   *insurmountable / obstacle*
hinderte° Berlinerin nicht auf ihren Cappuccino im „Mirabella" zu verzichten°.   */ physically challenged*
Sie braucht nur einen der vorbeigehenden Passanten° zu bitten, im Restaurant   */ do without*
nach einer Rampe zu fragen. Bereits wenige Augenblicke später kommt ein   *passers-by*
Kellner vor die Tür und legt eine tragbare° Holzrampe an. Wie jeder nicht-
behinderte Kunde° kann Frau Reichelt nun in das Restaurant gelangen°.   *portable*
     Außer ihr werden vermutlich° aber nur wenige der rund 20.000 Berliner   *customer / enter*
Rollstuhlfahrer wissen, daß das „Mirabella" über eine Rampe verfügt°. Ein   *presumably*
entsprechendes° Hinweisschild° fehlt nämlich. Daß Bärbel Reichelt vom   *über ... verfügt: to have*
„Spontanzusammenschluß Mobilität für Behinderte[1]" Bescheid weiß, hat einen   *at one's disposal*
einfachen Grund: Sie hat selbst erst vor kurzem dem Restaurant die Rampe   *appropriate / sign*
verkauft. Seit Oktober vergangenen Jahres bietet sie Geschäften mit einer Stufe
vor der Eingangstür tragbare Holzrampen zum Selbstkostenpreis° an.   *at cost*
     Auf die Idee kam Frau Reichelt, nachdem sie sechs Wochen mit ihrem
gehbehinderten Mann die Vereinigten Staaten bereist hatte. „Für Behinderte
sind die USA ein Paradies", schwärmt sie. Dort könne man ohne Schwierigkeiten jede Kneipe, jedes Museum und jedes Hotel aufsuchen°. „Als wir nach   *patronize*

---

[1] **„Spontanzusammenschluß Mobilität für Behinderte":** spontaneously formed group of
physically challenged people who aim to achieve greater mobility

Berlin zurückkehrten, begann jedoch wieder der alltägliche Frust°." Nur etwa *frustration*
ein Drittel der Geschäfte, Banken und öffentlichen Gebäude seien in der
Hauptstadt für einen Rollstuhlfahrer zugänglich°. *accessible*

    Die Reichelts begannen daraufhin, Rampen selbst herzustellen° und an **herstellen:** *manufacture*
Gewerbetreibende° zu verkaufen. Mittlerweile zählt Frau Reichelt 88 Berliner *business people*
Unternehmen° zu ihren Kunden. „Nicht allzuviel, wenn man bedenkt, daß ich *businesses*
bereits° mehr als 320 Geschäfte und Gaststätten° in den verschiedenen *already / restaurants*
Berliner Einkaufsstraßen abgerollt° habe." Die Ausreden° der „Nein-Sager" *scouted out on wheels/*
seien teilweise abenteuerlich° gewesen. Dabei liegen nach Auffassung von° *excuses / bizarre /* **nach**
Bärbel Reichelt die Vorteile einer solchen Anschaffung° auf der Hand. „Die **Auffassung von:** *in the*
Unternehmen, die einen entsprechenden Auftrag° erteilen°, brauchen sich im *opinion of / purchase*
Grunde um nichts zu kümmern und gewinnen Rollstuhlfahrer als Kunden." *order / place*
Die aktive Rollstuhlfahrerin mißt selbst die Höhe der Stufe aus° und liefert
dann die passende Rampe frei Haus°. Die Kosten sind relativ gering°. Je nach **mißt ... aus:** *measures*
Größe kostet das Hilfsmittel° zwischen 80 und 100 Mark. **frei Haus:** *for free / low*
aid

_____ 1. Wenn Frau Reichelt im „Ristorante Mirabella" essen möchte,
         muss ein Kellner eine Holzrampe zur Tür bringen.

         _____

_____ 2. Bärbel Reichelt ist seit einem Autounfall gehbehindert.

         _____

_____ 3. 20 000 gehbehinderte Berliner wissen vermutlich nicht, dass es
         im „Ristorante Mirabella" eine tragbare Holzrampe für
         Rollstühle gibt.

         _____

_____ 4. Frau Reichelt verdient viel Geld, wenn sie tragbare Holzrampen
         an Berliner Restaurants und Geschäfte verkauft.

         _____

_____ 5. Frau Reichelt und ihr Mann finden, dass es für Behinderte in
         Amerika viel leichter ist als in Deutschland, Restaurants, Hotels
         und Museen zu besuchen.

         _____

_____ 6. In Berlin können Rollstuhlfahrer nur etwa ein Drittel aller
         öffentlichen Gebäude, Banken und Geschäfte besuchen.

         _____

_____ 7. Bärbel Reichelt und ihr Mann bauen selbst Rampen für die
         Berliner Geschäfte und Restaurants.

         _____

_____ 8. Über 320 Geschäfte und Restaurants haben schon Rampen von
         den Reichelts gekauft.

         _____

_____ 9. Eine tragbare Holzrampe bringt für Geschäfte und Restaurants den Vorteil, dass sie nun auch Rollstuhlfahrer als Kunden haben können.

_____

_____ 10. Viele Restaurants und Geschäfte wollen die Rampen nicht kaufen, weil die Kosten relativ hoch sind.

_____

G. Schreiben Sie: Berufe. Wählen Sie eines der drei folgenden Themen und schreiben Sie auf ein extra Blatt Papier. Wenn Sie möchten, können Sie für die ersten beiden Themen die Tabelle von **Übung A** bei der Formulierung° Ihrer Argumente zu Hilfe nehmen.

bei der Formulierung: in formulating

1. Welcher Beruf interessiert Sie besonders? Geben Sie an, welche Vorteile und Nachteile für Sie bei Ihrer Entscheidung wichtig sind.

2. Ihre Tochter oder Ihr Sohn möchte Pilotin/Pilot bei einer Fluggesellschaft werden. Finden Sie diese Berufswahl° gut oder nicht gut? Warum?

choice

3. Auch in Deutschland nimmt die berufliche Mobilität immer mehr zu, das heißt die Leute ziehen wegen ihrer Arbeit immer häufiger um. Was sind mögliche Konsequenzen dieser Mobilität?

Thema 7   Multikulturelle Gesellschaft

A. Essen gehen. Stefan, Mohammed und Anna sind für ein Wochenende in
Köln und sie wollen essen gehen. Sie blättern in einem Kölner Stadtführer° *city guide*
und finden ein paar Anzeigen von Restaurants. Lesen Sie die Anzeigen und
ergänzen Sie den folgenden Dialog.

AL-ANDALUS

Spanische
Spezialitäten
Tapas
Fisch
Steaks
Paella

GLADBACHER STR. 15
50672 Köln

Inh. F.Antonio Navarro   Tel.: 02 21/5 10 50 10

osho's PLACE

Vegetarisches Restaurant   **Bar-Cafe**
Selfservice mit Stil

Täglich wechselnde internationale Gerichte
Frische Salate an der Salatbar
Hausgemachte Cookies
Kuchen und Desserts
Italienische Kaffees

Partyservice

Sonntags Brunchbuffet
Große Nichtraucherzone

Täglich von 8 bis 24 Uhr geöffnet

Venloer Str. 5-7 / Köln, Nähe Friesenplatz
Tel.: 0221-574 07 45

Neu!
ab März auch in Köln

Restaurant

Karawane

Arabische
Spezialitäten

täglich ab 12 h • Schwertnergasse 1
gegenüber Oper, neben 4711-Haus
50667 Köln • Tel. 0170 - 28 678 25
www.restaurant-karawane.der

Preiswerte Mittagsmenüs

NATÜRLICH

**Wie wär's denn mal zur Abwechslung
mit ein paar frischen Sushis ?**

Wir bieten Ihnen Sushi stets frisch in
Spitzenqualität von unseren Köchen für
Sie zubereitet. Die Verwendung feinster
Zutaten ist für uns selbstverständlich.
Natürlich können Sie auch in gewohnter
Qualität unsere **Teppan-Spezialitäten**
genießen. Es ist ein unvergeßliches
Erlebnis, wenn der Koch vor Ihren Augen
mit artistischem Geschick Ihre Speisen
zubereitet. Ob **Sushi** oder Teppan-Küche,
genießen Sie einen unvergeßlichen
Abend bei uns!

Wir freuen uns auf Ihren Besuch!

DAITOKAI

Daitokai Restaurant
Kattenburg 2 • am Zeughaus
50667 Köln-Mitte
Tel. 02 21/12 00 48-49
Fax 02 21/13 75 03

JAPANISCH

MOHAMMED: Toll, hier gibt es ja sogar ein Restaurant mit _____

Spezialitäten. Und dann noch gleich hier um die Ecke – gegenüber der Oper.

Das erinnert mich an das tolle Essen bei meinen Großeltern in Tunesien.

ANNA: Ich würde eigentlich gern Fisch essen. Bei dem _____

Restaurant in der Gladbacherstraße gibt es auch noch Steaks, Paella und Tapas.

STEFAN: Ich habe eigentlich noch keinen großen Hunger. Ich möchte eigentlich

lieber etwas Leichtes essen. Im _____ gibt es

_____ Sushi°. Darauf hätte ich große Lust. Und   *das Sushi*

_____ Essen ist meistens nicht so schwer.

MOHAMMED: Rohen Fisch möchtest du essen? Ich weiß nicht so recht. Da ist

mir gekochter oder gebratener Fisch viel lieber.

ANNA: Das wird ja immer komplizierter! Ich schlage vor, wir gehen ins

_____. Dort gibt es verschiedene internationale

Gerichte° und _____ Salate. Da findet jeder von   *dishes*

uns etwas. Außerdem gibt es dort warmes Essen bis

_____. Dann könnten wir vorher noch ins Kino gehen.

STEFAN: Ja gut, das können wir machen. Der Vorteil dort ist, dass es eine große

Nichtraucherzone gibt.

Was meinen Sie? Wo würden Sie essen gehen, wenn Sie Anna, Mohammed
und Stefan wären? Warum?

_____

_____

_____

_____

B. Noch eine Anzeige. Schreiben Sie nun eine Anzeige für ein Restaurant in
Ihrem Wohnort.

Brauchbare Informationen

Name • Adresse • Telefon • Öffnungszeiten • Spezialitäten
(z.B. chinesische, deutsche, französische, griechische, italienische, türkische,
vietnamesische, ungarische Küche°)   *cuisine*

C. Besondere Ausdrücke. Charlotte arbeitet seit zwei Monaten in Athen und sie schreibt ihrem Freund Stavros in München eine Postkarte. Ergänzen Sie die Postkarte mit passenden Ausdrücken aus der folgenden Liste. Die Paraphrasierungen für die Ausdrücke stehen in kursiver Schrift in Klammern. Achten Sie darauf, dass Sie die Ausdrücke in manchen Fällen umformen müssen, so dass sie von ihrer Wortstellung her in den Satz passen.

Da kommt mir dann oft in den Sinn.	[in den Sinn kommen]
Doch oft bin ich neidisch auf die Touristen.	[neidisch sein auf jemanden]
Ich gewöhne mich so langsam an das heiße Klima.	[sich gewöhnen an]
Ich bin begeistert von den Menschen hier.	[begeistert sein von]
Die Leute hier haben viel Geduld.	[Geduld haben mit]
Ich mache mich auf die Suche nach deiner Familie.	[sich auf die Suche machen nach jemandem oder etwas]

Lieber Stavros,

viele Grüße aus Athen. Ich arbeite jetzt schon seit zwei Monaten hier und

_____ .

(*endlich machen mir die hohen Temperaturen hier nichts mehr aus*)

_____ ,

(*Manchmal beneide ich allerdings die Besucher*)

die hier die Stadt anschauen, während ich in meinem heißen Büro sitze. Die

Stadt ist wunderschön und _____

                        (*ich finde die Leute sehr nett*)

_____ . Auch bei der Arbeit fühle ich mich wohl, nur habe ich

manchmal große Probleme mit der Sprache. Mein Griechisch ist immer noch

nicht sehr gut, doch zum Glück _____

                               (*sind die Leute sehr geduldig*)

_____ . Sie hören mir zu und versuchen zu verstehen,

was ich sage. _____ ,

       (*Da denke ich dann oft daran*)

dass die Ausländer in Deutschland nicht immer so viel Freundlichkeit

erfahren. Ausländer zu sein ist nämlich wirklich nicht einfach. Da sollte man

dann wenigstens das Gefühl haben, integriert zu sein.

    Übrigens, du wolltest doch, dass _____

                                (*ich versuche, deine Verwandten hier zu finden*)

_____ .

Weißt du denn den Vornamen deines Großonkels°? Es gibt nämlich etwa 2000   *great-uncle*

Leute hier in Athen, die mit Nachnamen Theodorakis heißen.

Viele liebe Grüße und bis bald

Charlotte

D. Jetzt sind Sie dran. Stellen Sie sich vor, Sie arbeiten in einem anderen Land. Schreiben Sie einer Freundin/einem Freund eine Postkarte. Benutzen Sie drei Ausdrücke aus **Übung C.**

_____

_____

_____

_____

E. Brief eines jungen Türken. Der folgende Brief des Türken Ali Sirin erschien in der politischen Zeitschrift *PZ*, einer Zeitschrift der Bundeszentrale für politische Bildung°. Lesen Sie den Text und entscheiden Sie dann, ob die folgenden   *education* Aussagen richtig (**R**) oder falsch (**F**) sind.

„Schließlich ist Deutschland meine Heimat" – schreibt Ali Sirin. „Ich bin ein so genannter Jugendlicher mit ‚ausländischen Eltern'. Meine Eltern kommen aus der Türkei. Ich jedoch bin hier in Deutschland auf die Welt gekommen. Noch heute kann ich nicht definieren, welcher Nationalität ich überhaupt angehöre°. Eigentlich finde ich es traurig, dass überhaupt   *belong to* darauf immer noch so viel Wert gelegt wird."

Ali Sirin ist PZ-Leser. Er hat einen deutschen Pass und leistet gerade seinen Wehrdienst ab°. Er schreibt weiter: „Ich bin im Besitz der deutschen Staatsbürgerschaft° und leiste zurzeit° meinen Wehrdienst und muss manch enttäuschten Gesichtern sagen, dass ich kein Opfer° rechtsradikaler Kameraden wurde. Auf beiden Seiten herrschen° eben zu viele Klischees."

Wehrdienst ableisten: to do military service / citizenship / currently / victim / predominate

Dennoch spüre er zurzeit, „wie viele Deutsche abgeneigt° gegen Ausländer sind". Fast für jedes Problem seien anscheinend die „Nichtdeutschen" beziehungsweise° die „Scheindeutschen°" verantwortlich. Ali Sirin: „Trotz der wenigen Unverbesserlichen° fühle ich mich wohl in Deutschland. Die Zahl der vernünftig denkenden Menschen in Deutschland überwiegt°."

opposed

that is to say / "pseudo-Germans" / incorrigibles

predominates

_____ 1. Ali Sirin ist in der Türkei geboren.

_____ 2. Er findet es traurig, dass er Deutscher ist.

_____ 3. Er selbst hat schlechte Erfahrungen mit Rechtsradikalen gemacht.

_____ 4. Seiner Meinung nach haben viele Deutsche etwas gegen Ausländer.

_____ 5. Es gefällt ihm nicht in Deutschland.

_____ 6. Ali findet, dass es mehr Deutsche gibt, die eine vernünftige Meinung haben.

F. Komm doch mit! Lesen Sie die folgende Anzeige für eine multikulturelle Fete° an der Universität Oldenburg. Schreiben Sie dann ein Telefongespräch, das Sie mit einer Freundin/einem Freund führen. Ihre Freundin/Ihr Freund hat schon Pläne für den Abend, aber Sie versuchen, sie/ihn zu überreden° mit Ihnen zur Fete zu gehen.

party

persuade

FETE
AStA° und HGAS°

Mit den Bands:

AFRIMA (traditionelle und moderne westafrikanische Tanzmusik, Schwerpunkt° Percussion)

NARGILE (türkisch-griechische Band mit türk.-griechischer und Rembetiko-Musik, die ihren Ursprung° in der Zeit der großen Landflucht° in Griechenland zu Beginn dieses Jahrhunderts hat)

Die **H**ochschul**g**ruppe **A**usländischer **S**tudierender feiert an diesem Abend ihr zehnjähriges Bestehen°.

11.2. / Uni-Foyer

AStA (Allgemeiner Studenten Ausschuss): General Student Committee
HGAS (Hochschulgruppe Ausländischer Studierender)

emphasis

origin / rural exodus

existence

_____

_____

_____

_____

_____

_____

_____

G. Schreiben Sie: Ausländer. Wählen Sie eines der beiden Themen und schreiben Sie auf ein extra Blatt Papier.

1. Amerika und Kanada sind Einwanderungsländer. Was sollten Emigrantinnen und Emigranten Ihrer Meinung nach tun oder nicht tun, wenn sie nach Amerika oder Kanada kommen?

2. In manchen amerikanischen Bundesstaaten überlegt man, Englisch zur offiziellen Landessprache zu ernennen°. Finden Sie diese Idee gut oder schlecht? Warum (nicht)?

announce, appoint

Thema 8   Jung und Alt

A. Eine Umfrage. Eine deutsche Radiostation hat kürzlich eine Meinungs-
umfrage zum Thema Ausbildung und Arbeitsplätze heute gemacht. Bewerten
Sie die Aussagen der Befragten° mit den folgenden Buchstaben.   *interviewees*

A = Das ist auch meine Meinung.
B = Ich habe keine Meinung zu dieser Aussage.
C = Das ist überhaupt nicht meine Meinung.

_____ 1. Die Menschen müssen sich gegenseitig mehr helfen, der Staat
              kann nicht alle sozialen Probleme lösen°.   *solve*

_____ 2. Ich mache mir oft Sorgen, dass ich später einmal arbeitslos sein
              werde.

_____ 3. Wenn es bessere Ausbildungsplätze und Arbeitsmöglichkeiten
              für junge Leute gäbe, hätten wir nicht so viel
              Jugendkriminalität.

_____ 4. Ich möchte vor allem viel Geld verdienen, alles andere ist mir
              bei einem Job nicht so wichtig.

_____ 5. Der Staat sollte weniger Arbeitslosengeld geben und die Leute
              zwingen° schnell wieder eine neue Arbeit zu finden.   *force*

_____ 6. Es gibt zu viele Ausländer, die uns die Jobs wegnehmen.

_____ 7. Ältere Leute sollten früher in den Ruhestand gehen, damit
              junge Leute bessere Berufschancen haben.

_____ 8. Mehr Freizeit ist wichtiger als mehr Geld.

_____ 9. Mein Beruf muss mir Spaß machen. Geld und Freizeit sind
              nicht das Wichtigste im Leben.

_____ 10. Wenn man mal über 60 ist, kann man nichts Neues mehr lernen.

B. Schreiben Sie Ihre eigene Meinung. Nehmen Sie eine Aussage aus **Übung A**,
die Sie mit **A** bewertet haben, und eine, die Sie mit **C** bewertet haben.
Erklären Sie Ihre Meinung und geben Sie Beispiele.

1. Ich habe Aussage Nummer _____ mit A bewertet, weil _____

    _____

    _____

2. Ich habe Aussage Nummer _____ mit C bewertet, weil _____

    _____

    _____

C. Eine Anzeige. Lesen Sie die folgende Anzeige und beantworten Sie die Fragen dazu.

IM RUHESTAND UND FIT?
REISEN SIE GERN?
LERNEN SIE GERN NEUE LEUTE KENNEN?
DANN SIND SIE DIE PERSON, DIE WIR SUCHEN!

ARBEITSMÖGLICHKEITEN FÜR AKTIVE RENTNER°:

❖ Auf kurzen Busreisen nach Prag und Wien Reiseleiter° sein

❖ Bei Spaziergängen hier in Nürnberg Fremdenführer° sein

❖ Am Informationsschalter° am Hauptbahnhof arbeiten

Nachfragen bei: Globetrotter Reisen, Obere Krämersgasse 29, 90403 Nürnberg, (0911) 22 34 79

retiree

travel guide
tourist guide
information booth

---

1. Wer soll auf diese Anzeige antworten?

   _____

2. Wie sollen die Personen sein, die sich bewerben?

   _____

3. Was für Jobs können sie machen?

   _____

4. Wer bietet diese Stellen an?

   _____

5. Finden Sie, dass solche Jobs eine gute Sache für Rentner sind?
   Warum (nicht)?

   _____

   _____

D. Besondere Ausdrücke. Herr Neumann ist 78 Jahre alt und er lebt in einem Altersheim°. Er erzählt einem Bekannten, welches Hobby er im Alter noch entdeckt hat. Ergänzen Sie seinen Bericht mit passenden Ausdrücken aus der folgenden Liste. Die Paraphrasierungen für die Ausdrücke stehen in kursiver Schrift in Klammern. Achten Sie darauf, dass Sie die Ausdrücke in manchen Fällen umformen müssen, so dass sie von ihrer Wortstellung her in den Satz passen.

retirement home

Ich kümmere mich darum.	[sich kümmern um]
Ich bin stolz darauf.	[stolz sein auf]
Ich hatte fast ein bisschen Angst vor diesen neuen Technologien.	[Angst haben vor]
Ich schämte mich ein bisschen.	[sich schämen]
Als ich kurz vor meiner Pensionierung° stand	[vor etwas – z.B. Pensionierung/ Examen … – stehen]

retirement

_____,

(In den Jahren, bevor ich in den Ruhestand kam)

wurden Computer und das Internet immer wichtiger. _____

_____

(Ich fürchtete mich beinahe ein bisschen vor diesen Neuerungen)

und ich war froh, dass dieser Bereich° für meine Arbeit nicht so wichtig war.   *area*

Als ich dann aber vor ein paar Jahren sah, wie selbstverständlich° und sou-   *naturally*

verän mein 10-jähriger Enkel mit dem Computer arbeitete und im Internet

surfte, _____,

    (war es mir fast ein bisschen peinlich°)   *embarrassing*

dass ich so gar nichts davon verstand.

    Also begann ich mich damit zu beschäftigen und ich hatte großen Spaß

daran. Nach ein paar Monaten schon konnte ich auch das Internet benutzen

und bekam dadurch Informationen, die ich sonst nicht bekommen hätte.

Inzwischen gibt es im Heim einen Computerraum, wo wir auch Internet-

anschluss haben. _____,

    (Meine Aufgabe ist es dafür zu sorgen)

dass wir die passenden Computerprogramme haben und dass die Bewohner

auch lernen sie richtig zu benutzen.

    Viele Bewohnerinnen und Bewohner unseres Heims haben inzwischen

große Freude daran mit Computern zu arbeiten und _____

        (ich bin glücklich darüber)

_____, dass dieses Interesse und die Möglichkeiten durch

meine Initiative entstanden° sind.   *came about*

E. Jetzt sind Sie dran. Schreiben Sie nun Ihre eigenen Sätze oder einen Absatz über ein Hobby oder eine Tätigkeit, die Ihnen wichtig ist. Benutzen Sie drei Ausdrücke aus **Übung D.**

_____

_____

_____

_____

F. Schreiben Sie: Verschiedene Generationen. Wählen Sie eines der folgenden Themen und schreiben Sie auf ein extra Blatt Papier.

1. Beschreiben Sie eine ältere Person, die in Ihrem Leben eine wichtige Rolle spielt/gespielt hat. Erklären Sie, warum diese Person für Sie wichtig ist/war.

2. Wie möchten Sie Ihr Leben führen, wenn Sie mit dem Studium fertig sind? Würden Sie später gern so leben wie Ihre Eltern? Was würden Sie gleich/anders machen?

3. Manche Leute meinen, dass das Leben früher in Großfamilien auch viele Vorteile hatte. Wie fänden Sie es, wenn in Ihrer Familie drei Generationen unter einem Dach leben würden?

4. Haben Sie schon einmal ehrenamtlich gearbeitet? Wenn nicht, gibt es eine ehrenamtliche Tätigkeit, die Sie interessieren würde?

Thema 9   Stereotypen

A. Typisch deutsch! Die Deutschen denken gern und häufig darüber nach, wie sie sind und wie sie wohl auf andere wirken°. Deshalb gibt es zu diesem Thema auch oft Umfragen°. Hier fragten die Journalisten einer kleinen Lokalzeitschrift ein paar junge Leute und ihre Betreuerin° in einem Jugend- und Kulturzentrum in Bergisch Gladbach, was sie für „typisch deutsch" halten. Lesen Sie hier die Antworten und beantworten Sie dann die folgenden Fragen.

appear to
surveys
person in charge

Also, typisch finde ich, dass die Deutschen so sympathisch sind. Wurst und Kartoffeln gehören natürlich auch zu den typisch deutschen Dingen, denn die gibt es ja an jeder Ecke.

Nicolai Stahl, 13 Jahre

Ich finde die Kartoffel ist etwas typisch Deutsches. Die findet man ja in jeder Form in Deutschland. Ob Kartoffelpuffer°, Kartoffelpüree°, Kartoffelsalat, oder Kartoffelköpfe° ... Ja, und der Döner°. Man könnte glauben, der Deutsche hätte den Döner erfunden.

Martin Grün, 15 Jahre

potato pancakes / mashed potatoes
"blockheads" (slang) / Turkish dish: pita bread filled with roasted meat, garlic sauce, and raw onions

Fußball finde ich toll, und ist auf jeden Fall etwas Typisches. Ja und dieses komische Sauerkraut finde ich zum Kotzen°. Schlechtes Wetter und Regen fallen mir auch ein.

Anne Böer, 16 Jahre

finde ich zum Kotzen: makes me want to throw up

Tee und Kaffee trinken ist typisch. Und es gibt so viele Burgen° und Schlösser in Deutschland. Ins Fußballstadion gehen, Maul- und Klauenseuche° bekämpfen gehören, glaube ich, auch dazu. Ach ja, und der viele Verkehr in Deutschland.

Luke Jünger, 10 Jahre

castles

hoof and mouth disease

Autos und Ford sind typisch deutsch. Und Brettspiele°. Dazu kommen noch Kneipen°, Bier, Billard, BSE° und Hähnchen°. Schade nur, dass Harry Potter nicht typisch deutsch ist ...

Merlin Zambra, 10 Jahre

board games
pubs / mad cow disease / chicken

Verallgemeinerungen° liegen mir überhaupt nicht. Aber gerade wenn man das subjektiv betrachtet, fallen mir zu diesem Thema Ordnung und Disziplin ein. Das ist eventuell etwas Typisches. Ich finde auch, dass die Deutschen sehr kritikfähig° und kontaktfreudig° sein können. Sie sind umweltbewusst°, handeln zumeist überlegt und kalkulieren das Risiko ein. Positiv und typisch finde ich auch das Engagement deutscher Jugendlicher in Bezug auf° Naturschutz und Aktionen gegen rechte Gewalt.

Birgit Eder, 26 Jahre

generalizations

having ability to judge critically / sociable / environmentally aware
in Bezug auf: with regard to

---

1. Zuerst zu den Aussagen der Jugendlichen: Welche Nahrungsmittel° halten *food*
   die jungen Leute für typisch deutsch?

   _____

   _____

2. Welche deutschen Nahrungsmittel sind Ihrer Meinung nach sogar typisch für Ihr Land?

   _____

   _____

3. Welche anderen Dinge halten die Jugendlichen für typisch deutsch?

   _____

   _____

   _____

4. Und was sagt die Betreuerin Birgit Eder über die Deutschen allgemein und deutsche Jugendliche
   im Speziellen? Welche typischen Eigenschaften und Aktivitäten nennt sie?

   _____

   _____

   _____

5. Wenn Sie wie Birgit Eder etwas über die Jugendlichen in Ihrem Land sagen sollten, welche
   typischen Eigenschaften und Aktivitäten würden Sie nennen?

   _____

   _____

   _____

6. Welche Aussagen der Jugendlichen und der Betreuerin haben Sie überrascht und warum?

   _____

   _____

   _____

B. Besondere Ausdrücke. Mr. Brown ist Product Manager bei einer großen amerikanischen Computerfirma und er kommt für zwei Jahre in die deutsche Niederlassung° nach Böblingen. Dort macht er eine überraschende° Beobachtung über das Verhalten der Deutschen am Arbeitsplatz. Heute erzählt er einer Bekannten darüber. Ergänzen Sie seinen Bericht mit passenden Ausdrücken aus der folgenden Liste. Die Paraphrasierungen für die Ausdrücke stehen in kursiver Schrift in Klammern. Achten Sie darauf, dass Sie die Ausdrücke in manchen Fällen umformen müssen, so dass sie von ihrer Wortstellung her in den Satz passen.

branch / surprising

Es kam zum Beispiel vor.   [vorkommen]
Meine Erfahrungen mit meinen Mitarbeitern   [jemandem entsprechen]
   entsprachen nicht diesem Bild.
Sie versicherte mir.   [jemandem etwas versichern]
Manchmal zweifelte ich dann an meinen   [an etwas zweifeln]
   Führungsqualitäten°.

leadership qualities

Ich war erstaunt darüber.   [erstaunt sein über]
Ich stand natürlich besonders unter Druck.   [unter Druck stehen]
Ich verband mit Deutschen ein paar ganz   [mit etwas verbinden]
   typische Eigenschaften.

Als ich vor einem Jahr zum ersten Mal nach Deutschland kam, _____

_____.

(erwartete ich bei den Deutschen einige ganz bestimmte Attribute)

Das waren Pünktlichkeit, Zuverlässigkeit° und ganz besonders Fleiß. Nach

reliability

ein paar Wochen musste ich meine Meinung jedoch korrigieren, weil

_____

(meine Erfahrungen mit den anderen Angestellten ganz anders waren)

_____

_____, dass die Leute eigentlich

(Ich wunderte mich darüber)

selten mehr als 8 oder 9 Stunden arbeiteten. Auch am Wochenende sah ich

fast nie jemanden im Büro. _____,

                 (Es passierte sogar manchmal)

dass die Leute auch dann, wenn wir eine strikte Deadline hatten, trotzdem

pünktlich um 5 Uhr nachmittags nach Hause gingen. Das hätte ich mir in Palo

Alto in so einem Fall nicht vorstellen können. Als der neue Abteilungsleiter°

head of department

_____

(musste ich meine Sache natürlich besonders gut machen)

Auch die Mutterfirma in Palo Alto wollte gute Ergebnisse° sehen. _____

results

_____

(So war ich mir natürlich oft nicht sicher über meine Autorität gegenüber den Angestellten.)

Also sprach ich mit einer Kollegin aus einer anderen Abteilung und

_____, dass unsere Ergebnisse gut wären.

(sie erklärte mir)

Und so ist es wirklich. Die Leute arbeiten gut und effizient, sehen aber auch

ihre Freizeit und das Wochenende mit Familie und Hobbys als sehr wichtig

an. Heute finde ich diese Einstellung° zur Arbeit eigentlich ganz gesund,   *attitude*

trotzdem war es nicht das, was ich von den Deutschen erwartet hatte.

C. Jetzt sind Sie dran. Schreiben Sie nun Ihre eigenen Sätze oder einen Absatz
darüber, wie Sie die Arbeitsmoral in Ihrem Land beurteilen°. Benutzen Sie   *judge*
drei Ausdrücke aus **Übung B.**

_____

_____

_____

_____

D. Stereotypen über Männer und Frauen. Lesen Sie die folgenden Stereotypen
über Frauen und Männer, die man auch heute noch manchmal hört. Schreiben
Sie hinter jede Aussage, was Sie davon halten und wie es Ihrer Meinung nach
zu diesem Stereotyp kommt.

1. Frauen sind emotionaler als Männer.

   _____

   _____

2. Frauen sind technisch weniger begabt°.   *talented*

   _____

   _____

3. Männer sind ehrgeiziger°.   *more ambitious*

   _____

   _____

4. Frauen können besser zuhören.

   _____

   _____

E. Karikatur° über die Deutschen. Schauen Sie sich die Karikatur an und beantworten Sie die folgenden Fragen.

cartoon

Erich Rauschenbach

1. Was erzählen der Herr und die Dame über ihren Urlaub?

   _____

   _____

2. Wohin fahren die Dame und der Herr nächstes Jahr in Urlaub? Überrascht das den linken Mann im Bild? Warum (nicht)?

   _____

   _____

3. Würde diese Karikatur auch für manche Menschen in Ihrem Land zutreffen°? *apply*
   Warum (nicht)?

   _____

   _____

F. **Sprichwörter°.** Die Sprichwörter eines Landes können etwas über die Eigenschaften aussagen, die dort als wichtig gelten. Lesen Sie hier einige deutsche Sprichwörter und ordnen Sie sie den folgenden Erklärungen zu. Schreiben Sie neben jedes Sprichwort den passenden Buchstaben.

proverbs

_____ 1. Andere Länder, andere Sitten°!

customs

_____ 2. Wer im Glashaus sitzt, soll nicht mit Steinen° werfen.

stones

_____ 3. Erst die Arbeit, dann das Spiel!

_____ 4. Wo ein Wille ist, ist auch ein Weg.

_____ 5. Es ist nicht alles Gold, was glänzt°.

glitters

_____ 6. Ordnung ist das halbe Leben!

_____ 7. Wie man sich bettet°, so liegt man.

make your bed

a. Es ist sehr wichtig ordentlich zu sein.
b. Menschen aus verschiedenen Ländern verhalten sich° unterschiedlich.
c. Wenn man etwas wirklich will, kommt man auch zum Ziel.
d. Oft erscheint etwas auf den ersten Blick besser, als es wirklich ist.
e. Wer selbst Probleme hat, sollte andere nicht kritisieren.
f. Erst, wenn man seine Pflichten erledigt° hat, soll man sich vergnügen.
g. Wir sind selbst dafür verantwortlich, wie es uns geht.

sich verhalten: conduct themselves

fulfilled

G. **Sprichwörter und Stereotypen.** Wählen Sie nun zwei Sprichwörter aus, die gängige° Stereotypen über die Deutschen zum Ausdruck bringen. Schreiben Sie die beiden Sprichwörter hier auf und erklären Sie kurz, über welche „typisch" deutsche Eigenschaft sie etwas aussagen.

common

1. _____

_____

2. _____

_____

H. **Schreiben Sie.** Wählen Sie eines der folgenden Themen aus und schreiben Sie auf ein extra Blatt Papier.

1. Waren Sie schon einmal in einer Situation, wo man ein bestimmtes Bild von Ihnen hatte, das nichts mit Ihnen persönlich zu tun hatte, sondern auf Ihrer Nationalität, Ihrem Geschlecht°, Ihrem sozialen Status, Ihrer Religion ... basierte? Erzählen Sie.

gender

2. Was sind die Vor- und die Nachteile, wenn man vor einem Auslandsaufenthalt° schon bestimmte Erwartungen hat?

stay abroad

3. Eine Bekannte/Ein Bekannter von Ihnen aus Deutschland möchte für ein Jahr an Ihrer Uni studieren. Schreiben Sie ihr/ihm einen Brief, in dem Sie beschreiben, wie die Studentinnen und Studenten bei Ihnen generell sind. Welche fünf typischen Eigenschaften würden Sie nennen? Belegen Sie die Eigenschaften mit Situationen aus dem Alltag, so wie es die beiden Austauschstudenten in Tübingen in ihren Berichten getan haben (siehe *Kaleidoskop* Seite 204–205).

Thema 10   Umwelt

A. Autoaufkleber. „Mehr grün!" „Tank bleifrei° – dem Wald zuliebe!"
„Schmetterlinge° sterben aus – Aussterben° ist für immer" „Stoppt die
Atomindustrie – kämpft für das Leben." Solche Autoaufkleber° zum Thema
Umweltschutz sieht man überall in Deutschland. Entwerfen° Sie zwei
Autoaufkleber zu diesem Problem.

Fill up with unleaded!
butterflies / extinction
bumper stickers
design

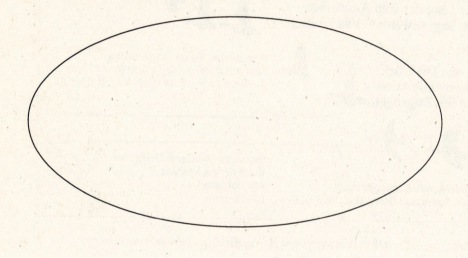

B. Was nun? Heute hört und liest man viel in deutschsprachigen Ländern über gefährdete° Vogel- und Tierarten°. Lesen Sie die folgende Anzeige aus einer deutschen Zeitung.

endangered / -arten: species

Alle Jahre wieder...

Viele Millionen Zugvögel° aus Nord-, Mittel- und Osteuropa kommen jährlich auf ihrer Reise in den Süden ums Leben!° Die Bedrohung° durch den Menschen kennt keine Grenzen. Diejenigen Vögel, die die Rückreise in den Norden überlebt° haben, finden immer weniger geeignete° Lebensräume vor.° Ihre seit jeher° aufgesuchten° Brut- und Rastplätze sind verschwunden. Die Liste der vom Aussterben bedrohten Arten ist lang geworden. Viel zu lang!

Helfen Sie mit!
Unterstützen Sie den DBV° bei nationalen und internationalen Rettungsaktionen° für Zugvögel.

Bitte senden Sie mir die 16-seitige Farbbroschüre und das Plakat über Zugvögel zu (3,– Euro Rückporto° liegt bei°).

Absender°_____

_____

Naturschutzverband° Deutscher Bund für Vogelschutz
Am Hofgarten 4
53113 Bonn

Spendenkonto°: Zugvogelschutz
44 990 Sparkasse° Bonn (BLZ 38050000)

Zugvögel *migratory birds*	**DBV (Deutscher Bund für Vogelschutz)** *German Association for Bird Protection*
kommen ums Leben *perish*	**Rettungsaktionen** *rescue campaigns*
Bedrohung *threat*	**Rückporto** *return postage*
überlebt *survived*	**liegt bei** *is enclosed*
geeignet *suitable*	**Absender** *sender*
finden vor *find*	**Naturschutzverband** *association for wildlife conservation*
seit jeher *from time immemorial*	**Spendenkonto** *bank account for contributions*
aufgesucht *located*	**Sparkasse** *savings bank*
Brutplätze *nesting sites*	

Sie lesen jetzt fünf Aussagen zum Text. Schreiben Sie **R** (richtig) oder **F** (falsch).

_____ 1. Jedes Jahr sterben viele Vögel auf ihrem Zug° in den Süden.

migration

_____ 2. Es gibt in Nordeuropa immer mehr Rastplätze für Zugvögel.

_____ 3. Es besteht zur Zeit keine Gefahr, dass einige Arten von Zugvögeln aussterben.

_____ 4. Es gibt nationale und internationale Organisationen, die sich um das Schicksal der Zugvögel kümmern.

_____ 5. Es ist möglich weitere Informationen zu diesem Thema vom DBV zu bestellen.

C. Besondere Ausdrücke. Lisa und ihr Bruder Christian sitzen beim Frühstück und lesen Zeitung. Christian ärgert sich über einen Artikel in der Zeitung, der über Umweltprobleme berichtet. Lisa und Christian beginnen eine Diskussion über das Thema Umweltbewusstsein°. Ergänzen Sie das Gespräch mit passenden Ausdrücken aus der folgenden Liste. Die Paraphrasierungen für die Ausdrücke stehen in kursiver Schrift in Klammern. Achten Sie darauf, dass Sie die Ausdrücke in manchen Fällen umformen müssen, so dass sie von ihrer Wortstellung her in den Satz passen.

environmental awareness

Wissenschaftler warnen davor.   [vor etwas warnen]
Man muss die Leute zu mehr Umweltbewusstsein   [jemanden zu etwas erziehen]
 erziehen.
Man unternimmt etwas dagegen.   [etwas gegen etwas unternehmen]
Es geht niemanden etwas an.   [jemanden etwas angehen]
Man kann es doch nicht nur dem Staat überlassen.   [jemanden etwas überlassen]
Wir müssen auch an die kommenden Generationen   [an etwas denken]
 denken.

CHRISTIAN: Irgendwie geht es mir auf die Nerven, immer diese negativen

Artikel! Überall _____,
            (liest man pessimistische wissenschaftliche Artikel darüber)

dass das Ozonloch größer wird, dass Tierarten aussterben und so weiter.

LISA: Na ja, aber doch nur, weil es Fakten sind. Und natürlich wird darüber

berichtet, damit _____.
                  (etwas dagegen getan wird)

Jeder Einzelne soll etwas für die Umwelt tun. _____

_____ etwas
(Es kann doch nicht nur die Aufgabe der Politik sein)

gegen die Umweltverschmutzung zu tun.

CHRISTIAN: _____,
           (Es ist doch aber nur meine Sache)

ob ich meinen Müll recycle oder nicht. Ich habe gehört, dass es in der

Schweiz sogar so eine Art Müllpolizei gibt, die in den Müll der Leute

schaut und prüft, ob alles im richtigen Müllcontainer ist. Wenn das nicht

der Fall ist, müssen Sie eine Strafe° bezahlen. Das ist doch absurd!   *fine*

LISA: Ja, das finde ich auch ein bisschen übertrieben°. Aber ich finde es schon   *overdone*

richtig, dass es Umweltgesetze gibt. _____

_____
(Die Menschen müssen dazu gebracht werden mehr Interesse an der Umwelt zu zeigen.)

Freiwillig° tun sie das nicht. Ich finde wirklich, _____   *voluntarily*

_____
(man sollte sich auch um die Menschen, die nach uns kommen, sorgen)

Unsere Kinder und Enkel sollen doch auch in einer halbwegs intakten Welt leben.

CHRISTIAN: Ja, ja, du hast ja Recht. Und trotzdem stört es mich überall nur diese negativen Dinge zu lesen. Man kann ja versuchen die Umwelt zu schützen und trotzdem optimistisch zu sein, findest du nicht?

D. Jetzt sind Sie dran. Schreiben Sie nun Ihre eigenen Sätze oder einen Absatz zum Thema Umweltbewusstsein. Benutzen Sie drei Ausdrücke aus **Übung C.**

_____

_____

_____

_____

E. Ein umweltfreundliches Flugzeug. Sie arbeiten für Airbus Industries, eine europäische Firma, die Passagierflugzeuge herstellt. Die Firma gehört vier Ländern. Jedes Land baut nur Teile der Flugzeuge. Lesen Sie die folgenden Informationen über einen Airbus-Flugzeugtyp. Sie müssen auf einer Messe° erklären, warum Airbus-Flugzeuge besser als andere sind. Benutzen Sie die Fakten, um eine positive Beschreibung° für diesen Airbus zu schreiben. Betonen° Sie dabei, das der Airbus umweltfreundlich ist.

trade show

description

emphasize

der Airbus ist ein sehr erfolgreiches Flugzeug – zur Zeit sind 2500 Airbusse in Betrieb°

in operation

im Juli 2001 waren 43 weitere Airbusse bestellt

Airbus Industries hatte im Jahr 2000 einen Umsatz° von 17,2 Milliarden Dollar

turnover

ein Airbus hat Platz für etwa 250–300 Passagiere

die Betriebskosten° sind beim Airbus 15–20 Prozent niedriger als bei anderen Flugzeugen

operating costs

der Airbus ist ein sehr schnelles Flugzeug – der A 310 zum Beispiel erreicht eine Fluggeschwindigkeit° von 860 km/h

flying speed

der Airbus bietet Lösungen für die Umweltprobleme Lärm (Verkehrslärm, Fluglärm) und Luftverschmutzung

er braucht weniger Kraftstoff° als andere Flugzeuge

fuel

Fluglärm und Emission sind beim Airbus geringer

_____

_____

_____

_____

_____

F. Umweltschutz. „Als Umweltschützer wird man nicht geboren – man muss es lernen." So heißt es in einer Broschüre der Bundesregierung zum Thema Umweltschutz. Sie sehen hier eine Liste von sechs Tatsachen und Tipps aus der Broschüre und eine Liste von Kapiteltiteln. Verbinden Sie die Tatsachen und Tipps mit den passenden Kapiteltiteln, indem Sie die richtigen Nummern neben die Titel schreiben.

Tatsachen und Tipps

1. Alte Zeitungen, Küchenabfälle, leere Flaschen – 38 Millionen Tonnen jährlich in Deutschland. Man könnte damit eine Million Eisenbahn-waggons füllen.

2. Lassen Sie jedes Jahr Ihre Kamine° kontrollieren. Fachleute dafür sind die Schornsteinfeger°, zu deren Pflichten die regelmäßige Überprüfung° der Immissionen gehört.   *chimneys* / *chimney sweeps* / *testing*

3. In Deutschland werden jährlich etwa 45 Millionen Stück Quecksilber-batterien verbraucht. Wenn man die verbrauchten Batterien zurückgibt, dient man dem Schutz der Umwelt vor dem giftigen° Schwermetall.   *poisonous*

4. Viel umweltfreundlicher ist der gute alte Handmäher°. *(Passt zu zwei Kapiteltiteln.)*   *push (lawn) mower*

5. Die privaten Haushalte verbrauchen im Jahr drei Millionen Tonnen Glas.

6. Wenn wir unser Auto auf der Straße waschen, können Schmutz und Waschmittel° in den Boden eindringen°. In vielen Gemeinden° ist das Autowaschen auf der Straße deshalb verboten. *(Passt zu zwei Kapiteltiteln.)*   *cleaning compounds* / *permeate* / *communities*

Kapitel   Titel

_____ _____ a. „Wie Sie mithelfen können die Luft sauber zu halten."

_____ _____ b. „Wie Sie mithelfen können Wasser zu sparen und sauber zu halten."

_____ _____ c. „Wie Sie mithelfen können den Boden zu schützen."

_____ _____ d. „Wie Sie mithelfen können den Abfallberg kleiner zu halten."

_____ _____ e. „Wie Sie mithelfen können den Lärm einzuschränken°."   *reduce*

G. Sie sind Umweltexpertin/Umweltexperte. Wählen Sie drei Umweltkategorien aus der Liste von Titeln in **Übung F** (z.B. „die Luft sauber halten"), und schreiben Sie praktische Tipps für eine Umweltbroschüre.

Nützliche Vokabeln

SUBSTANTIVE	VERBEN	ANDERE WÖRTER
das Altglas	pflanzen	gefährlich
das Altmetall	sparen	umweltfreundlich
das Altpapier	verbrauchen	
das Altöl	vermeiden	
Bäume und Sträucher trees and bushes	verschwenden	
die Fahrgemeinschaft carpool	wegwerfen	
die Getränkedosen	wieder verwenden to recycle	
das Katalysatorauto car with catalytic converter		
die Mehrwegflasche		
die Pfandflasche bottle with deposit		
das Recycling		
die Umweltsorge		

Sehen Sie sich auch die Texte in Ihrem Buch noch einmal an.

1. Kategorie: _____

   Ihr Umwelttipp: _____

2. Kategorie: _____

   Ihr Umwelttipp: _____

3. Kategorie: _____

   Ihr Umwelttipp: _____

H. Schreiben Sie: Was machen Sie für den Umweltschutz? Wählen Sie eines der beiden folgenden Themen und schreiben Sie auf ein extra Blatt Papier.

1. Was machen Sie persönlich, um die Umwelt zu schützen?

2. Sie studieren für ein Jahr an einer Universität in Deutschland, Österreich oder der Schweiz und Sie stellen fest, dass es hier ganz ähnliche Umweltprobleme gibt wie in Ihrer Stadt zu Hause. Sie schreiben einen Leserbrief an eine Tageszeitung und erklären das Problem und was man Ihrer Meinung nach dagegen tun könnte. Für einen Leserbrief brauchen Sie keine Anrede und Sie müssen am Ende nur Ihren Namen daruntersetzen.

Übungen zur Grammatik

Name _____   Datum _____

Kapitel 1

A. Das Basketballspiel. Herr Meier ist Sportreporter und er berichtet im Radio über ein Basketballspiel. Schreiben Sie seinen Bericht, indem Sie aus den folgenden Stichwörtern° ganze Sätze machen[1].   *cues*

▷ Das Spiel / dauern / schon fast zwei Stunden
   Das Spiel dauert schon fast zwei Stunden.

1. die Spieler / werden / so langsam müde

   _____

2. jetzt / Müller / laufen / mit dem Ball zum Korb°   *basket*

   _____

3. er / wollen / werfen / aus zehn Metern Entfernung°   *distance*

   _____

4. doch / Müller / werden / nervös // und / der Ball / fallen / zu Boden

   _____

5. nun / Kühner / nehmen / den Ball

   _____

6. er / werfen

   _____

7. er / treffen / den Korb

   _____

8. jetzt / der Ball / müssen / fallen / nur noch durchs Netz

   _____

9. Ja! das Spiel / sein / vorbei. 86:84° für das Kölner Team!   *read: 86 zu 84*

   _____

---

[1] Double slash marks (/ /) in the cues throughout this book indicate the start of a new clause.

B. Volleyball-Club. Sie studieren für ein Jahr in Köln. Da Sie ein begeisterter Volleyballspieler sind, besuchen Sie den Volleyball-Club der Universität Köln. Sie kommen mit dem Trainer – er heißt Markus und ist auch Student – ins Gespräch.

Sie fragen Markus:

1. Wie lange _____ schon in Köln? *(have you been living)*

   _____ *([for] two years)*

2. Wie lange _____ schon als Trainer im Volleyball-Club? *(have you been working)*

   _____ *(since March)*

3. Wie lange _____ schon Volleyball? *(have you been playing)*

   _____ *([for] ten years)*

Markus fragt Sie:

4. Wie lange _____ schon an der Uni? *(have you been)*

   _____

5. Wie lange _____ schon Deutsch? *(have you been studying)*

   _____

C. Im Restaurant. Herr und Frau Leuchter wollen heute Abend essen gehen. Leider sagt ihre Babysitterin ab° und sie müssen ihre Kinder Lukas und Nina, die vier und sechs Jahre alt sind, mitnehmen. Im Restaurant geben die Eltern ihren Kindern folgende Anweisungen°. Bilden Sie aus den folgenden Sätzen Imperativsätze mit dem Wort **bitte** wie im Beispiel.

absagen: cancel

instructions

▷ Lukas, du sollst die Ellenbogen vom Tisch nehmen.
   Nimm bitte die Ellenbogen vom Tisch!

1. Nina, du sollst nicht so schnell trinken.

   _____

2. Lukas und Nina, ihr sollt ruhig auf euren Stühlen sitzen.

   _____

3. Lukas, du sollst auch deinen Salat essen.

   _____

4. Nina, du sollst nicht mit vollem Mund sprechen.

   _____

5. Lukas und Nina, ihr dürft noch nicht aufstehen.

   _____

6. Kinder, ihr dürft auch nicht so laut sein.

   _____

D. Touristen in Bremen. Sie und Ihr Freund Jake sind für zwei Tage in Bremen, um die Stadt kennen zu lernen. Übersetzen Sie die englischen Modalverben in Klammern ins Deutsche. Vergessen Sie nicht in (8) und (10) die Negation **nicht** einzusetzen.

SIE: Was (1) _____ wir zuerst machen? *(should)*

JAKE: Ich (2) _____ mir das schöne Rathaus anschauen.

(would like)

Du (3) _____ doch auch in den Ratskeller gehen,

nicht? *(want)*

SIE: Ja, klar. Und danach (4) _____ wir einen Spaziergang

durch das Schnoorviertel° machen. *(can)* — *name of Bremen's oldest quarter*

Übrigens, wenn du Obsttorte (5) _____,

(6) _____ wir in die Schnoorkonditorei. *(like / must)*

Die ist bekannt für ihre tollen Kuchen und Torten.

JAKE: (7) _____ wir machen! *(can)*

Aber wir (8) _____ _____ zu lange

dort bleiben, denn ich (9) _____ unbedingt° die — *absolutely*

Museen und Geschäfte in der Böttcherstraße auch noch besuchen.

(mustn't / want)

SIE: Wir (10) _____ uns doch _____ zu

beeilen! *(don't have to)*

Wir sind doch morgen noch den ganzen Tag hier.

E. Im Zug nach Oldenburg. Julia und Nadine fahren mit dem Zug von Bremen nach Oldenburg und sie unterhalten sich miteinander. Bilden Sie aus den Stichwörtern ganze Sätze, so dass daraus ein Gespräch wird.

▷ JULIA: einsteigen / schnell / !   *Steig schnell ein!*
           Zug / abfahren / bald   *Der Zug fährt bald ab.*

1. JULIA: und / zumachen / bitte / Tür / !

    _____

2. NADINE: Julia, / aufmachen / bitte / Fenster / !

    _____

3. JULIA: dann / ich / müssen / anziehen / meinen Mantel

    _____

4. NADINE: abholen / dein Bruder / uns / ?

    _____

5. JULIA: wir / sollen / anrufen / ihn // wenn / wir / ankommen / in Oldenburg

    _____

6. NADINE: wann / ankommen / Zug / ?

    _____

7. JULIA: ich / annehmen // in dreißig Minuten

    _____

F. Das Picknick. Karin nimmt ihre jüngere Kusine Vanessa mit auf ein Picknick. Ergänzen Sie ihr Gespräch mit der passenden Form von **lassen.**

KARIN: Bist du endlich fertig Vanessa? (1) _____ uns gehen.

VANESSA: Ja, hier sind meine Sachen. – (2) _____ du mich heute fahren?

KARIN: Du weißt doch. Ich darf dich nicht fahren (3) _____. Deine Eltern haben es verboten.

VANESSA: Soll ich mein Radio mitnehmen?

KARIN: Nein, (4) _____ es lieber hier. Aber nimm deinen Fotoapparat mit.

VANESSA: Der ist leider kaputt. Ich muss ihn endlich mal reparieren (5) _____.

KARIN: Ach, mit dem Ding hast du immer Probleme. (6) _____ dir doch einen neuen von deinen Eltern schenken.

G. Reise nach Deutschland. Rolf möchte von Ihnen die Details der Studentenreise nach Deutschland erfahren. Beantworten Sie seine Fragen im Futur.

▷ Fliegt die Gruppe zuerst nach Frankfurt?
   Ja, die Gruppe wird zuerst nach Frankfurt fliegen.

1. Übernachten° alle im Hotel Atlantik?   *stay overnight*

   _____

2. Fährt die Gruppe dann mit dem Bus nach Köln?

   _____

3. Ihr besucht den Kölner Dom, nicht?

   _____

4. Dann reist ihr nach München, nicht?

   _____

5. Die Gruppe bleibt sicher lange in München, nicht?

   _____

6. Einige fahren dann wohl weiter nach Leipzig?

   _____

7. Das Wetter zu dieser Jahreszeit ist sicher schön, nicht?

   _____

H. Partygäste. Michael, Andreas und Susanne geben eine Party. Andreas ist ein bisschen nervös und er stellt seinen Freunden alle möglichen Fragen. Die antworten ihm, indem sie Vermutungen anstellen°. Formulieren Sie die Antworten mit den Stichworten in Klammern. Benutzen Sie dabei Futur und **wohl.**

Vermutungen anstellen:
to speculate

▷ Wann kommen die anderen Gäste? (bald)
   Sie werden wohl bald kommen.

1. Mit wem kommt Claudia zur Party? (Thomas)

   _____

2. Was bringt sie mit? (einen Kuchen)

   _____

3. Wer macht Musik? (Paul und Anja)

   _____

4. Worüber diskutieren Lena und Klaus schon wieder? (Politik)

   _____

5. Wer sorgt für° Stimmung? (Toms Freunde)

sorgt für: provides

_____

I. **Komm doch mit!** Christina möchte heute Nachmittag mit ein paar Freunden ins Freibad° gehen. Sie fragt Stefan, ob er auch mitkommen möchte. Übersetzen Sie ihr Gespräch ins Deutsche. Benutzen Sie entweder Präsens, Futur oder Futur und **wohl,** um eine Vermutung auszudrücken.

outdoor swimming pool

▷ CHRISTINA: I'll probably go to the outdoor swimming pool this afternoon.
Ich werde heute Nachmittag wohl ins Freibad gehen.

1. CHRISTINA: Do you want to come along?

_____

2. STEFAN: Hmmm. It'll surely rain this afternoon.

_____

3. And Frank will probably visit me later.

_____

4. Besides, I am going to the gym° tonight.

das Fitnesscenter

_____

5. CHRISTINA: But Anja is probably at the pool already.

_____

6. She'll be disappointed° if you don't come.

use traurig

_____

7. STEFAN: I'll probably see her next week.

_____

8. On Thursday, we're going to play tennis together.

_____

J. Pläne. Anna und ihre Freunde sprechen über ihre Pläne fürs Wochenende. Beantworten Sie die folgenden Fragen im Präsens oder im Futur. Seien Sie kreativ. Die folgenden Verben sollen Ihnen dabei helfen. Benutzen Sie diese Verben oder auch andere Verben Ihrer Wahl.

arbeiten	fernsehen	Schach/Tennis/
besuchen	frühstücken	Volleyball spielen
bleiben	gehen	Rad fahren
einkaufen gehen	Inlineskating gehen	reparieren
einladen	laufen	schreiben
essen (gehen)	lesen	*modal verbs*
fahren	putzen	

1. Anna, was hast du denn vor?

   –_____

   _____

2. Andreas und Evi, was wollt ihr machen?

   –_____

   _____

3. Monika, weißt du, was Alexander morgen Nachmittag macht?

   –_____

   _____

4. Robert, musst du das ganze Wochenende arbeiten?

   –Nein, _____

   _____

Kapitel 2

A. Stromausfall°. Sebastian beschreibt einen Tag, als der Strom ausfiel und er seine Zeit ganz anders als sonst verbringen musste. Ergänzen Sie seinen Bericht mit den passenden Verben im Präteritum. Benutzen Sie im letzten Satz die Präsensform **(P)**. Es gibt auch Lücken für trennbare Vorsilben.

power failure

anfangen	schreiben	surfen
ausgehen°	sein	verbringen
kommen	setzen	wollen
machen		

go out

Als ich vor ein paar Monaten aus der Schule (1) _____,

(2) _____ ich mich wie jeden Nachmittag sofort vor meinen

Computer. Nachmittags (3) _____ ich eigentlich immer so

etwa drei bis vier Stunden vor dem Computer. Ich (4) _____

immer erst ein paar E-Mails, (5) _____ ein oder zwei

Computerspiele und (6) _____ dann im Internet. An diesem

Tag (7) _____ ich noch ein Computerprogramm runterladen.

Ich (8) _____ damit _____ und (9) _____

noch nicht ganz fertig – da (10) _____ auf einmal der

Computer _____.

bemerken	können	sollen
denken	reparieren	werden
geben	sehen	wissen
gucken	sein	

Ich (11) _____ schon, dass etwas kaputt wäre. Aber dann

(12) _____ ich, dass auch das Licht ausgegangen war. Ach ja,

jetzt (13) _____ ich es wieder. Heute (14) _____

es ja von 14 bis 18 Uhr keinen Strom, weil die Leute von der Stadt eine

Stromleitung° (15) _____. Was (16) _____ ich

electric cable

denn jetzt machen? Fernsehen (17) _____ ich natürlich

auch nicht. Ich (18) _____ fast ein bisschen nervös. Ich

(19) _____ aus dem Fenster und (20) _____, dass

heute eigentlich der erste richtig schöne Sommertag (21) _____.

gehen	legen	scheinen
genießen	lesen	singen
holen	liegen	versuchen

Ich (22) _____ in den Garten und (23) _____

mich ins Gras. Die Sonne (24) _____ und die Vögel (25)

_____. Ich (26) _____ einen Roman aus

meinem Zimmer, der schon seit Wochen auf meinem Nachttisch (27)

_____. Und so (28) _____ ich den ganzen

Nachmittag und ich (29) _____ die schöne Atmosphäre und

die Ruhe sehr. Seitdem (30) _____ **(P)** ich eigentlich, immer

wieder mal etwas ganz anderes zu machen – fernab° von Fernsehen,   *far away*

Computer und Telefonieren. Und ich muss sagen, es ist gut, wenn man nichts

zu einseitig° tut.   *one-sided*

B. Fast verpasst°! Alexander, Julia und Laura haben sich seit Monaten nicht   *missed*
mehr gesehen, deshalb fahren Alexander und Julia mit dem Zug von
Hamburg nach Lübeck, um Laura zu treffen. Verbinden Sie die Sätze auf der
linken Seite mit den passenden Sätzen auf der rechten Seite. Verwenden Sie
dabei die Konjunktion **aber.** Setzen Sie die Modalverben in der linken Spalte°   *column*
ins Präteritum und die Verben in der rechten Spalte ins Plusquamperfekt so
wie im Beispiel.

▷ Wir wollen uns um zehn am Holstentor° treffen. Laura kommt nicht.   *famous archway in*
   Wir wollten uns um zehn am Holstentor treffen, aber Laura war nicht gekommen.   *Lübeck*

1. Ich will sie anrufen.   Ich nehme mein Handy nicht mit.
2. Wir wollen sie von einer Telefonzelle   Wir kaufen keine neue Telefonkarte.
   aus anrufen.
3. Wir wollen Laura zu Hause abholen.   Wir vergessen ihre genaue Adresse.
4. Ich kann mich doch wieder an Lauras   Laura geht schon aus dem Haus.
   Adresse erinnern.
5. Wir wollen schon wieder nach Hause   Der Zug nach Hamburg fuhr gerade ab.
   fahren.
   Da kam Laura den Bahnsteig entlanggerannt und rief: Da seid ihr ja endlich!
   Wurde aber auch höchste Zeit! Ich warte schon seit einer Stunde auf euch.

1. _____

_____

2. _____

_____

3. _____

_____

4. _____

_____

5. _____

_____

C. Als Computerexperte in Deutschland. Raj Shahivi kommt aus Indien und
arbeitet als Computerexperte bei einer deutschen Firma. Nach ein paar
Wochen in Deutschland schreibt er eine Karte an seinen Freund Shamir in
London. Übersetzen Sie den Brief und benutzen Sie die Zeiten in Klammern.

Dear Shamir,

I wanted to write earlier *(simple past)*. But so much has happened *(present
perfect)*. And the last weeks were quite stressful° *(simple past)*. I finally   *anstrengend*
found an apartment *(present perfect)*. Fortunately, my boss had helped me
(past perfect). And yesterday I wanted to visit your friend Shiv *(simple past)*.
But he had already left Germany *(past perfect)*. Have you heard from him
(present perfect)? Didn't he like° his job here?   *use form of mögen*

Many regards,

Raj

Lieber Shamir,

ich wollte _____

_____

_____

_____

_____

_____

_____

_____

Raj

D. Gespräche beim Frühstück. Sophia, Marie, Alexander, Kathrin und Leon wohnen im Studentenwohnheim. Seit ein paar Tagen haben sie einen neuen Mitbewohner°. Als sie sich morgens beim Frühstück in der Küche treffen, sprechen sie über ihn. Ergänzen Sie die Gespräche, indem Sie aus den Stichwörtern ganze Sätze im Perfekt bilden.

fellow occupant

▷ ALEXANDER: Hallo, Marie!
ich / sehen / kommen / dich / gar nicht
<u>Ich habe dich gar nicht kommen sehen.</u>
(I didn't see you coming at all.)

SOPHIA: Wie heißt eigentlich unser neuer Mitbewohner? Ich habe ihn noch gar nicht getroffen!

MARIE: Er heißt Tim. Und ich glaube, er ist ein echter Nachtmensch°.

night owl

ALEXANDER: Das stimmt. (1) Ich / hören / Gitarre spielen / ihn / die ganze Nacht

_____

(I heard him playing the guitar all night.)

LEON: (2) ich / hören / duschen / ihn / gestern Nacht um vier

_____

(I heard him taking a shower last night at four o'clock.)

KATHRIN: Komisch. (3) ich / sehen / weggehen / ihn / heute Morgen um sieben

_____

(I saw him leave this morning at seven.)

SOPHIA: Der braucht wohl gar keinen Schlaf!

Es klopft an der Tür. Tim kommt herein.

TIM: Hallo, ich bin Tim. Ich wohne seit letzter Woche in Zimmer 204.
(4) ich / hören / sprechen / euch. Frühstückt ihr oft zusammen?

_____

(I heard you talking.)

LEON: Ja, manchmal. Komm rein, Tim. Möchtest du mit uns frühstücken?

TIM: Ja, gern.

MARIE: Du hast doch noch keinen Briefkastenschlüssel, nicht?
(5) ich / lassen / machen / einen Schlüssel / für dich

_____

(I've had a key made for you.)

TIM: Das ist aber nett von dir. Vielen Dank! Wie heißt ihr eigentlich?

E. Im Studentenwohnheim. An diesem Morgen macht Tim in der Küche ein
Foto von seinen neuen Mitbewohnern. Am Wochenende zeigt er es zu Hause
seinem Freund. Tim erzählt Lukas, wie die verschiedenen Personen heißen
und was sie gerade gemacht haben, als er sie fotografiert hat.

_____

_____

_____

_____

_____

_____

F. So ein Ärger! Erzählen Sie einer Freundin oder einem Freund von Ihrem Missgeschick° vor Ihrer Deutschprüfung – wie Sie ihr Buch verloren haben, wie Sie danach gesucht haben, wer Ihnen dabei geholfen hat und was dann passierte. Die folgenden Verben sollen Ihnen eine Hilfe sein, Sie können aber auch Verben Ihrer Wahl benutzen. Verwenden Sie je nach Bedarf° Präteritum, Perfekt oder Plusquamperfekt.

mishap

as appropriate

anrufen	lassen	sprechen	werden
bemerken	laufen	suchen	zurückgehen
bitten	lernen	vergessen	*modal verbs*
fragen	liegen	verlieren	
gehen	passieren	versuchen	

_____

_____

_____

_____

_____

_____

_____

Kapitel 3

A. Reise nach Berlin. Nancy und Patricia studieren für ein Jahr in Salzburg. Jetzt haben sie Semesterferien und sie fliegen nach Berlin, um ihren Freund Alex zu besuchen. Nachdem sie wieder abgereist sind, erzählt Alex seinem Freund Tim von ihrem Besuch. Formulieren Sie ganze Sätze im Imperfekt.

▷ am Wochenende / ich / haben / Besuch von meinen Freundinnen Nancy und Pat
Am Wochenende hatte ich Besuch von meinen Freundinnen Nancy und Pat.

1. am Freitagnachmittag / sie / ankommen / in Berlin-Tegel / um vier Uhr

   _____

2. ich / abholen / sie / mit dem Auto / am Flughafen

   _____

3. am Samstagmorgen / Nancy und Pat / einkaufen gehen

   _____

4. nachmittags / sie / besuchen / ein Museum // und / sie / spazieren gehen

   _____

5. gestern Abend / wir / sprechen / lange / über die Konflikte zwischen Ost- und Westdeutschen

   _____

6. deshalb / sie / wollen / besuchen / unbedingt / ostdeutsche Städte

   _____

7. heute Morgen / Nancy und Pat / weiterfahren / mit dem Zug / um neun / nach Dresden

   _____

B. Am Bahnhof. Nancy und Pat trinken vor ihrer Fahrt nach Dresden noch einen Kaffee im Bahnhofscafé. Dort treffen sie zufällig° ihre Bekannte Nadine aus Salzburg, die gerade mit dem Zug in Berlin angekommen ist. Nadine stellt ihnen alle möglichen Fragen. Verneinen° Sie die Fragen und setzen Sie **nicht** an die richtige Stelle.

by accident

answer in the negative

▷ Habt ihr viel Geld ausgegeben?
Nein, wir haben nicht viel Geld ausgegeben.

1. Seid ihr mit dem Zug nach Berlin gefahren?

   _____

2. Seid ihr seit Mittwoch in Berlin?

   _____

3. Habt ihr im Hotel übernachtet?

_____

4. Ist Berlin sehr teuer?

_____

5. Sind die Berliner reserviert°?   *reserved*

_____

6. Habt ihr im KaDeWe eingekauft?

_____

7. Wart ihr in der East Side Gallery?

_____

8. Seid ihr jeden Abend ausgegangen?

_____

C. In Dresden. Nancy erzählt von ihrem Besuch in der Semperoper in Dresden.
Suchen Sie sich für jedes Satzpaar eine passende Konjunktion aus der Liste
aus und machen Sie aus den zwei Sätzen einen Satz. Achten Sie dabei auf die
Wortstellung. Beginnen Sie in den Sätzen 2 und 5 jeweils mit der Konjunktion.

bevor	denn	obwohl	sondern
dass	ob	sobald	während

▷ Es war toll. Wir hatten Karten für die Zauberflöte° bekommen.   *Magic Flute*
    Es war toll, dass wir Karten für die Zauberflöte bekommen hatten.

1. Ich war erstaunt. Die Semperoper ist so ein prachtvolles° Gebäude.   *splendid*

_____

2. Die Oper begann. Wir sprachen mit der Frau neben uns.

_____

3. Sie fragte uns. Kommen wir aus England?

_____

4. Ich erzählte ihr. Wir kommen aus Chicago und studieren für ein Jahr in Salzburg.

_____

5. Unsere Plätze waren billig. Wir konnten gut sehen und hören.

_____

6. In der Pause trank ich ein Glas Cola. Pat trank einen Apfelsaft.

_____

7. Danach gingen wir nicht gleich ins Hotel zurück. Wir gingen in eine Kneipe°.   *pub*

_____

8. Wir blieben dort fast bis eins. Wir unterhielten uns lange mit einem Studenten am Nebentisch.

_____

D. Kindheitsträume. In der Kneipe sprechen Pat und Nancy mit Jörg, der in
Dresden Biologie studiert. Er erzählt ihnen von seinen früheren Plänen und
Träumen. Setzen Sie in seinen Bericht **als, wenn** oder **wann** ein.

(1) _____ ich klein war, wollte ich Berufssportler werden. Ich

weiß nicht mehr, (2) _____ ich angefangen hatte zu schwim-

men. Ich war auf jeden Fall sehr jung, vielleicht drei oder vier. (3)

_____ es klar war, dass ich Talent hatte, kam ich auf eine

spezielle Schule für Kinder, die später Leistungssportler° werden sollten. Dort   *competitive athlete*

musste ich jeden Tag sechs Stunden trainieren, auch (4) _____

ich eine Erkältung hatte oder müde war. Es war sehr hart, doch es war auch

eine große Ehre°, (5) _____ man eine solche Schule besuchen   *honor*

durfte. (6) _____ dann die Mauer fiel, wurde alles anders. Die

neue Regierung gab für solche Sportprogramme nicht mehr so viel Geld aus

und ich kam auf eine ganz normale Schule. (7) _____ ich heute

daran denke, bin ich ein bisschen traurig, dass ich mit dem Training aufgehört

habe. Ich wäre sicher ein guter Leistungssportler geworden.

E. Der letzte Tag in Dresden. Morgen wollen Nancy and Pat weiterreisen.
Beenden Sie die folgenden Sätze mit Ihren eigenen Worten.

1. Ich will noch einmal in die Stadt, bevor _____

_____

2. Obwohl ich nicht viel Geld habe, _____

_____

3. Ich will ein paar Postkarten kaufen, damit _____

_____

4. Wir sollten dann um fünf Uhr ins Hotel zurückgehen, denn _____

_____

5. Ich möchte irgendwann wieder nach Dresden kommen, weil _____

_____

F. Weiter nach Leipzig. Nancy und Pat planen ihre Weiterreise nach Leipzig. Pat telefoniert mit einem Herrn im Reisebüro. Sie gibt seine Fragen und Kommentare an Nancy weiter. Formulieren Sie die indirekten Fragen. Passen Sie auf, dass Sie dabei das richtige Personalpronomen verwenden.

▷ „Wann wollen Sie in Dresden abfahren?"
Er fragt, *wann wir in Dresden abfahren wollen.*

1. „Wie lange wollen Sie in Leipzig bleiben?"

   Er fragt, _____

2. „Wollen Sie im Zentrum von Leipzig wohnen?"

   Er fragt, _____

3. „Möchten Sie ein Doppelzimmer mit oder ohne Bad?"

   Er fragt, _____

4. „Ein Zimmer ohne Bad ist viel billiger."

   Er sagt, _____

5. „Soll ich Ihnen Karten für das Leipziger Gewandhausorchester° bestellen?"   *famous orchestra in Leipzig*

   Er fragt, _____

G. Zurück in Salzburg. Heute Abend wollen Nancy und ihr Freund Michael ins bekannte Salzburger Marionettentheater gehen. Verbinden Sie jeweils die beiden Sätze zu einem Satz mit einem Infinitiv wie im Beispiel.

▷ MICHAEL: Willst du ins Marionettentheater gehen? Hast du Lust?
   NANCY: Ja, ich habe Lust *ins Marionettentheater zu gehen.*

1. MICHAEL: Kannst du bitte die Karten bestellen? Wäre das möglich?

   NANCY: Ja, es wäre möglich _____

2. NANCY: Und könntest du die Karten abholen? Hast du Zeit?

   MICHAEL: Ja, ich habe Zeit _____

3. MICHAEL: Sollen wir mit den Fahrrädern fahren? Es wäre einfacher.

   NANCY: Ja, es wäre einfacher _____

4. MICHAEL: Ach, vielleicht doch nicht. Es soll heute Abend regnen. Fahren wir mit dem Bus! Das ist eigentlich bequemer.

   NANCY: Ja, es ist sicher bequemer _____

5. NANCY: Kann man nach dem Stück hinter die Bühne° gehen und die   *stage* Marionetten sehen? Geht das wohl?

   MICHAEL: Ja, vielleicht geht es _____

   _____

H. Probleme zwischen Ost- und Westdeutschen. Pats Freundin Nina kommt aus
München und sie erklärt, warum es ihrer Meinung nach Konflikte zwischen
Ostdeutschen und Westdeutschen gab und immer noch gibt. Verbinden Sie
die Sätze mit **um … zu, ohne … zu** oder **anstatt … zu.**

▷ Ich habe in den Semesterferien in Jena gejobbt. Ich wollte das Leben in
einer ostdeutschen Stadt kennen lernen.
*Ich habe in den Semesterferien in Jena gejobbt, um das Leben in einer
ostdeutschen Stadt kennen zu lernen.*

1. Nach der Wende kamen viele westdeutsche Führungskräfte° nach
   Ostdeutschland. Sie arbeiteten in ostdeutschen Betrieben.

   *people in managerial
   positions*

   _____

   _____

2. Sie entschieden oft alle wichtigen Fragen. Sie fragten nicht die ostdeutschen
   Mitarbeiterinnen und Mitarbeiter.

   _____

   _____

3. Die Westdeutschen änderten vieles. Sie nutzten nicht die Erfahrung ihrer
   ostdeutschen Kolleginnen und Kollegen.

   _____

   _____

4. Manche Ostdeutschen dachten sentimental an „die guten alten DDR-Zeiten".
   Sie nahmen die neuen Herausforderungen° nicht an.

   challenges

   _____

   _____

5. Viele Westdeutsche reagierten darauf ärgerlich. Sie verstanden die Situation
   der Ostdeutschen nicht.

   _____

   _____

6. Meiner Meinung nach sollten mehr Westdeutsche nach Ostdeutschland
   reisen. So können sie die Ostdeutschen besser kennen lernen.

   _____

   _____

I. **Schreiben Sie.** Sie wollen sich für ein Stipendium an einer Universität in Deutschland, Österreich oder der Schweiz bewerben°. Da für die Auswahl nicht nur die Noten wichtig sind, sollen Sie einen Aufsatz über sich und Ihre Interessen schreiben. Benutzen Sie die folgenden Fragen als Hilfe für Ihren Essay.

apply

Was war schon immer Ihr Wunsch?
Was würden Sie besonders schön oder interessant finden?
Was finden Sie wichtig?
Was finden Sie schwer?
Wozu haben Sie immer/nie Zeit?
Was macht Ihnen Spaß?

_____

_____

_____

_____

_____

_____

_____

Kapitel 4

A. Familienausflug. Familie Werner hat vier kleine Kinder im Alter von einem halben Jahr bis sechs. Heute wollen Sie einen Ausflug an einen See machen. Ergänzen Sie ihr Gespräch, indem Sie den bestimmten Artikel in der richtigen Form einsetzen. In manchen Fällen steht ein anderes **der**-Wort in Klammern, das Sie einsetzen sollen. Denken Sie daran, dass zusammengesetzte Substantive das Geschlecht° des letzten Substantivs haben.   *gender*

FRAU WERNER: Thomas, hast du (1) _____ Kinderwagen

schon ins Auto gepackt?

HERR WERNER: Nein, der ist doch so groß. Reicht es nicht, wenn wir

(2) _____ Babydecke mitnehmen?

FRAU WERNER: Ja, du hast Recht. Ich nehme übrigens auch

(3) _____ Kühltasche mit. Darin bleiben

(4) _____ Getränke dann schön kalt und

(5) _____ Milch für David wird nicht sauer.

HERR WERNER: Ja, das ist gut bei der Hitze°. Wir dürfen auch   *heat*

(6) _____ Schwimmring für Steffi nicht

vergessen. Sie will doch sicher baden.

FRAU WERNER: Ach ja, wir brauchen auch (7) _____ Bälle für

die Jungen.

HERR WERNER: (8) _____ Stress für so einen kleinen

Sonntagsausflug ist ja kaum zu glauben! (dies-)

Sag mal, hast du (9) _____ Mal so einen

Aufwand°, wenn du mit allen Kindern aus dem Haus gehst?   *effort*

(jed-)

FRAU WERNER: Na ja, (10) _____ Tage sind schon ziemlich

anstrengend. (manch-)

Aber wir machen ja nicht (11) _____ Tag

einen Ausflug! (jed-)

B. Hausarbeit. Daniel und sein Freund Alexander sind in einer Kneipe und unterhalten sich. Daniel erzählt Alexander, dass seine Frau Stefanie möchte, dass er mehr im Haushalt macht. Alexander sagt Daniel, was er davon hält. Ergänzen Sie den Dialog mit der Negation **nicht** oder der richtigen Form von **kein.**

DANIEL: Weißt du, ich will (1) _____ Hausmann sein. Ich

habe einfach (2) _____ Lust die Wohnung zu

putzen.

ALEXANDER: Stefanie putzt sicher auch (3) _____ gern, aber

jemand muss es doch machen.

DANIEL: Ja, das stimmt schon. Aber weißt du, ich habe wirklich (4)

_____ Zeit dafür.

ALEXANDER: Ja denkst du, Stefanie hat mehr Zeit? Sie muss genauso viel für

ihre Promotion° tun wie du. Du kochst (5) _____,   *Ph.D.*

du machst (6) _____ Betten, du spülst auch

(7) _____ das Geschirr, du gehst

(8) _____ einkaufen. Das alles macht Stefanie.

Da ist es doch (9) _____ fair, wenn du sagst,

dass du (10) _____ gern putzt! Ich bin erstaunt,

dass Stefanie (11) _____ viel wütender reagiert.

DANIEL: Hmm. Weißt du was, Alex. Am Samstag komme ich bei dir vor-

bei. Du kannst mir dann zeigen, wie du das bei dir machst.

C. Wie geht's deiner Familie? Susanne und Andreas haben zusammen studiert. Nach einigen Jahren treffen sie sich wieder und Susanne fragt Andreas, was seine Eltern und Brüder machen. Ergänzen Sie ihr Gespräch mit den richtigen Possessivpronomen in Klammern.

SUSANNE: Arbeiten (1) _____ Eltern denn noch? *(your)*

Oder sind sie schon pensioniert°?   *retired*

ANDREAS: (2) _____ Vater hat immer noch

(3) _____ Fotogeschäft. *(my; his)*

Aber (4) _____ Mutter arbeitet nicht mehr. *(my)*

Sie fand (5) _____ Beruf als Journalistin jetzt

doch zu anstrengend. *(her)*

SUSANNE: Und was machen (6) _____ Brüder? *(your)*

ANDREAS: (7) _____ Bruder Michael hat eine

Anwaltskanzlei°. *(my)*   *law firm*

Und er ist jetzt Vater. (8) _____ Frau hat vor drei

Wochen ein Baby bekommen. *(his)*

Und Klaus hat (9) _____ Job in der Bank

aufgegeben. *(his)*

Er wohnt jetzt in Australien und hat eine kleine Farm.

SUSANNE: Wie schön! Das wollte er doch immer machen.

D. Geburtstagsvorbereitungen. Herr Talmann feiert heute seinen 80. Geburtstag. Das Fest findet in seinem Haus statt, doch seine Kinder Sigrid, Inge und Dieter haben alles dafür organisiert. Sie sprechen darüber, ob wirklich alles vorbereitet ist. Ergänzen Sie ihr Gespräch mit den richtigen Personalpronomen.

SIGRID: Dieter, hast du den Kuchen schon abgeholt?

DIETER: Ja, ich habe (1) _____ schon heute Morgen

abgeholt. Er steht im Keller.

INGE: Onkel Karl und Tante Käthe kommen auch, nicht?

SIGRID: Ich denke schon. Ich habe (2) _____ auf jeden

Fall eingeladen. Was müssen wir noch machen? Ist das

Wohnzimmer sauber?

DIETER: Ja, aber ich muss (3) _____ noch aufräumen.

Sigrid, das Badezimmer ist deine Aufgabe, nicht?

SIGRID: Ja, ich muss (4) _____ noch putzen. Bitte

erinnere° (5) _____ daran.   *remind*

DIETER: Wir müssen noch den Tisch decken.

INGE: Wir sollten (6) _____ erst heute Nachmittag decken,

nicht? Sonst machen die Kinder wieder alles unordentlich.

DIETER: Du hast Recht. Ich gehe jetzt nochmal in die Stadt und kaufe die

Blumen.

INGE: Das ist nicht nötig. Ich habe (7) _____ schon

gekauft. Ruf du aber bitte Onkel Wilhelm an und frag, ob wir

(8) _____ abholen sollen.

DIETER: Mach ich. Kannst du (9) _____ dann heute

Abend mitbringen?

INGE: Ja, kein Problem. Ruft (10) _____ bitte nachher

an, wann ich Onkel Wilhelm abholen soll.

SIGRID: Ja, wir rufen (11) _____ so gegen vier an.

INGE: Also, tschüss, bis später. Wir sehen uns dann heute Abend.

E. Au-pair-Stelle in Wien. Debbie ist für ein Jahr als **au pair** bei einer Familie in Wien. Sie zeigt Lukas, dem 9-jährigen Jungen der Gastfamilie, ein Foto von ihrer Familie in Arkansas. Ergänzen Sie das Gespräch mit den passenden Demonstrativpronomen.

DEBBIE: Schau mal, meine Eltern haben mir ein Foto geschickt. Das ist

mein Bruder Toni.

LUKAS: (1) _____ hat aber tolle Inlineskates. Darfst du

(2) _____ auch manchmal benutzen?

DEBBIE: Nein, auf keinen Fall. Mit seinen Inlineskates würde er nieman-

den fahren lassen. Und das hier ist meine Schwester Julie.

LUKAS: (3) _____ sieht ja genauso aus wie du. Wie alt

ist sie denn?

DEBBIE: Julie ist 15, aber sie sieht älter aus. Und hier auf der Bank sitzen

meine Großeltern. (4) _____ wohnen eigentlich

in Florida, aber im Sommer besuchen sie uns manchmal.

LUKAS: Euer Haus ist ganz anders als die Häuser hier. Ist

(5) _____ aus Holz?

DEBBIE: Ja, es ist ganz aus Holz.

LUKAS: (6) _____ sieht aber gemütlich aus.

F. Führerschein°. Oliver und Andrea wollen bald ihren Führerschein machen   *driver's license*
und sie lernen für die Theorieprüfung. Dabei schauen sie sich verschiedene
Verkehrszeichen an und erklären jeweils, was sie bedeuten. Formulieren Sie
die Erklärungen, indem Sie ein passendes Modalverb und das Pronomen **man**
verwenden.

▷ *Hier muss man langsam fahren.*

1. _____ (anhalten)

2. _____ (parken)

3. _____ (essen)

4. _____ (kurz halten)

5. _____ (rechts abbiegen)

G. Auf Mallorca. Die spanische Insel Mallorca ist ein sehr beliebtes Reiseziel für deutsche Familien und es gibt dort viele Hotels, die fast nur von deutschen Gästen besucht werden. An der Rezeption des Hotels „Las Arenas" sitzt Herr Manrique, um die vielen Fragen der Hotelgäste zu beantworten. Sein Deutsch ist recht gut, aber nicht perfekt, so dass er oft nachfragen muss. Ergänzen Sie die verschiedenen Dialoge mit der richtigen Form des Stichworts in Klammern und formulieren Sie Herrn Manriques Fragen mit **wer, wen** oder **was.**

▷ Ich kann _meinen_ Zimmerschlüssel nicht mehr finden. (mein)
  Was können Sie nicht finden?

1. Gibt es hier _____ Bus, der nach Palma fährt? (ein)

   _____ haben Sie gefragt?

2. Meine Tochter ist krank. Wir suchen dringend° _____ Arzt. (ein)   *urgently*

   _____ suchen Sie?

3. Können wir hier _____ Liegestühle mieten? (kein)

   _____ möchten Sie mieten?

4. Die Dame im Reisebüro hat gesagt, dass es im Hotel _____ Fitnessraum gibt. (ein)

   _____ hat das gesagt?

5. Kann ich _____ Hotelmanager sprechen? (der)

   _____ wollen Sie sprechen?

H. Brief an die Freundin. Debbie ist für ein Jahr als **au pair** in Wien. Sie schreibt an ihre Freundin Cindy in Arkansas und erzählt ihr von ihrem Alltag in Wien. Ergänzen Sie die deutsche Version des Briefes, indem Sie im englischen Original die Stichwörter suchen.

Dear Cindy,

This weekend I have finally found the time to write to you. How are you?

Have you found an apartment yet? Next month I'm coming back to Little Rock and I think I'll miss my guest family and my life here a lot. Herr und Frau Hansen are very nice. I've been working for them now for 11 months and there wasn't a single moment when I wasn't happy. I like their son Lukas especially. He's nine years old and through him I have learned a lot about Austria. Without his help my German would not have improved as much as it has. Lukas and I are alone here until next week. Herr and Frau Hansen are in London on a business trip and they had to travel without their son because he doesn't have school vacation at this time. But that's no problem. Lukas and I ride our bikes through the Prater° every day. And last week we went into town. We walked along the Kohlmarkt – there are great shops there. And in the afternoon we rode our bikes around the Danube island°. It was very nice. I do like this city and the surrounding area a lot. Only one more month . . .

Unfortunately I have no idea what I'll do when I get back to Little Rock. First I'll probably look for a job because I didn't save any money here. Well, I'll see.

Fondly,
Debbie

der Prater: a large amusement park in Vienna
die Donauinsel

Name _____ Datum _____

Liebe Cindy,

(1) _____ Wochenende habe ich endlich Zeit, an (2) _____ zu

schreiben. Wie geht es dir? Hast du schon (3) _____ Wohnung gefunden?

(4) _____ Monat komme ich schon wieder nach Little Rock zurück und ich

glaube, dass ich (5) _____ Gastfamilie und (6) _____ Leben hier sehr

vermissen werde. Herr und Frau Hansen sind sehr nett. Ich arbeite nun seit 11 Monaten für

(7) _____ und es gab (8) _____ Moment, wo ich nicht glücklich war.

(9) _____ Sohn Lukas mag ich ganz besonders. Er ist neun Jahre alt und durch

(10) _____ habe ich viel über Österreich gelernt. Ohne (11) _____ Hilfe

wäre mein Deutsch auch nicht so viel besser geworden. Bis (12) _____ Woche sind Lukas

und ich allein hier. Herr und Frau Hansen sind auf einer Geschäftsreise in London und sie mussten

ohne (13) _____ Sohn reisen, weil er (14) _____ Ferien hat. Doch das

ist (15) _____ Problem. Lukas und ich fahren (16) _____ Tag mit unseren

Fahrrädern durch (17) _____ Prater. Und (18) _____ Woche waren wir

in der Stadt. Wir gingen (19) _____ Kohlmarkt entlang – dort gibt es tolle Geschäfte.

Und nachmittags fuhren wir mit den Fahrrädern um (20) _____ Donauinsel herum.

Es war sehr schön. Ich mag (21) _____ Stadt und (22) _____ Gegend

sehr. Nur noch (23) _____ Monat …

Leider habe ich (24) _____ Idee, was ich mache, wenn ich zurückkomme. Zuerst

werde ich wohl (25) _____ Job suchen, weil ich hier (26) _____ Geld

gespart habe. Na ja, ich werde sehen.

Herzliche Grüße

deine Debbie

I. Eine Führung° durch die Stadt. Sie gehen mit Roland, einem Austauschstudenten aus der Schweiz, durch die Stadt und erklären ihm, wo es welche Geschäfte gibt. Verwenden Sie in Ihren Erklärungen den Ausdruck **es gibt**, **der-** und **ein-**Wörter und Demonstrativpronomen.

tour

Nützliche Vokabeln

die Apotheke	das Fitnesscenter	das Restaurant
das Blumengeschäft	das Fotogeschäft	das Sportgeschäft
die Buchhandlung°	das Kaufhaus	die Spielhalle°
das Café	das Kino	der Supermarkt
die Drogerie	die Konditorei	der Waschsalon°
das Eiscafé	die Post	

bookstore / video arcade

laundromat

_____

_____

_____

_____

_____

_____

_____

_____

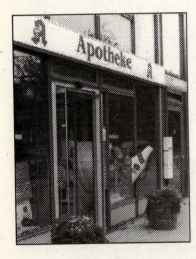

Kapitel 5

A. Früh übt sich[1]... Steffi spielt in einem Sinfonieorchester und sie erzählt einem Kollegen, wie sie zur Musik kam. Ergänzen Sie ihre Erzählung mit den richtigen Endungen und den passenden Personalpronomen.

Als kleine Kinder bekamen mein Bruder und ich Musikunterricht. Meine

Tante gab (1) mein_____ Bruder Klavierunterricht. Ich wollte aber Geige

spielen. Meine Tante schenkte (2) _____ ihre alte Kindergeige.

Diese Geige hat sie von (3) ihr_____ Eltern bekommen. Meine Großmutter

schrieb (4) mein_____ Bruder, er sollte viel üben. Meine Großmutter

schrieb (5) _____, ich würde eine Geige von

(6) _____ bekommen, wenn ich älter bin. Mit 10 und 12 gaben

mein Bruder und ich unser erstes Konzert. Die Großeltern waren dabei und

brachten (7) _____ schöne Geschenke. Ich bekam von

(8) _____ eine neue wunderbare Geige. (9) Mein_____

Bruder schenkten sie eine Gitarre, weil er mit dem Klavierspielen nicht richtig

zufrieden war. Heute spiele ich in einem Sinfonieorchester und mein Bruder

spielt in einer Rockband Gitarre. Wir sind beide glücklich in unseren Berufen.

B. Ein Rockkonzert mit Folgen. Anna war am Wochenende bei einem Rockkonzert und sie erzählt ihrem Freund Jörg davon, was ihr dort passiert ist. Ergänzen Sie ihren Bericht mit den Verben aus der folgenden Liste.

befehlen	gelingen	passieren
danken	helfen	raten
folgen	Leid tun	wehtun
gefallen		

Das Konzert (1) _____ mir sehr gut und die Atmosphäre war

toll. Doch auf einmal geriet° alles außer Kontrolle. Fans aus den ersten Reihen

sprangen auf die Bühne, andere aus den hinteren Reihen (2) _____   *went*

ihnen. Die Ordner° (3) _____ den Leuten mit Megaphonen ruhig

zu bleiben. Doch leider (4) _____ es ihnen nicht Ordnung zu   *security officers*

_____

[1] **Früh übt sich, wer ein Meister werden will** = proverb: There's nothing like starting young.

schaffen. Von hinten schubste° mich jemand und ich fiel zu Boden. Einen

pushed

Moment lang hatte ich panische Angst, dass andere auf mich fallen würden.

Doch zum Glück kam sofort eine Frau und (5) _____ mir. Ich

(6) _____ ihr und schaute, ob ich verletzt war. Mein Fuß

(7) _____ mir ziemlich _____ und ich konnte

kaum gehen. Ich (8) _____ der Frau _____ und

sie brachte mich nach Hause. Sie (9) _____ mir, am nächsten Tag

zum Arzt zu gehen, aber am nächsten Morgen war mein Fuß wieder okay.

Doch es war ein schlimmes Erlebnis und ich hoffe, dass mir so etwas nie mehr

(10) _____ wird.

C. Straßenmusik. Martin ist der Bassist° einer bekannten Band. Heute gibt er
ein Interview für eine Musikzeitschrift. Die Reporterin möchte wissen, wann
er beschlossen hatte, Musiker zu werden. Ergänzen Sie seine Antwort mit den
passenden Dativpräpositionen.

double bass player

Ich komme (1) _____ einem kleinen Ort im Schwarzwald. Als

ich acht war, bekam ich (2) _____ meinen Eltern einen Bass

geschenkt. Und mit zehn Jahren fing ich an mit ein paar Freunden Musik zu

machen. Wir übten immer (3) _____ unseren Nachbarn im

Keller. Eines Tages hatte ich eine Idee. Wir sollten endlich mal vor Leuten

spielen, leider hatte (4) _____ mir niemand Lust dazu. Also

ging ich allein nur (5) _____ meinem Bass auf den Marktplatz

und stellte mich dem Rathaus (6) _____ auf. Ich begann zu

spielen und ich war ziemlich nervös. Doch die Leute blieben stehen und war-

fen sogar Geld in den Basskasten. (7) _____ einer Stunde hatte

ich schon etwa 20 Mark (= 10 Euro) bekommen. Es machte mir auch großen

Spass. Als ich abends (8) _____ Hause beim Abendessen saß,

kam mein Vater und gratulierte mir zu meinem Mut°. Natürlich hatte er

courage

(9) _____ einem Freund erfahren, dass sein Sohn auf dem

Marktplatz Bass spielte. Na ja, so ist das in kleinen Orten.

(10) _____ diesem Tag wusste ich aber, dass ich auf jeden Fall

Musiker werden wollte, denn es war ein tolles Gefühl gewesen vor Publikum

zu spielen.

D. Der Brief. Herr Burger und seine Frau haben sich für sieben Uhr in einem Restaurant verabredet, doch Frau Burger ist nicht da. Als sie um acht Uhr kommt, möchte Herr Burger wissen, wo sie so lange war. Ergänzen Sie ihr Gespräch mit den passenden Dativpräpositionen und dort, wo eine Leerstelle ist, mit den richtigen Endungen.

1. HERR BURGER: Wo warst du denn so lange?

   FRAU BURGER: Ich war _____ unser_____ Nachbarin. Weißt du, bei Frau Meier

   im Haus _____. Sie hat einen Brief _____ Amerika

   bekommen. _____ ihr_____ Sohn Klaus.

2. HERR BURGER: Wo wohnt der denn?

   FRAU BURGER: In Chicago. Er macht dort eine Gesangsausbildung _____ einem

   bekannten Sänger.

3. HERR BURGER: Wie lange ist er schon dort?

   FRAU BURGER: _____ drei Jahren. Und jetzt hat er seiner Mutter geschrieben,

   dass er _____ ihr_____ 70. Geburtstag nicht _____

   Hause kommen kann, weil er in drei Monaten sein erstes großes Konzert gibt.

4. HERR BURGER: Und wird sie _____ sein_____ Konzert gehen?

   FRAU BURGER: Mein_____ Meinung _____ wird sie _____ Hause

   bleiben. Sie hat große Angst vorm Fliegen. Doch sie ist so enttäuscht, dass sie ihren

   Sohn nicht bald sieht.

E. Persönliche Fragen. Erzählen Sie von Ihrer Familie und Ihren Freunden. Beantworten Sie die folgenden Fragen mit einem oder mehreren ganzen Sätzen.

1. Wer von Ihren Freunden gefällt Ihnen besonders gut? Erklären Sie warum.

   _____

   _____

2. Wem von Ihren Freunden sind Sie besonders dankbar? Erklären Sie warum.

   _____

   _____

3. Wem in Ihrer Familie sehen Sie besonders ähnlich? Beschreiben Sie die Ähnlichkeit.

   _____

   _____

4. Wem haben Sie in den letzten Wochen oder Monaten geholfen? Wie?

   _____

   _____

F. Schreiben Sie. Ihre Großmutter hat Ihnen zum Geburtstag einen schönen Pullover geschickt, doch leider ist er zu klein. Schreiben Sie ihr einen Dankesbrief, in dem Sie ihr alles erklären. Benutzen Sie die folgenden Verben.

antworten • danken • gefallen • Leid tun • passen

_____

_____

_____

_____

_____

Kapitel 6

A. In der Kindertagesstätte°. Frau Zeller und der Praktikant° Jürgen Anders leiten eine Gruppe in der Kindertagesstätte. Gleich gibt es Mittagessen und die Kinder sollen jetzt ihren Gruppenraum aufräumen. Ergänzen Sie das folgende Gespräch, indem Sie eins der Verben in Klammern einsetzen.

daycare center / trainee

FRAU ZELLER: So, Kinder, aufräumen. (1) _____ zuerst bitte

alle Bücher ins Regal! (stehen / stellen; *imperative*)

GABI: Frau Zeller, soll ich die Spiele auch ins Regal

(2) _____? (liegen / legen)

FRAU ZELLER: Nein, die Spiele (3) _____ wir doch immer in

den Schrank. (liegen / legen)

JÜRGEN: Steffi, hast du die Fensterbilder an die Wand

(4) _____? (hängen; *present perfect*)

Die wollten wir doch ans Fenster (5) _____.

(hängen)

FRAU ZELLER: Jürgen, würden Sie mir bitte helfen. Wir müssen die Stühle auf

die Tische (6) _____, denn ich möchte schnell

kehren°. (stellen / stehen)

sweep

Der ganze Sand aus dem Sandkasten (7) _____

auf dem Boden. (legen / liegen)

JÜRGEN: Natürlich, ich helfe Ihnen. Wo (8) _____ denn

der Besen°? (stehen / stellen)

broom

FRAU ZELLER: Den habe ich vorher hinter den Schrank (9) _____,

weil Carstens kleiner Bruder damit gespielt hat.

(stehen / stellen)

B. Die Polizei bei der Arbeit. Letzte Nacht ist im Stadtmuseum eingebrochen° worden. Die Angestellten der Polizei, Frau Drescher und Herr Grabowski, versuchen herauszufinden, was passiert ist. Zuerst fragen Sie den Nachtwächter° Herrn Weber. Ergänzen Sie das Gespräch mit den Stichwörtern in Klammern.

broken in

night watchman

FRAU DRESCHER: Sie haben also den Alarm gehört. Was haben Sie dann getan?

HERR WEBER: Ich bin sofort (1) _____ gegangen. (*into the exhibition room°*)

Ausstellungsraum

Dort stand ein Mann (2) _____ und versuchte es zu öffnen. (*at the window*)

Er sah mich und rannte hier (3) _____ _____ aus dem Raum. (*between these shelves*)

HERR GRABOWSKI: Konnten Sie ihn nicht festhalten?

HERR WEBER: Nein, es ging alles so schnell.

HERR GRABOWSKI: Und haben Sie sein Gesicht gesehen?

HERR WEBER: Nein, er hatte ein Tuch (4) _____ _____. (*in front of his face*)

FRAU DRESCHER: Hmmm, dann war der Einbrecher° aber nicht (5) _____ _____ gekommen. (*through the window*)

burglar

Sonst wäre es doch offen gewesen.

HERR GRABOWSKI: Ja, das stimmt. Aber wie soll er (6) _____ gekommen sein? (*into the museum*)

HERR WEBER: Etwa gegen 21 Uhr habe ich (7) _____ ein Geräusch° gehört. (*in the cellar*)

noise

Aber ich habe nichts gesehen. Es war alles okay. Dann saß ich den ganzen Abend (8) _____ und habe gelesen. (*at my desk*)

FRAU DRESCHER: Wir sollten jetzt aufschreiben, was alles fehlt.

HERR WEBER: Hier (9) _____ hing ein großes Bild. (*on the wall*)

Es war sehr wertvoll°. Und hier (10) _____ war eine Skulptur. (*in the corner*)

valuable

HERR GRABOWSKI: Frau Drescher, hier (11) _____

liegt ein Taschentuch. *(behind the door)*

HERR WEBER: Das gehört mir. Es muss mir (12) _____

gefallen sein. *(out of the pocket)*

FRAU DRESCHER: Hmmm, das ist ja alles sehr interessant …

C. Christinas Leben in der Schweiz. Christina arbeitet bei einer internationalen
Firma in Zürich und sie erzählt ihrem Freund Matthias von ihrem Leben in
der Schweiz. Ergänzen Sie ihre Erzählung mit den passenden Präpositionen
und wenn nötig, den richtigen Artikeln.

Vor zwei Jahren bin ich (1) _____ _____ Schweiz gezogen,

um in Zürich zu arbeiten. Zürich ist eine hübsche Stadt und ich genieße das

internationale Flair hier. Inzwischen habe ich auch gute Freunde gefunden.

Eine besonders gute Freundin ist Chantal; sie kommt aus Frankreich. Wir

treffen uns oft. Manchmal gehe ich (2) _____ ihr, denn sie

wohnt in einer WG°, und da ist es immer lustig. Oder sie kommt

(3) _____ mir und wir kochen zusammen. Gestern sind wir

(4) _____ _____ Stadt gefahren und haben eingekauft.

Abends sind wir dann noch (5) _____ Kino gegangen.

Nächsten Sommer werden wir zusammen eine Reise durch Frankreich

machen. Zum Schluss wollen wir dann noch (6) _____

ihren Eltern nach Bordeaux fahren und dort ein paar Tage verbringen.

Meine Arbeit finde ich auch sehr interessant. Ich bin oft auf

Geschäftsreisen. Letzten Monat zum Beispiel bin ich (7) _____

Paris, (8) _____ New York und (9) _____ Dubai

geflogen. Geschäftsreisen sind schön, aber eigentlich bin ich schon fast zu

selten (10) _____ Hause in Zürich. Na ja, du musst mal

(11) _____ _____ Schweiz kommen und mich besuchen.

Dann zeige ich dir alles.

*WG = Wohngemein-
schaft: people sharing
an apartment*

D. Im Büro. Herr Zimmermann hat heute nicht viel zu tun. Also erzählt er seiner Kollegin Frau Weller von seinen Problemen bei der Arbeit. Da sie aber einen Brief fertig schreiben muss, hört sie ihm nur mit halbem Ohr zu. Sie fragt immer wieder nach, was Herr Zimmermann gesagt hat. Die beiden sagen „Sie" zueinander. Formulieren Sie ihre Fragen entweder mit einem **Wo**-Kompositum oder einer Präposition mit Pronomen.

▷ Herr Neubert interessiert sich sehr für seine Firma.
   Wofür interessiert sich Herr Neubert sehr?

▷ Herr Zeller interessiert sich für Frau Niemann.
   Für wen interessiert sich Herr Zeller?

1. Ich warte seit zwei Jahren auf eine Beförderung°.   *promotion*

   _____

2. Unser Chef interessiert sich nicht für seine Angestellten.

   _____

3. Herr Neubert spricht nur über seinen Gewinn°.   *profit*

   _____

4. Früher konnte ich über seine Art lachen.

   _____

5. Aber jetzt ärgere ich mich über Herrn Neubert.

   _____

6. Ich denke oft an meine alte Firma.

   _____

7. Ich interessiere mich eigentlich mehr für Computer.

   _____

8. Bald schicke ich eine Bewerbung an meine frühere° Chefin.   *former*

   _____

E. Deadline. Das Architektenbüro Behrendt muss bis zum Freitag den Bauplan für ein Ortszentrum fertig machen. Alle Angestellten arbeiten fieberhaft° daran, die Deadline zu schaffen. Verneinen Sie die folgenden Fragen mit den Stichwörtern in Klammern. Formulieren Sie zwei Antworten – eine mit dem Genitiv, die andere mit **von** + Dativ.   *feverishly*

▷ Ist das der Plan des Hauses? (die Garage)
   Nein, das ist der Plan der Garage.
   Nein, das ist der Plan von der Garage.

1. Sind das die Skizzen des Ingenieurs? (der Architekt)

   _____

   _____

2. Ist das der Brief des Bürgermeisters? (die Baufirma)

_____

_____

3. War das die Idee unserer Chefin? (unser Manager)

_____

_____

4. Ist das die Zeichnung° eines Supermarktes? (ein Fitnesscenter)   *drawing*

_____

_____

5. Ist das der Preis des ganzen Projekts? (das Baumaterial)

_____

_____

6. Sind das die Kosten der Maurer°? (meine Arbeit)   *bricklayers*

_____

_____

F. Arbeitslosigkeit°. Lesen Sie hier in einer Tageszeitung einen kurzen Artikel   *unemployment*
über die Arbeitslosigkeit in Deutschland. Ergänzen Sie den Artikel, indem Sie
die Stichwörter in Klammern einsetzen wie im Beispiel.

▷ _____ ist die Arbeitslosigkeit gesunken. (während / Sommer)
Während des Sommers ist die Arbeitslosigkeit gesunken.

1. _____ ist die Arbeitslosigkeit immer

höher. (während / Winter)

2. Das liegt daran, dass man manche Arbeiten, zum Beispiel in der Bauindustrie,

_____ nicht machen kann. (wegen / Wetter)

3. Der Bundeskanzler ist _____ optimistisch.

(trotz / die Lage°)   *situation*

4. Doch _____ gibt es manche Kritik, denn

in zwei Jahren ist die nächste Bundestagswahl. (innerhalb / die Partei)

5. Wenn die Bundesregierung die Wahl gewinnen will, sollten die Arbeitslosenzahlen

_____ sinken. (innerhalb / ein Jahr)

6. Der Bundeskanzler appelliert° auch an die Industrie. _____ *appeals to*

_____ sollten die Firmen lieber aktiv mithelfen

neue Arbeitsplätze zu schaffen. (statt / ihre Kritik)

7. Doch er betont° auch, dass die schlechte Lage ein weltweites Phänomen ist. *emphasizes*

_____ ist Deutschland wirtschaftlich

immer noch relativ stark. (innerhalb / die EU)

G. Der Autofan. Martin besucht seinen Freund Peter. Als er dort ankommt, sieht er einen neuen BMW vor der Tür. Übersetzen Sie ihr Gespräch ins Deutsche.

1. One day Martin visited me at home.
2. "Whose car is that in front of the house?" he asked.
3. "That's Rainer's car."
4. "Great!"
5. "Yes, and it was really not so expensive—because of his job at BMW."

1. _____

2. _____

3. _____

4. _____

5. _____

H. Persönliche Fragen. Was haben Sie und Ihre Freundinnen und Freunde gemeinsam? Beantworten Sie die folgenden Fragen und erklären Sie, warum es so ist.

1. Woran haben Sie und Ihre Freunde Interesse?

_____

2. Wobei machen Sie besonders gern mit?

_____

3. Worüber sprechen Sie und Ihre Freunde gern?

_____

4. Auf wen schimpfen Sie viel oder oft?

_____

Kapitel 7

A. Rock gegen Rechts. Seit mehreren Jahren gibt es in Deutschland die Initiative „Rock gegen Rechts", bei der Bands in Konzerten gegen rechte Gewalt demonstrieren. Hanna erzählt ihrer Freundin von einem solchen Konzert. Verbinden Sie die beiden Sätze so wie im Beispiel, dass nämlich die Adjektive vor dem passenden Substantiv stehen.

▷ Am Samstag war ich auf einem Konzert. Das Konzert war toll.
Am Samstag war ich auf einem tollen Konzert.

1. Seit 1995 finden Konzerte der Initiative „Rock gegen Rechts" statt°. Die Initiative ist bekannt.

   stattfinden: takes place

2. Da spielen immer mehrere Bands, die ausländische Mitbürgerinnen° und Mitbürger unterstützen° wollen. Die Bands sind deutsch.

   fellow citizens
   support

3. Dieses Konzert war in einer Stadt, die Trostberg heißt. Die Stadt ist klein.

4. Eigentlich mag ich solche Veranstaltungen° nicht so gern. Die Veranstaltungen sind politisch.

   events

5. Doch das Konzert war ja für einen Zweck. Der Zweck war gut.

6. Ich hatte mir eine Karte gekauft. Die Karte war teuer.

7. Deshalb hatte ich auch einen Platz. Der Platz war gut.

8. Vor dem Konzert fand noch eine Diskussion über das Thema statt. Die Diskussion war interessant.

9. Die Gewinne° des Konzerts gingen dann an die „Initiative zur Unterstützung ausländischer Mitbürgerinnen und Mitbürger". Die Gewinne waren hoch.   *profits*

_____

_____

B. Eine neue Stelle. Mercedes Rodriguez hatte heute ihren ersten Tag als Übersetzerin° bei einer Import-Exportfirma in Hamburg. Sie ist in Deutschland aufgewachsen und ihr Spanisch ist nicht perfekt. Ergänzen Sie ihren Bericht mit den richtigen Endungen.   *translator*

1. Ich musste am Vormittag mehrer_____ lang_____ Briefe übersetzen°.   *translate*

2. Es gab einig_____ spanisch_____ Ausdrücke, die ich einfach nicht verstand.

3. Juán, ein gut_____ Bekannt_____ von mir, der schon seit zwei Jahren bei dieser Firma arbeitet, konnte mir zum Glück helfen.

4. Hoffentlich sind nicht all_____ spanisch_____ Geschäftsbriefe so kompliziert wie dies_____.

5. Vielleicht hatte ich auch solch_____ groß_____ Probleme, weil heute mein erst_____ Tag im Büro war.

C. Feiertage. Ergänzen Sie die folgenden Sätze mit den Ordinalzahlen in Klammern. Schreiben Sie die Zahlen als Worte.

1. Am (31.) _____ Dezember feiert man Silvester°.   *New Year's Eve*

2. Der Feiertag am (1.) _____ Januar heißt Neujahr.

3. Am (3.) _____ Oktober erinnert man sich an die Vereinigung° beider deutscher Staaten im Jahre 1990.   *unification*

4. Der (1.) _____ Mai heißt Tag der Arbeit.

5. Der (14.) _____ Februar ist Valentinstag.

D. Demonstration in Tübingen. Bei ihrem Aufenthalt° in Tübingen machen Ahmed und sein Freund Mustafa bei einer Demonstration mit. Ergänzen Sie die folgenden Sätze, indem Sie die Verben in Klammern entweder als Partizip der Gegenwart° oder als Partizip der Vergangenheit° einsetzen.

stay

present participle / past participle

▷ Ahmed wollte in den _____ Ferien in die Türkei fahren. (kommen)
Ahmed wollte in den kommenden Ferien in die Türkei fahren.

1. Doch leider konnte er die _____ Reise nicht

   machen, weil er nicht genug Geld gespart hatte. (planen)

2. Also reisten er und sein Freund Mustafa mit einem _____

   Auto durch Deutschland. (mieten)

3. In Tübingen trafen sie eines Abends vor ihrer Jugendherberge eine Gruppe

   von laut _____ jungen Leuten. (diskutieren)

4. Viele hielten Poster mit rot _____ Sätzen, die

   eine Demonstration für mehr Solidarität mit Ausländern ankündigten°.

   (schreiben)

   announce

5. Am _____ Abend sollten sich alle _____

   Leute auf dem Marktplatz versammeln°. (folgen / interessieren)

   sich versammeln: assemble

6. Ahmed und Mustafa beschlossen an dieser _____

   Demonstration teilzunehmen. (organisieren)

7. Am nächsten Tag zogen die _____ Menschen

   durch Tübingen und Ahmed und Mustafa trafen viele andere Türken, mit

   denen sie sich gut unterhielten. (demonstrieren)

E. Bella Italia. Barbara möchte im Sommer nach Italien fahren. Sie fragt ihren Nachbarn Herrn Agnitelli, wo es dort am schönsten ist. Herr Agnitelli kam vor zwanzig Jahren aus Süditalien nach Deutschland und ist immer noch sehr begeistert von seiner alten Heimat. Ergänzen Sie das Gespräch mit der passenden Komparativ- oder Superlativendung.

BARBARA: Herr Agnitelli, wo gibt es denn die (1) schön_____

   Strände°?

   beaches

HERR AGNITELLI: In Brindisi ist das Wasser am (2) blau_____ und der Sand

   ist am (3) fein_____. Und im Süden sind die Menschen

   auch viel (4) offen_____ als in Norditalien. Es lohnt sich

   auf jeden Fall so weit in den Süden zu fahren.

BARBARA: Ich möchte aber auch auf dem Weg verschiedene Städte

anschauen. Und auch einkaufen gehen. Die italienische

Mode ist doch bekannt für ihre Eleganz.

HERR AGNITELLI: In Mailand° gibt es die (5) elegant_____ und

(6) exklusiv_____ Boutiquen, natürlich auch die

(7) teuer_____. (8) Billig_____ Geschäfte finden Sie in

Städten wie Bologna oder auch Sienna.

Milan

BARBARA: Und wo gibt es Ihrer Meinung nach das beste Essen?

HERR AGNITELLI: Ach! Die (9) wunderbar_____ Pizza finden Sie natürlich

in Neapel°. Dort wurde sie ja auch erfunden.Und dort ist

auch der Fisch (10) frisch_____ als an allen anderen

Orten. Das schöne Kampanien° – man nennt es auch das

Land, wo die Menschen (11) freundlich_____ sind und

der Wein (12) intensiv_____ schmeckt! Es ist wunder-

schön dort!

Naples

Campania

BARBARA: Na dann werde ich Ihnen auf jeden Fall ein paar Flaschen

Wein von dort mitbringen.

F. Persönliche Fragen. Erzählen Sie von Ihrem Studium, Ihrer Arbeit und Ihrer Freizeit. Beantworten Sie die folgenden Fragen in ganzen Sätzen.

1. Zu welcher Tageszeit arbeiten Sie am besten (oder am liebsten)?

   _____

2. Für welches Fach arbeiten Sie am meisten?

   _____

3. Welchen Tag der Woche finden Sie am schönsten? Am langweiligsten?

   _____

   _____

4. Was macht Ihnen die größte Freude? Die wenigste Freude?

   _____

   _____

G. Schreiben Sie. Schreiben Sie einen kurzen Aufsatz, in dem Sie verschiedene Dinge oder Personen miteinander vergleichen: Zum Beispiel zwei Länder, die Sie gut kennen, zwei Freundinnen/Freunde, Haustiere, Ihr Studienfach mit einem anderen, Ihr altes und Ihr neues Auto. Oder schreiben Sie ein Gespräch zwischen Ihnen und einer Freundin/einem Freund über die Qualität des Mensaessens° an Ihrer Uni. Für dieses Thema können Sie die Vokabellisten zur Hilfe nehmen. Ordnen Sie zuerst Ihre Gedanken und formulieren Sie dann Ihre Sätze, indem Sie auch Konjunktionen wie **aber, obwohl, weil** verwenden. Benutzen Sie auch Adjektive, um Ihren Text lebendiger zu machen.

food in the cafeteria

Nützliche Vokabeln

SUBSTANTIVE

Brot • Fisch • Fleisch • Gemüse • Käse • Kuchen • Obst • Salat • Suppe • Kaffee • Tee • Milch // Boden • Esszimmer • Gabel • Glas • Löffel • Messer • Tasse • Teller • Tisch

VERBEN

essen • gefallen • kochen • probieren • riechen (riechen nach = *to smell like*) • schmecken • waschen

ADJEKTIVE

alt • ausgezeichnet • bitter • bunt • dick • dünn • einfach • frisch • furchtbar • grün • heiß • hell • kalt • leer • rein • ruhig • sauber • sauer • schlecht • stark • süß • trocken

---

1. _____   _____

   _____   _____

   _____   _____

   _____   _____

2. _____

   _____

   _____

   _____

   _____

Name _____ Datum _____

 Kapitel 8

A. Wenn wir mehr Zeit hätten ... Hans und Brigitte Lehmann sind zu Besuch
bei ihren Freunden Jörg und Sibylle Meier. Sie sitzen bei einem Glas Wein
zusammen und sprechen darüber, wie es wäre, wenn sie mehr Zeit hätten.
Ergänzen Sie die Unterhaltung mit den richtigen Formen von **sein** und **haben**
im Konjunktiv II und der richtigen Form von **würden.**

1. HANS: Mein größtes Problem ist es eigentlich, dass ich zu wenig Zeit habe. Ich

   _____ gern mehr Zeit für die Familie. Und natürlich

   _____ es auch schön, mal wieder etwas für mich zu tun.

2. JÖRG: Was _____ du denn machen, wenn du mehr Zeit

   _____?

3. HANS: Ich _____ zum Beispiel eine große Reise machen mit der ganzen

   Familie. Australien _____ mich sehr interessieren.

4. BRIGITTE: Ja, es _____ toll, wenn man mehr von der Welt kennen

   _____. Ich _____ manchmal aber auch schon froh,

   wenn ich nur ein bisschen Zeit _____, um etwas für meine

   Gesundheit zu tun. Morgens die Arbeit im Büro, nachmittags und abends die

   Kinder und der Haushalt. Da bleibt einfach keine Zeit für Sport oder Erholung.

5. SIBYLLE: Ich _____ mich gern für eine gute Sache engagieren, irgendeine

   ehrenamtliche Tätigkeit _____ gut. Ich _____ zum

   Beispiel große Lust, bei einer Umweltorganisation mitzuarbeiten.

6. HANS: Ich denke, es _____ auch wichtig sich politisch zu engagieren. Ich

   _____ Interesse an einer Initiative gegen rechte Gewalt.

7. JÖRG: Ich glaube, ich _____ gar nicht so aktiv, wenn ich mehr Zeit

   _____. Ich _____ mir am meisten wünschen abends

   gemütlich im Sessel zu sitzen und ein gutes Buch zu lesen. Das _____

   mir schon reichen. Stattdessen komme ich keinen Abend vor 9 oder 10 nach Hause

   und _____ mich am liebsten gleich ins Bett legen.

8. SIBYLLE: Ja, es _____ wirklich gut, wenn du weniger arbeiten

   _____!

B. Wünsche für die Zukunft. Sandra hat gerade ihr Abitur° gemacht und sie macht sich Gedanken über ihre Zukunft. Formen Sie die Sätze um wie im Beispiel.

final exam at the end of **Gymnasium**

▷ Hoffentlich kann ich bald in eine größere Stadt ziehen.
  Wenn ich nur bald in eine größere Stadt ziehen könnte!

1. Hoffentlich muss ich nicht mehr lange auf meinen Studienplatz in Medizin warten.

   Wenn ich _____

2. Hoffentlich darf ich an der Freien Universität in Berlin studieren.

   Wenn ich _____

3. Hoffentlich kann ich bald einen gut bezahlten Job finden.

   Wenn ich _____

4. Hoffentlich muss ich nicht mehr lange zu Hause wohnen.

   Wenn ich _____

5. Hoffentlich wollen meine Eltern meine Pläne unterstützen.

   Wenn meine Eltern _____

C. Sommer in Europa. Sie und Ihre Freunde wollen nächsten Sommer durch Europa reisen. Sie sprechen darüber, wohin jeder von Ihnen gern fahren würde. Bilden Sie aus den Stichwörtern ganze Sätze. Verwenden Sie die Hilfs- und Modalverben im Konjunktiv II der Gegenwart und die anderen Verben in der **würde**-Konstruktion.

▷ ich / nach Berlin reisen // das Brandenburger Tor sehen / können
  Wenn ich nach Berlin reisen würde, könnte ich das Brandenburger Tor sehen.

▷ du / in Salzburg sein // sicher das Mozarthaus besichtigen°
  Wenn du in Salzburg wärst, würdest du sicher das Mozarthaus besichtigen.

visit, see a sight

1. wir / in die Schweiz oder nach Österreich fahren // Gebirgswanderungen machen / können

   _____

   _____

2. ich / Wien besuchen // ins Burgtheater gehen

   _____

3. du / auf der Autobahn sein // endlich schnell fahren / dürfen

   _____

4. wir / durch Frankreich reisen // Autobahngebühren° bezahlen / müssen

   freeway tolls

   _____

5. wir / in Paris sein // den Louvre° besuchen

   famous museum in Paris

   _____

6. wir / mehr Zeit haben // nach Italien fahren / können

_____

7. ich …

_____

D. Letzten Sommer in Europa. Leider hat es mit der Reise durch Europa nicht geklappt°. Sie und Ihre Freunde sprechen jedoch darüber, wohin Sie gefahren *worked out* wären und was Sie gemacht hätten, wenn Sie in Europa gewesen wären. Verwenden Sie die Sätze aus **Übung C** und setzen Sie sie in den Konjunktiv II der Vergangenheit.

▷ Wenn ich nach Berlin reisen würde, könnte ich das Brandenburger Tor sehen.
   Wenn ich nach Berlin gereist wäre, hätte ich das Brandenburger Tor sehen können.

▷ Wenn du in Salzburg wärst, würdest du sicher das Mozarthaus besichtigen.
   Wenn du in Salzburg gewesen wärst, hättest du sicher das Mozarthaus besichtigt.

1. _____

_____

2. _____

_____

3. _____

_____

4. _____

_____

5. _____

_____

6. _____

_____

7. _____

_____

E. Probleme in der Wohngemeinschaft°. Stefan, Tanja und Paul wohnen zusammen in einer Wohngemeinschaft. Leider gibt es in den letzten Wochen immer mehr Konflikte zwischen ihnen. Es kommt zu einem heftigen Streit, bei dem alle sehr wütend° sind und jeder jeden anklagt°. Formen Sie die Sätze um wie im Beispiel, indem Sie **als ob** oder **als wenn** benutzen.

shared apartment or house

furious / accuses

▷ Du weißt immer alles besser.
Du tust so, als ob/als wenn du alles besser wüsstest.

1. Du findest mich unsympathisch.

   Du tust so, _____

2. Es gibt keine Hausarbeit.

   Du tust so, _____

3. Ihr habt hier keine Pflichten°.

   duties

   Ihr tut so, _____

4. Ich lasse dich nie in Ruhe.

   Du tust so, _____

5. Ich tue dir Leid.

   Du tust so, _____

6. Du bist der Boss hier.

   Du tust so, _____

7. Ich bin an allem Schuld.

   Du tust so, _____

8. Du hältst mich für arrogant.

   Du tust so, _____

F. Persönliche Fragen. Beantworten Sie die folgenden Fragen.

1. Was würden Sie machen, wenn Sie jetzt Ferien hätten?

   _____

   _____

2. Was würden Sie machen, wenn es kein Fernsehen mehr gäbe?

   _____

   _____

3. Was würden Sie tun, wenn Ihre beste Freundin/Ihr bester Freund auf Sie böse wäre?

   _____

   _____

G. Schreiben Sie. Formulieren Sie Ihre eigenen Vorstellungen° und Wünsche,   *ideas*
indem Sie die folgenden Sätze beenden.

1. Was würden die Menschen tun, wenn _____

_____

2. Wir leben so, als ob _____

_____

3. Wenn das Studium nur _____

_____

4. Wenn das Leben nur _____

_____

Der Stephansdom in Wien.

Kapitel 9

A. In Hongkong. Herr und Frau Müller sind mit einer Reisegruppe für fünf Tage in Hongkong. Dort gibt es viel zu sehen und auch zu kaufen und Herr Müller ist auf der Suche nach guten Schnäppchen°. Ergänzen Sie das folgende Gespräch mit den richtigen Reflexivpronomen.

good bargains

▷ HERR MÜLLER: Schau mal, ich habe *mir* diesen Fotoapparat gekauft.

FRAU MÜLLER: Ich wundere (1) _____ schon ein bisschen,

dass hier alles doch ziemlich teuer ist.

HERR MÜLLER: Ich könnte (2) _____ vorstellen, dass wir

bisher nur die Geschäfte gefunden haben, in denen

Touristen kaufen. Sieh mal, Margarete. Ich interessiere

(3) _____ für diesen Laptop hier.

FRAU MÜLLER: Was kostet der denn? Kannst du (4) _____

den leisten? Du hast (5) _____ doch schon

einen Organizer und eine Videokamera gekauft. Außerdem

müssen wir (6) _____ auch beeilen.

Bald gibt es Abendessen im Hotel. Und wir treffen

(7) _____ um zehn vor sechs am Reisebus.

HERR MÜLLER: Na ja, dann überlege ich es (8) _____

nochmal. Aber ich würde (9) _____ schon

ärgern, wenn der Laptop morgen weg wäre.

REISEFÜHRERIN°: Meine Damen und Herren, bitte beeilen Sie

tour guide

(10) _____. Sie erinnern (11) _____

doch, dass der Bus gestern ohne Sie abgefahren ist. Die

Gruppe trifft (12) _____ in fünf Minuten am Bus.

B. Heimweh°. Thomas studiert seit einem Monat an der Sorbonne in Paris. Im Studentenwohnheim lernt er Susanne kennen. Auch sie ist aus Deutschland, studiert aber schon seit drei Jahren in Paris. Ergänzen Sie ihr Gespräch mit den passenden Reflexivverben aus der folgenden Liste.

homesickness

sich etwas ansehen	sich fragen	sich etwas leisten
sich warm anziehen	sich freuen	sich unterhalten
sich an die Arbeit machen	sich fühlen	sich verabreden
sich beeilen	sich gewöhnen	sich vorstellen
sich erinnern	sich interessieren	

1. SUSANNE: Na, wie gefällt es dir hier in Paris? _____ du

   _____ schon wie zu Hause hier?

2. THOMAS: Nein, das kann ich nicht sagen. Es gibt Tage, an denen ich

   _____ _____, warum ich überhaupt

   hierher gekommen bin. Ich hoffe, ich werde _____ bald

   an das Großstadtleben _____. Vieles ist eben

   anders als zu Hause. Außerdem kann ich _____ nur so

   wenig _____. Paris ist sehr teuer.

3. SUSANNE: Ja, ich _____ _____, dass ich am Anfang

   hier auch nicht so glücklich war. Ich hatte oft das Gefühl, dass

   ich als Deutsche gar nicht so beliebt° war. Die Franzosen, die

   well liked

   ich traf, waren mir gegenüber oft ein bisschen reserviert.

   Damals war mein Französisch aber auch noch ziemlich schlecht.

   Vielleicht lag es daran. Ich weiß auf jeden Fall, dass es am

   Anfang nicht einfach ist. Wir können aber gern mal zusammen

   ausgehen. Hättest du Lust dazu?

4. THOMAS: Ja, gern. Dann können wir _____ ein bisschen über die

   schöne Heimat _____. Nein, nein – das ist nicht

   ernst gemeint! _____ du _____ denn für

   Kunst? Ich würde _____ gern mal den Louvre

   _____.

5. SUSANNE: Ja, das wäre schön. Am besten _____ wir

   _____ gleich. Hast du denn nächsten Samstag Zeit?

   THOMAS: Ja, da habe ich noch nichts vor. Ist drei zu früh?

6. SUSANNE: Ja, mir wäre halb vier lieber. Sonst muss ich _____ so

   _____, wenn ich von meinem Job in der

   Bibliothek komme.

C. Als Frau in einem technischen Beruf. Frau Carstens arbeitet als Leiterin der technischen Abteilung° in einer Autofirma. Sie erzählt einer Bekannten von den Problemen, die sie dort am Anfang hatte. Ergänzen Sie ihren Bericht mit den richtigen Relativpronomen.

Leiterin der ...
Abteilung: head of the technical department

Ich arbeite bei einer Autofirma, in (1) _____ ich die Leiterin

der technischen Abteilung bin. Die Leute, mit (2) _____ ich

zusammenarbeite, sind nur Männer. In der Firma gibt es nur etwa 25 Frauen,

(3) _____ fast alle in der Personalabteilung° arbeiten. Bei

human resources

insgesamt 2000 Mitarbeitern ist das eine Zahl, (4) _____ sehr,

sehr klein ist. Am Anfang hatte ich mit den Kollegen große Probleme,

(5) _____ inzwischen zum Glück gelöst° sind. Es gab einige

solved

Männer, (6) _____ es gar nicht gefiel eine Frau als

Vorgesetzte° zu haben. Bei ihnen hatte ich das Image der harten

superior

Geschäftsfrau, mit (7) _____ man kein persönliches Wort

wechseln kann. Das waren Vorurteile, über (8) _____ ich

sicher gelächelt hätte, wenn sie nicht die Zusammenarbeit gestört hätten. Zum

Glück reagierte ich in einer Art, (9) _____ nicht aggressiv war

und ich verhielt° mich ganz natürlich. Bald darauf schon akzeptierten mich

behaved

meine Mitarbeiter als ihre Chefin.

D. Der Schweizer Nachbar. Herr Müller sucht für eine Wohnung in seinem Haus eine neue Mieterin. Frau Öttinger interessiert sich für diese Wohnung und schaut sie sich an. Während Herr Müller und Frau Öttinger sich auf der Straße verabschieden, kommt der Nachbar Herr Altenburger vorbei. Herr Müller, der gerne redet, erzählt Frau Öttinger genau, wer Herr Altenburger ist. Verbinden Sie die beiden Sätze, indem Sie den Relativsatz an das letzte Wort des ersten Satzes anhängen wie im Beispiel.

▷ Das ist Herr Altenburger, unser Nachbar. Er kommt aus der Schweiz.
 Das ist Herr Altenburger, unser Nachbar, der aus der Schweiz kommt.

1. Er arbeitet hier bei einer Uhrenfirma. Er entwirft° für diese Firma Uhren.

designs

_____

2. Herr Altenburger hat eine Frau und zwei Kinder. Sie wohnen noch in Zürich.

_____

3. Frau Altenburger hat dort einen guten Job. Sie möchte ihren Job nicht aufgeben.

_____

4. Herr Altenburger hat ein ganz altes Auto. Er fährt mit seinem Auto jedes Wochenende nach Zürich.

_____

6. Dort kauft er für uns oft Schweizer Schokolade. Die Schokolade schmeckt ausgezeichnet.

_____

7. Manchmal bekommt Herr Altenburger Besuch von seinem Freund Friedrich. Friedrichs Frau ist auch Schweizerin.

_____

8. Insgesamt führt Herr Altenburger während der Woche aber ein ruhiges Leben. Meiner Meinung nach ist das Leben fast ein bisschen einsam.

_____

_____

E. **In Sizilien.** Frau Paulinger verbringt ihren Urlaub auf Sizilien. Dort trifft Sie ein Ehepaar aus Deutschland, dem sie erzählt, wie sehr es ihr hier gefällt. Übersetzen Sie die folgenden Sätze ins Englische.

1. Diese Gegend ist das Schönste, was ich bisher gesehen habe.

_____

2. Die Menschen hier sind viel offener und herzlicher als die Deutschen, was mir sehr gefällt.

_____

3. Oft sprechen die Leute ziemlich schnell, woran ich mich gewöhnen muss.

_____

4. Ich verstehe nur wenig von dem, was sie sagen.

_____

5. Leider ist mein Urlaub schon in einer Woche vorbei, worüber ich sehr traurig bin.

_____

F. Der unzufriedene Kurgast°. Herr Bauser kommt von einer Kur[1] zurück, die *spa guest*
ihm sein Arzt verschrieben° hatte. Leider ist er sehr kritisch und es hat ihm *prescribed*
dort nicht besonders gefallen. Er erzählt seiner Frau davon. Ergänzen Sie ihr
Gespräch mit den passenden unbestimmten Relativpronomen **was** und **wer**.

HERR BAUSER: Auch das Essen war das Schlimmste, (1) _____ ich

bisher in meinem Leben gegessen habe. Alles, (2) _____

die dort gekocht haben, schmeckte nach Pappe°.   *cardboard*

FRAU BAUSER: Na ja, Karl, sei mir nicht böse. Aber (3) _____ eine Kur

macht, um abzunehmen°, darf natürlich nicht gerade bestes   *lose weight*

Essen erwarten. Außerdem hat fast alles, (4) _____ dir

schmeckt, leider auch ziemlich viele Kalorien. Gab es in der

Kur denn gar nichts, (5) _____ dir gefallen hat?

HERR BAUSER: Nicht viel. (6) _____ natürlich ganz schön war, ist die

Landschaft dort. Und (7) _____ ich noch ganz nett fand,

war mein Zimmernachbar. Unsere gemeinsamen Ausflüge und

Wanderungen waren das Einzige, (8) _____ mir Spaß

gemacht hat.

G. Hohe Löhne. Der Politiker Herr Zeyse hält einen Vortrag zu dem beliebten
Thema „Wie kann Deutschland auf dem Weltmarkt konkurrenzfähig° bleiben".   *competitive*
Hier ein paar Auszüge° aus seiner Rede. Herrn Zeyses Sätze enthalten *extended*   *excerpts*
modifiers, die man auch in Relativsätze auflösen° kann. Ergänzen Sie die   *turn into*
jeweiligen Relativsätze, indem Sie die passenden Relativpronomen einsetzen.

1. Wir befinden uns in einer schon oft diskutierten Situation.

    Wir befinden uns in einer Situation, _____ schon oft diskutiert wurde.

2. Wir stehen vor einem lange bekannten Problem.

    Wir stehen vor einem Problem, _____ schon lange bekannt ist.

3. Viele von den Gewerkschaften° bisher nicht akzeptierte Lösungen° liegen   *labor unions / solutions*
    auf dem Tisch.

    Viele Lösungen, _____ von den Gewerkschaften bisher nicht akzeptiert
    wurden, liegen auf dem Tisch.

4. Meine eigene, leider oft kritisierte Meinung kann ich so formulieren.

    Meine eigene Meinung, _____ leider oft kritisiert wird, kann ich so formulieren.

_____
[1] Visits to mineral springs for relaxation or to alleviate chronic health conditions such as arthritis
or heart problems can be prescribed by German doctors and paid for by health insurance.

5. Die überall als hoch geltenden deutschen Löhne müssen gesenkt° werden. *lowered*

   Die deutschen Löhne, _____ überall als hoch gelten, müssen gesenkt werden.

6. Nur so können wir in einer immer globaler werdenden Weltwirtschaft konkurrenzfähig leiben.

   Nur so können wir in einer Weltwirtschaft, _____ immer globaler wird, konkurrenzfähig bleiben.

H. So unterschiedlich° sind die Deutschen. Paul und Eva leben in Berlin und sie unterhalten sich darüber, wie unterschiedlich die Deutschen in verschiedenen Gegenden sein sollen. Ergänzen Sie ihr Gespräch, indem Sie aus der Klammer das passende subjektiv benutzte Modalverb auswählen. *varied*

EVA: Ich habe gelesen, dass bei den Schwaben° jeder Dritte ein eigenes *Swabians*

Haus hat. Die (1) _____ ja wirklich sehr sparsam° *frugal*

sein. (können / müssen)

PAUL: Ja, das (2) _____ sein. (muss / mag) Und sie

(3) _____ auch sehr fleißig und ordentlich sein.

(dürfen / sollen) Dort muss man jeden Samstag den Bürgersteig° *sidewalk*

kehren°. Das nennt man Kehrwoche. *sweep*

EVA: Die Schwaben (4) _____ doch auch die schlausten° *cleverest*

Deutschen sein, nicht wahr? (dürfen / wollen)

PAUL: Das weiß ich nicht. Ich weiß nur, dass in vielen Fernsehsendungen

über den schwäbischen Dialekt gelacht wird.

EVA: Die Bayern (5) _____ ja die stolzesten Deutschen sein.

(können / sollen) Sie sehen Bayern fast als eigenes Land an.

PAUL: Ja, da (6) _____ du Recht haben. (sollst / dürftest)

EVA: Auf jeden Fall finde ich nicht, dass alle Deutschen so ruhig und

reserviert sind, wie man in vielen anderen Ländern denkt. Die

Rheinländer° zum Beispiel (7) _____ ziemlich *Rhinelanders*

ausgelassen° sein. (sollen / mögen) Es heißt, dass sie gern feiern. *lively*

PAUL: Ja, das habe ich auch gehört. Der Karneval, der jedes Jahr dort statt-

findet, (8) _____ ja auch ein Riesenspektakel° sein. *gigantic spectacle*

(dürfte / muss) Sechs Tage lang (9) _____ die Leute

nur tanzen, trinken und feiern. (müssen / sollen)

EVA: Dafür (10) _____ die Norddeutschen aber eher ruhig

und zurückhaltend° sein. (mögen / sollen) Das hat mir jedenfalls   *reserved*

meine Kusine erzählt, die seit kurzem in Hamburg wohnt.

PAUL: Na ja, und wir Berliner (11) _____ ja eine freche

Schnauze° haben. (dürfen / sollen) Aber wenn man uns beide   ***eine freche Schnauze***
haben: *to have a big*
mouth

anschaut, stimmt das doch wirklich nicht!

I. Persönliche Fragen. Sie sind als Austauschstudentin/Austauschstudent an
einer deutschen Uni und machen bei einer Umfrage° über die Gefühle und   *survey*
Interessen von Studenten mit. Beantworten Sie die Fragen in ganzen Sätzen.

1. Woran erinnern Sie sich gern? _____

   _____

2. Wofür interessieren Sie sich besonders? _____

   _____

3. Worauf freuen Sie sich? _____

   _____

4. Haben Sie oft das Gefühl, dass Sie sich beeilen müssen? Warum?

   _____

   _____

5. Woran können Sie sich nicht (oder nicht leicht) gewöhnen?

   _____

   _____

J. Beeil dich mal! Sie sind morgens im Bad und jemand aus Ihrer Familie sagt Ihnen, dass Sie sich beeilen sollen, weil sie/er auch noch ins Bad muss. Schreiben Sie einen kurzen Dialog, in dem Sie ein paar der folgenden Verben benutzen.

sich anziehen	sich kämmen
sich den Bademantel usw. anziehen	sich die Zähne putzen
	sich rasieren
sich baden	sich vorstellen
sich duschen	sich waschen
sich entschließen	sich die Haare (das Gesicht, die Hände) waschen
sich erinnern	

_____

_____

_____

_____

_____

_____

_____

_____

Kapitel 10

A. Im Naturpark. Peter und sein Freund Holger besuchen einen Naturpark. Leider werden ihre Erwartungen ein wenig enttäuscht. Abends schreibt Peter einen Brief an seine Freundin Barbara, in dem er ihr davon erzählt. Lesen Sie zuerst die Liste mit den Sätzen, die beschreiben, was die Parkleitung gemacht hat oder vorhat. Formen Sie diese Sätze ins Passiv um und setzen Sie sie an der passenden Stelle im Brief ein. Der erste Satz steht schon umgeformt im Brief und ist das Beispiel.

Wir haben den Teich° trockengelegt°.   *pond / drained*
Man darf im See nicht baden.
Wir bauen die Grillplätze° erst zum 1. Juni auf.   *grill areas*
Wir öffnen den Park sonntags um 10 Uhr.
Zur Zeit bauen wir ein neues Wildgehege°.   *game preserve*
Die Stadt und die Gemeinde° unterstützen den Naturpark finanziell.   *community*

Liebe Barbara,

heute Morgen wollten Holger und ich in den neuen Naturpark gehen. Als wir pünktlich um 9 Uhr davor standen, lasen wir auf einem Schild am Eingang:

▷   „Sonntags wird der Park um 10 Uhr geöffnet."

So warteten wir also eine Stunde, was nicht schlimm war, weil es sonnig war. Es war sogar so heiß, dass wir uns überlegten, zuerst zum See zu gehen und zu baden. Als wir zum See kamen, lasen wir dort:

_____

Na gut, dachten wir, nicht so schlimm, denn eigentlich waren wir schon ein bisschen hungrig. Wir hatten Würstchen mitgebracht, weil es dort Grillplätze geben sollte, doch da kam die nächste Enttäuschung:

_____

Unsere Laune wurde langsam schlechter. Aber da wir ja auch gekommen waren, um Tiere zu beobachten, machten wir uns auf den Weg zum Wildgehege. Und was fanden wir dort? Ein Schild, auf dem stand:

_____

Ich interessiere mich sowieso mehr für Frösche°, sagte ich noch fröhlich zu Holger. Also, lass uns zum Teich gehen. Und dort kam die nächste Überraschung: *frogs*

_____

So langsam merkten wir, dass heute nicht unser Tag war. Wir spazierten noch ein wenig durch die Gegend und gingen langsam zum Ausgang. Dort lasen wir dann:

_____

Anscheinend nicht genug, bemerkte Holger trocken und wir gingen lachend zum Auto. So hatte ich mir diesen Sonntag zwar nicht vorgestellt, doch so konnte ich heute sogar noch für meine Prüfungen lernen. Ich bin zufrieden.

Bald mehr

dein Peter

B. Gesunde Ernährung°. In der Stadt wird ein vegetarisches Restaurant eröffnet, *diet*
das mit seiner gesunden Küche wirbt°. Zur Eröffnung lädt die Besitzerin viele *advertises*
bekannte Personen aus der Stadt ein. Am nächsten Tag berichtet die Zeitung
über das Ereignis. Formen Sie die folgenden Sätze um, indem Sie Passiv verwenden wie im Beispiel. Beachten Sie, dass Satz 4 ins *impersonal passive* umgeformt wird.

▷ Gestern feierte man die Eröffnung des vegetarischen Restaurants „Eden".
Gestern wurde die Eröffnung des vegetarischen Restaurants „Eden" gefeiert.

1. Zuerst sprach man viel über die Vorteile einer fleischlosen° Ernährung. *meatless*

   _____

   _____

2. Danach stellte man Kochrezepte° vor. *recipes*

   _____

3. Dann kochte man die Speisen vor den Augen der Gäste.

   _____

4. Abends hat man gegessen und getrunken. *(impersonal passive)*

   _____

5. Man lobte das ausgezeichnete Essen sehr.

   _____

C. Fluglärm. Weil der Flughafen sehr nah ist, können die Bewohnerinnen und
Bewohner des kleinen Ortes Neustadt das Starten und Landen der Flugzeuge
leider sehr gut hören. Sie versuchen etwas dagegen zu tun. Ergänzen Sie die
folgenden Sätze mit der richtigen Präposition oder dem passenden Pronomen
aus der Klammer.

1. Die Bewohner des kleinen Ortes werden _____ den Lärm
   der Flugzeuge gestört. (durch / mit / von)

   citizens' action group

2. _____ den verärgerten Leuten wurde eine Bürgerinitiative°
   „Bürger gegen Fluglärm" gegründet. (Von / Durch / Bei)

3. Die Bewohner schrieben Briefe an mehrere Fluglinien, doch _____
   wurde bisher nicht geantwortet. (sie / ihnen / ihr)

4. Ein Bewohner des Ortes behauptete, dass er _____ der *compensation*
   Fluggesellschaft Schadensersatz° bekommen würde. (von / bei / durch)

   _____ wurde anscheinend eine Summe von 2000 Euro
   versprochen. (Ihn / Ihm / Sie)

D. Aus dem Leben einer Dose. In der beliebten deutschen Kindersendung „Die Sendung mit der Maus" werden in kleinen Filmen viele Dinge erklärt. Heute zum Beispiel wird den Kindern aus dem Leben einer Dose erzählt. Formen Sie die folgenden Sätze um, indem Sie wie im Beispiel **man** benutzen.

▷ Erze° werden zum Beispiel in Brasilien abgebaut°.   *ores / abbauen: to mine*
Man baut Erze zum Beispiel in Brasilien ab.

1. Aus den Erzen wird durch Elektrolyse° Aluminium gemacht.   *electrolysis*

   _____

2. Aus Aluminium wird die Dose hergestellt.

   _____

3. Ein Getränk wird in die Dose gefüllt.

   _____

4. Die Dose wird gekauft.

   _____

5. Die Dose wird leer getrunken.

   _____

6. Die Dose wird weggeworfen.

   _____

7. Die Dose wird hoffentlich recycelt.

   _____

E. Waldsterben. In manchen Gegenden Deutschlands ist das Waldsterben ein großes Problem, so zum Beispiel im Schwarzwald. Formulieren Sie die folgenden Sätze um, indem Sie wie im Beispiel die Konstruktion **sein** mit **zu** plus Infinitiv benutzen.

▷ Kranke Bäume kann man leicht erkennen.
Kranke Bäume sind leicht zu erkennen.

1. Viele Bäume kann man nicht mehr retten.

   _____

2. Und die Luftverschmutzung kann man nicht so schnell stoppen.

   _____

3. Denn die Fahrgewohnheiten° der Leute kann man nicht so leicht ändern.   *driving habits*

   _____

4. Die deutschen Autofahrer kann man nicht so einfach überzeugen.

   _____

F. Ökologische Nahrungsmittel°. Seit der BSE°-Krise im Jahre 2001 gibt es in Deutschland eine heftige Diskussion darüber, ob die Herstellung von allen Nahrungsmitteln wieder natürlicher werden soll. Formulieren Sie die folgenden Sätze um, indem Sie statt Passiv die Konstruktion **lassen** plus Infinitiv benutzen wie im Beispiel.

ökologische Nahrungs-mittel: ecologically grown food / BSE (bovine spongiforme Enzephalopathie): mad cow disease

▷ Alle Produkte können ohne Pestizide hergestellt werden.
   Alle Produkte lassen sich ohne Pestizide herstellen.

1. Die Verbraucher° können nicht so leicht überzeugt werden.

   consumers

   _____

2. Denn ökologische Produkte können nicht so lange aufbewahrt° werden.

   stored

   _____

3. Und sie können wegen ihres höheren Preises nicht so gut verkauft werden.

   _____

4. Tiere können unter tiergerechten° Bedingungen° besser gehalten werden.

   native to their species / conditions

   _____

5. Auch Krankheiten können so besser kontrolliert werden.

   _____

6. Doch die Massentierhaltung° kann nicht einfach verboten werden.

   maintenance of animals in large herds

   _____

G. Die Deutschen und ihr Auto. Eine deutsche Autofirma macht eine Analyse über das Kaufverhalten° der deutschen Autofahrer. Hier ihre Ergebnisse°. Formen Sie die Sätze um, indem Sie die reflexive Konstruktion benutzen.

buying habits / results

▷ Umweltschonende° Fahrzeuge sind nicht so leicht zu verkaufen.
   Umweltschonende Fahrzeuge verkaufen sich nicht so leicht.

environmentally friendly

1. Käufer für benzinsparende° Kleinautos sind nicht so einfach zu finden.

   fuel efficient

   _____

2. Denn Umweltautos sind meistens nicht so sportlich zu fahren.

   _____

3. Die Verbraucher sind dafür nicht leicht zu begeistern.

   _____

4. Und die Fahrgewohnheiten° sind nicht so schnell zu ändern.

   driving habits

   _____

H. **Das Gewächshaus°.** Das Gewächshaus von Bauer Herbinger wurde bei   *greenhouse*
einem Hagelsturm° zerstört. Jetzt fragt er bei einer Baufirma, ob man es   *hailstorm*
nochmal reparieren kann. Übersetzen Sie die folgenden Sätze so, wie es in
Klammern angegeben ist. Lesen Sie vorher nochmal in Ihrem Text auf Seite
387–388 die Grammatik 9, *Alternatives to the passive voice.*

1. Can you still° repair the greenhouse? (**man**)   *use noch*

   _____

2. Yes, that can be done. (**sich lassen**)

   _____

3. Is the glass easy to get? (**sein ... zu** + *infinitive*)

   _____

4. No, but a way can certainly be found. (*reflexive*)

   _____

5. When can the work be started? (*passive*)

   _____

6. Well, that's hard to say. (**sein ... zu** + *infinitive*)

   _____

I. **Umweltprobleme.** Sie arbeiten für eine große Tageszeitung und Sie stellen
eine Liste der Themen für den Umweltteil zusammen. Sie müssen bei jedem
Thema schreiben, woher die Information ist. Geben Sie den Satz zweimal
wieder, indem Sie zuerst Konjunktiv I und dann Konjunktiv II benutzen.

▷ Es gibt in Bayern einen neuen Fall von BSE.
   Aus Berlin wird gemeldet°, es gebe in Bayern einen neuen Fall von BSE.   *reported*
   Aus Berlin wird gemeldet, es gäbe in Bayern einen neuen Fall von BSE.

1. Es darf trotzdem bei den Bauern keine Panik ausbrechen°.   *break out*

   Im bayrischen Umweltministerium wird erklärt, _____

   _____

   Im bayrischen Umweltministerium wird erklärt, _____

   _____

2. Der Bundesminister spricht heute mit Klimaexperten.

   Aus dem Umweltministerium wird berichtet, _____

   _____

   Aus dem Umweltministerium wird berichtet, _____

   _____

3. Die Preise von Rohöl sind gestiegen.

   Aus Rotterdam wird gemeldet, _____

   _____

   Aus Rotterdam wird gemeldet, _____

   _____

4. Die Ökosteuer° hat sehr unterschiedliche Reaktionen hervorgerufen.   *tax on fossil fuels, for example gasoline*

   Von Reportern wird berichtet, _____

   _____

   Von Reportern wird berichtet, _____

   _____

5. Der Bundesrat diskutiert über das neue Verpackungsgesetz.

   Aus Berlin wird gemeldet, _____

   _____

   Aus Berlin wird gemeldet, _____

   _____

6. Die Klimakonferenz wird nächstes Jahr in Brüssel stattfinden.   *news agency*

   Von der Presseagentur° wird gemeldet, _____

   _____

   Von der Presseagentur wird gemeldet, _____

   _____

J. Persönliche Fragen. Sie haben am Wochenende eine große Ausstellung° mit
dem Thema „Technologien der Zukunft" besucht und werden von Ihren
Freunden gefragt, wie es war. Beantworten Sie die folgenden Fragen in
ganzen Sätzen, indem Sie Alternativen zum Passiv benutzen.

exhibition

1. Was war besonders interessant zu sehen?

   _____

   _____

2. Was (oder Wer) war schwer zu verstehen?

   _____

   _____

3. Was ließ oder lässt sich nur schwer erklären?

   _____

   _____

4. Was wurde abends gemacht? (*impersonal passive construction*)

   _____

   _____

5. Was vergisst man nicht so leicht?

   _____

   _____

K. Waldkindergärten. Seit mehreren Jahren gibt es in Deutschland Waldkindergärten, die immer populärer werden. Die Idee ist, dass die Kinder – auch bei schlechtem Wetter – den Tag mit ihren Erzieherinnen° und Erziehern draußen in der frischen Luft verbringen und dadurch ein intensiveres Verhältnis zur Natur bekommen. Natürlich wird im Wald auch gespielt, gesungen, gemalt und gebastelt°, zum Teil eben mit anderen Mitteln. Schreiben Sie einen Absatz, in dem Sie einen solchen Waldkindergarten vorstellen. Schreiben Sie zuerst auf, welche Aktivitäten gemacht werden und beschreiben Sie dann zum Schluss, welches Konzept dahintersteht. Benutzen Sie dafür die folgenden Vokabeln als Hilfe. Organisieren Sie in Teil 1 Ihre Gedanken und schreiben Sie dann in Teil 2 Ihren Aufsatz. Verwenden Sie Passivkonstruktionen, aber auch die alternativen Konstruktionen aus Ihrem Buch auf Seite 387–388, 9: *Alternatives to the passive voice*.

teachers

doing crafts

Nützliche Vokabeln

ZEITAUSDRÜCKE

am Morgen (Mittag • Nachmittag) • jeden Morgen • morgens (mittags • nachmittags) • während des Tages • bei Regen/Schnee/Kälte • bei schlechtem Wetter

AUFGABEN

abholen • warm anziehen • aufräumen° • Ersatzkleidung° mitnehmen • mit Ästen°/Zweigen°/Steinen° spielen • basteln • singen • Spiele machen • essen • Feuer machen • Natur entdecken • Umweltbewusstsein entwickeln • umweltbewusst erziehen

PERSONEN

die Kinder • die Eltern • die Erzieherinnen/die Erzieher

---

tidy up / spare clothing
branches / twigs / stones

1. _____   _____

   _____   _____

   _____   _____

   _____   _____

2. _____

   _____

   _____

   _____

   _____

   _____

   _____

LAB MANUAL

Übungen zum Hörverständnis

Thema 1   Freizeit

A. Was sagen Sie? Sie hören jetzt fünf Situationen und Fragen. Schreiben Sie für jede Frage eine kurze, logische Antwort. Sie hören jede Situation und Frage zweimal.

1. _____

2. _____

3. _____

4. _____

5. _____

B. Ferien. Ein Reporter interviewt die Vorsitzende° der Deutschen Gesellschaft für Freizeit in Düsseldorf. Ergänzen Sie das Interview mit den Wörtern und Zahlen, die Sie hören. Benutzen Sie arabische Ziffern° für die Zahlen. Sie hören das Interview zweimal.

chairperson

arabische Ziffern: Arabic numbers

REPORTER: Reisen die Deutschen gern _____ _____ _____?

VORSITZENDE: Ja! Über _____ Prozent der Deutschen machen jedes Jahr _____

eine große _____ von sechs oder mehr Tagen.

REPORTER: Wohin _____ _____?

VORSITZENDE: Spanien ist das beliebteste Reiseziel _____ _____.

Etwa 4 Millionen Deutsche fahren jedes Jahr dorthin. Andere populäre Ziele sind

Italien, _____, Portugal und Frankreich. _____ Prozent der

Deutschen _____ ihre Ferien zu Hause in Deutschland, vor allem in

Bayern.

REPORTER: Was machen die Deutschen in den Ferien _____ _____?

VORSITZENDE: _____ Prozent der Deutschen interessieren sich für Sport. _____

sind Wandern, Schwimmen, _____, Bergsteigen und Skilaufen.

_____ Prozent der Deutschen wollen in der Freizeit lieber _____.

Sie möchten lesen oder einfach nur _____ _____ _____

_____.

C. Telefongespräch. Jetzt hören Sie ein Telefongespräch zwischen Karin Lenz und ihrer Freundin Sarah Vogt. Sie lesen dann sechs Fragen zum Gespräch. Für jede Frage sehen Sie drei Antworten. Kreuzen Sie die richtige Antwort an. Sie hören jetzt drei neue Wörter:

der Vorwurf: reproach   *Silvester:* New Year's Eve   *beim Abwaschen:* washing dishes

1. Was hat Sarah gestern Nachmittag gemacht?

   _____ a. Sie hat Volleyball gespielt.

   _____ b. Sie hat zwei Stunden ferngesehen.

   _____ c. Sie hat Gymnastik gemacht.

2. Warum kritisiert Stefan Sarah?

   _____ a. Sie treibt zu oft Sport.

   _____ b. Sie studiert zu viel.

   _____ c. Sie hat keine Zeit für ihn.

3. Wo wohnt Sarahs Tante?

   _____ a. in Oberammergau

   _____ b. in Freudenstadt

   _____ c. in Garmisch

4. Wo würden Sarah und Karin übernachten?

   _____ a. bei Karins Freundin

   _____ b. in einem kleinen Wochenendhaus

   _____ c. in einem Waldhotel

5. Was müsste Karin machen?

   _____ a. Sie müsste abwaschen.

   _____ b. Sie müsste während des Festes fotografieren.

   _____ c. Sie müsste das Essen vorbereiten.

6. Wie findet Karin Sarahs Plan?

   _____ a. Karin wird böse und kritisiert Sarah.

   _____ b. Sie hat wirklich nichts dagegen.

   _____ c. Sie möchte erstmal ein paar Tage darüber nachdenken.

■ **Mittagspause, von Wolf Wondratschek**

Der Text befindet sich auf Seite 26. Hören Sie zu. Sprechen Sie nicht nach.

D. Fragen zur Geschichte. Sie hören jetzt vier Fragen zu Wondratscheks Geschichte „Mittagspause". Nach jeder Frage hören Sie drei Antworten. Kreuzen Sie die richtige Antwort an°. Sie hören jede Frage und Antwort zweimal.

Kreuzen ... an: mark

1. _____ a.   _____ b.   _____ c.

2. _____ a.   _____ b.   _____ c.

3. _____ a.   _____ b.   _____ c.

4. _____ a.   _____ b.   _____ c.

Das Gedicht und weitere Texte

■ **Vergnügungen, von Bertolt Brecht**

Das Gedicht befindet sich auf Seite 24. Hören Sie zu. Sprechen Sie nicht nach.

■ **50 000 Skater voll auf der Rolle**

Der Text befindet sich auf Seite 10. Hören Sie zu. Sprechen Sie nicht nach.

■ **Berlin**

Der Text befindet sich auf Seite 15. Hören Sie zu. Sprechen Sie nicht nach.

Übungen zum Hörverständnis **Thema 1** ■ **133**

Thema 2   Kommunikation

A. Was sagen Sie? Sie sind an der Uni und hören jetzt vier Fragen von anderen Studenten. Schreiben Sie für jede Frage eine kurze, logische Antwort. Sie hören jede Frage zweimal.

1. _____

2. _____

3. _____

4. _____

B. Typisch deutsch? Sie sehen vier Bilder zum Leben in Deutschland. Zu jedem Bild hören Sie zwei Sätze. Kreuzen Sie den Buchstaben des richtigen Satzes an. In **Übung B** hören Sie drei neue Wörter:

die Stirn: forehead　　　　　　　　　　*der Zeigefinger: index finger*
der Daumen: thumb

Sie hören jeden Satz zweimal.

1. a. _____   b. _____

2. a. _____   b. _____

3. a. _____   b. _____

4. a. _____   b. _____

C. Sprachliche Kommunikation – die Du-Sie-Frage. Wen duzt° man und wen *use du*
siezt° man? Früher gab es ziemlich klare Regeln° für „du" und „Sie", aber *use Sie / rules*
heute sind diese Regeln nicht mehr so klar. Sie hören jetzt ein Interview, in
dem der Journalist Dieter Meyer mit zwei deutschen Studenten über das
Du-Sie-Problem spricht.

Sie sehen sechs Fragen zum Interview. Jede Frage hat drei Antworten.
Kreuzen Sie die beste Antwort an.

In dem Interview hören Sie sechs neue Wörter:

duzen: to use du   *empfehlen: to recommend*
siezen: to use Sie   *der Vorname: first name*
die Erwachsenen: adults   *der Nachname: last name*

1. Wer sind Doris Schulz und Christian Wolf?

   _____ a. Sie sind Journalisten für *Die Zeit.*

   _____ b. Sie sind junge Deutsche.

   _____ c. Sie sind deutsche Lehrer.

2. Was meint Doris zur Frage der Kommunikation?

   _____ a. Die Kommunikation wäre viel einfacher mit dem **Sie.**

   _____ b. Die Kommunikation wäre viel einfacher mit dem **Du.**

   _____ c. Die Kommunikation wäre viel schwerer mit dem **Du.**

3. Wer findet es gut sich zu duzen?

   _____ a. Studenten

   _____ b. Erwachsene

   _____ c. Journalisten

4. Warum, meint Christian, ist die Sie-Form heute noch wichtig?

   _____ a. Weil die Sie-Form kompliziert ist.

   _____ b. Weil die Sie-Form eine lange Tradition hat.

   _____ c. Weil die Sie-Form steif° and förmlich° ist. *stiff / formal*

5. Was ist Christians Idee für eine Zwischenform?

   _____ a. Man duzt sich und gebraucht den Nachnamen.

   _____ b. Man siezt sich und gebraucht den Nachnamen.

   _____ c. Man siezt sich und gebraucht den Vornamen.

6. Was wird der Journalist in der Zukunft machen?

   _____ a. Er wird alle siezen.

   _____ b. Er wird alle duzen.

   _____ c. Er weiß wirklich nicht, was er machen soll.

■ **Eine Postkarte für Herrn Altenkirch, von Barbara Honigmann**

Der Text befindet sich auf Seite 49 und 50. Hören Sie zu. Sprechen Sie nicht nach.

D. **Richtig oder falsch?** Sie hören jetzt fünf Aussagen° zu Barbara Honigmanns   *statements*
Geschichte „Eine Postkarte für Herrn Altenkirch". Kreuzen Sie **R** an, wenn die
Aussage richtig ist. Kreuzen Sie **F** an, wenn sie falsch ist. Sie hören jeden Satz
zweimal.

1. _____ R   _____ F

2. _____ R   _____ F

3. _____ R   _____ F

4. _____ R   _____ F

5. _____ R   _____ F

Das Gedicht und weitere Texte

■ **Nicht Zutreffendes streichen, von Hans Magnus Enzensberger**

Der Text befindet sich auf Seite 47. Hören Sie zu. Sprechen Sie nicht nach.

■ **Postkarte von der Ostsee**

Der Text befindet sich auf Seite 34. Hören Sie zu. Sprechen Sie nicht nach.

■ **Ständig unter Strom**

Der Text befindet sich auf Seite 36. Hören Sie zu. Sprechen Sie nicht nach.

Thema 3   Deutschland im 21. Jahrhundert

A. Wo findet das Gespräch statt? Sie hören jetzt vier kurze Gespräche. Zu jedem Gespräch lesen Sie zwei mögliche Orte. Kreuzen Sie den Buchstaben des logischen Ortes an. Sie hören jedes Gespräch zweimal.

1. _____ a. am Bahnhof   3. _____ a. an der Kasse

   _____ b. im Auto   _____ b. an der Ecke

2. _____ a. im Elektrogeschäft   4. _____ a. in der Bibliothek

   _____ b. im Supermarkt   _____ b. im Buchladen

B. Demonstration. Alexander Weiß erzählt seinen Freunden von seinen Erlebnissen auf einer Demonstration für mehr Arbeitsplätze. Weiter unten finden Sie zehn Fragen. Beantworten Sie diese Fragen. In der Erzählung hören Sie sechs neue Wörter:

das Schild: sign   *Plakate:* banners, posters
der Imbiss-Stand: snack bar   *der Kofferraum:* trunk of car
verteilen: to distribute   *der Schraubenzieher:* screwdriver

▷ Wann kam Alexander in der Stadt an?   *um halb sieben*

1. Alexander hängte sich ein Schild um den Hals. Was stand darauf?

   _____

2. Warum wollte er eine Tasse Kaffee trinken?

   _____

3. Warum konnte er nicht bezahlen?

   _____

4. Was fehlte ihm sonst noch?

   _____

5. Warum ging er zu seinem Auto?

   _____

6. Was hatte er in der Einkaufstasche?

   _____

7. Wer stand plötzlich neben Alexander?

   _____

8. Warum hatte Alexander Angst?

_____

9. Was machte die Polizistin mit dem Schraubenzieher?

_____

10. Was machte Alexander, nachdem er „Wiedersehen" gesagt hatte?

_____

C. Verwandte Wörter: das Suffix _-ung_ und das Partizip Perfekt°. Sie hören jetzt fünf Satzpaare. Ergänzen Sie den ersten Satz in jedem Paar mit dem Substantiv, das Sie hören. Ergänzen Sie den zweiten Satz in jedem Paar mit dem verwandten Verb im Partizip Perfekt. Sie hören also das Substantiv in Satz **a**, aber nicht das verwandte Verb in Satz **b**. Sie hören jedes Satzpaar zweimal.

Partizip Perfekt: past participle

▷ a. Wir haben die interessante _Verfilmung_ von Peter Weiss' Drehbuch „Das Versprechen" gesehen.

b. Margarethe von Trotta hat Peter Weiss' Drehbuch zu „Das Versprechen" interessant _verfilmt_.

1. a. Der Film war eine lebendige _____ von 38 Jahren deutsch-deutscher Geschichte.

b. Der Film hat 38 Jahre deutsch-deutsche Geschichte lebendig

_____ .

2. a. Obwohl er sich in Prag mit Sophie getroffen hatte, blieben sie in ihren

_____ in Ost- und Westdeutschland.

b. Obwohl Konrad Sophie in Prag traf, hat er weiter in Ostdeutschland

_____ .

3. a. Vor ihrem Wiedersehen in Prag hatte Sophie die

_____ , dass Konrad zu ihr in den Westen ziehen würde.

b. Sophie hat vor ihrer Reise nach Prag _____ , dass Konrad zu ihr in den Westen ziehen würde.

4. a. Seine gute Stelle im Osten war Konrads _____ . Er war sich nicht sicher, ob er im Westen auch eine gute Stelle finden könnte.

b. Konrad hat Sophie _____ , dass er im Westen nicht so leicht eine gute Stellung finden könnte.

5. a. Nach der _____ der Mauer haben Konrad und Sophie sich wieder gesehen.

b. Konrad und Sophie haben sich wieder gesehen, nachdem die Berliner

die Mauer zwischen Ost und West _____ hatten.

■ **Kontinent im Kleinformat: Die Europäische Schule in München**

Der Text befindet sich auf Seite 64. Hören Sie zu. Sprechen Sie nicht nach.

D. Richtig oder falsch? Sie hören jetzt fünf Aussagen zu dem Text „Kontinent im Kleinformat: Die Europäische Schule in München". Kreuzen Sie **R** an, wenn die Aussage richtig ist, und **F**, wenn sie falsch ist. Sie hören jeden Satz zweimal.

1. _____ R   _____ F

2. _____ R   _____ F

3. _____ R   _____ F

4. _____ R   _____ F

5. _____ R   _____ F

Das Gedicht und weitere Texte

■ **Berliner Liedchen, von Wolf Biermann**

Das Gedicht befindet sich auf Seite 71. Hören Sie zu. Sprechen Sie nicht nach.

■ **Bei den Wessis ist jeder für sich**

Der Text befindet sich auf Seite 58 bis 60. Hören Sie zu. Sprechen Sie nicht nach.

■ **Das Versprechen**

Das Drehbuch befindet sich auf Seite 73 bis 79. Hören Sie zu. Sprechen Sie nicht nach.

Thema 4   Familie

A. Was sagen Sie? Sie hören jetzt vier Fragen. Schreiben Sie für jede Frage eine kurze, logische Antwort. Sie hören jede Frage zweimal.

1. _____
2. _____
3. _____
4. _____

B. Wo findet das Gespräch statt? Sie hören jetzt vier kurze Gespräche. Zu jedem Gespräch lesen Sie zwei mögliche Orte. Kreuzen Sie den Buchstaben des logischen Ortes an. Sie hören jedes Gespräch zweimal.

1. _____ a. in der Grundschule   3. _____ a. im Büro

   _____ b. auf der Universität   _____ b. in der Sprechstunde

2. _____ a. auf dem Gymnasium   4. _____ a. in der Küche

   _____ b. beim Arzt   _____ b. in der Bäckerei

C. Ein Jobinterview. Frau Huber möchte wieder arbeiten. Sie ist Mutter von vier Kindern und ihr jüngstes Kind ist gerade zwei Jahre alt geworden. Herr Eckhardt, Direktor einer kleinen Privatschule, braucht eine neue Sekretärin und spricht mit Frau Huber. In Ihrem Übungsbuch finden Sie vier Fragen zu dem Jobinterview. Kreuzen Sie die beste Antwort an. In dem Interview hören Sie zwei neue Ausdrücke:

Geduld haben: to be patient   *Kenntnisse (pl.): knowledge*

1. Warum hat Herr Eckhardt Frau Huber zum Interview eingeladen?

   _____ a. Sie hat viele Kinder.

   _____ b. Ihr Brief war interessant.

   _____ c. Sie hat viel Geduld.

2. Woher hat Frau Huber ihre Computerkenntnisse?

   _____ a. Sie hat vor zwölf Jahren gelernt mit Computern zu arbeiten.

   _____ b. Sie kann nicht mit einem Computer arbeiten.

   _____ c. Ihr elfjähriger Sohn hat ihr gezeigt, wie man mit einem Computer arbeitet.

3. Warum fragt Herr Eckhardt, ob Frau Huber manchmal auch länger in der Schule bleiben kann?

_____ a. Er möchte, dass sie viel mit den Kindern arbeitet.

_____ b. Er sagt, dass sie manchmal viel Geduld mit den Kindern in der Schule braucht.

_____ c. Er fragt sie, ob sie auch länger bleiben könnte, wenn es mal viel Arbeit gibt.

4. Was ist kein Problem für Frau Huber?

_____ a. Es ist kein Problem für sie dass Ihre Mutter und Tante bei ihr wohnen möchten.

_____ b. Es ist kein Problem für sie länger zu arbeiten, weil ihr Mann auf die Kinder aufpassen kann, während sie arbeitet.

_____ c. Es ist kein Problem für sie manchmal länger zu arbeiten, weil ihre Mutter und ihre Tante auf ihre Kinder aufpassen können.

■ Die sieben Raben, von Jakob und Wilhelm Grimm

Der Text befindet sich auf Seite 102 und 103. Hören Sie zu. Sprechen Sie nicht nach.

D. Richtig oder falsch? Sie hören jetzt sechs Aussagen zu „Die sieben Raben" von den Brüdern Grimm. Kreuzen Sie **R** an, wenn die Aussage richtig ist, und **F,** wenn sie falsch ist. Sie hören jeden Satz zweimal.

1. _____ R   _____ F

2. _____ R   _____ F

3. _____ R   _____ F

4. _____ R   _____ F

5. _____ R   _____ F

6. _____ R   _____ F

Das Gedicht und ein weiterer Text

■ Du sprichst von Nähe, von Kristiane Allert-Wybranietz

Das Gedicht befindet sich auf Seite 99. Hören Sie zu. Sprechen Sie nicht nach.

■ Ich muß für meinen Sohn nachsitzen

Die Kolumne befindet sich auf Seite 92 und 93. Hören Sie zu. Sprechen Sie nicht nach.

Name _____ Datum _____

Thema 5   Musik

A. Was sagen Sie? Sie sitzen mit Ihren Freunden im Café und sprechen über Ihre Freizeit. Sie hören jetzt vier Fragen. Schreiben Sie für jede Frage eine kurze, logische Antwort. Sie hören jede Frage zweimal.

1. _____

2. _____

3. _____

4. _____

B. Fünf wilde Schwäne°. Sie hören jetzt das Volkslied „Es zogen° einst° fünf wilde Schwäne". Nach dem Lied hören Sie eine kurze Besprechung° des Volkslieds und danach hören Sie fünf Fragen zur Besprechung und zum Lied.

*swans / took wing / once
discussion*

Sie hören nun das Lied.

Es zogen einst fünf wilde Schwäne

Es zo-gen einst fünf wil-de Schwä-ne,

Schwäne leuchtend° weiß und schön.   Sing, sing,

shining

was geschah°? Keiner ward mehr ge-sehen. Ja! -sehn.

happened

Es zogen° einst fünf junge Burschen°
stolz und kühn° zum Kampf hinaus.
Sing, sing, was geschah?
Keiner kam mehr nach Haus. Ja!

*marched out / fellows
bold*

Es wuchsen einst fünf junge Birken°
schlank und grün am Bachesrand°.
Sing, sing, was geschah?
Keine in Blüten° stand. Ja!

*birch trees
stream's bank

in bloom*

Es wuchsen einst fünf junge Mädchen
schlank und schön am Memelstrand°.
Sing, sing, was geschah?
Keine den Brautkranz° wand°. Ja!

*shores of the Memel

bridal wreath / wove*

Nun hören Sie eine Besprechung des Volkslieds. In der Besprechung hören Sie
acht neue Wörter:

stammen: *to originate*   die Blüte: *bloom*
Litauen: *Lithuania*   Brautkränze *(pl.): bridal wreaths*
übersetzen: *to translate*   die Hälfte: *half*
die Birken *(pl.): birch trees*   die Variante: *variation*

Sie hören jetzt fünf Aussagen zur Besprechung und zum Volkslied. Kreuzen
Sie **R** an, wenn die Aussage richtig ist, und **F**, wenn sie falsch ist. Sie hören
jeden Satz zweimal.

1. _____ R   _____ F   4. _____ R   _____ F

2. _____ R   _____ F   5. _____ R   _____ F

3. _____ R   _____ F

■ Der Erlkönig, von Johann Wolfgang von Goethe

Das Gedicht befindet sich auf Seite 125. Hören Sie zu. Sprechen Sie nicht nach.

C. Richtig oder falsch?   Sie hören jetzt acht Aussagen zu Goethes Gedicht „Der
Erlkönig". Kreuzen Sie **R** an, wenn die Aussage richtig ist, und **F**, wenn sie
falsch ist. Sie hören jede Aussage zweimal.

1. _____ R   _____ F   5. _____ R   _____ F

2. _____ R   _____ F   6. _____ R   _____ F

3. _____ R   _____ F   7. _____ R   _____ F

4. _____ R   _____ F   8. _____ R   _____ F

Clara Schumann und ein weiterer Text

■ Clara Schumann

Der Text befindet sich auf Seite 111. Hören Sie zu. Sprechen Sie nicht nach.

■ „die da!?!", von den Fantastischen Vier

Der Song befindet sich auf Seite 113 und 114. Hören Sie zu. Sprechen Sie nicht nach.

Thema 6   Die Welt der Arbeit

A. Was sagen Sie? Sie hören jetzt vier Fragen. Schreiben Sie für jede Frage eine kurze, logische Antwort. Sie hören jede Frage zweimal.

1. _____

2. _____

3. _____

4. _____

B. Logisch oder unlogisch? Sie hören jetzt vier kurze Gespräche. Jedes Gespräch beginnt mit einer Frage oder Aussage. Kreuzen Sie **L** an, wenn die Erwiderung° zur Frage oder Aussage logisch ist, und **U**, wenn sie unlogisch ist. Sie hören jedes Gespräch zweimal.   *response*

1. _____ L   _____ U   3. _____ L   _____ U

2. _____ L   _____ U   4. _____ L   _____ U

C. Bewerbungsbrief. Ergänzen Sie Kemal Bauers Bewerbungsbrief mit den Wörtern, die Sie hören. Sie hören den Brief zweimal. In dem Brief hören Sie ein neues Wort:

einstellen: to hire

Sehr geehrte Frau Schäfer,

ich habe Ihre Anzeige im Wochenblatt gelesen und möchte _____ bei Ihnen _____

_____ _____. Sie schreiben, dass Sie jemanden einstellen

möchten, der _____ eine andere Sprache außer Deutsch und Englisch spricht, weil

viele ausländische Touristen in Ihrem Geschäft einkaufen. Ich spreche außer Deutsch und Englisch

auch noch Türkisch und ein bisschen Spanisch. Ich habe _____ _____ in einem

Kaufhaus gemacht. Ich arbeite gern mit Menschen zusammen und _____

_____ _____ _____ im Tourismus. Könnten Sie mir bitte alle Papiere

schicken, die ich ausfüllen muss?

_____ _____ _____

Kemal Bauer

■ **Dienstag, der 27. September 1960, von Christa Wolf**

Der Text befindet sich auf Seite 145 bis 149. Hören Sie zu. Sprechen Sie nicht nach.

D. **Fragen zum Text.** Sie hören jetzt vier Fragen zu Christa Wolfs Text „Dienstag, der 27. September 1960". Nach jeder Frage hören Sie drei Antworten. Kreuzen Sie die beste Antwort an. Sie hören jede Frage und Antwort zweimal.

1. _____ a. _____ b. _____ c.

2. _____ a. _____ b. _____ c.

3. _____ a. _____ b. _____ c.

4. _____ a. _____ b. _____ c.

Das Gedicht und weitere Texte

■ **Arbeits-Los, von Johann Sziklai**

Das Gedicht befindet sich auf Seite 144. Hören Sie zu. Sprechen Sie nicht nach.

■ **Ohne die Bereitschaft, sich auf Neues einzulassen, geht es nicht**

Der Artikel befindet sich auf Seite 132. Hören Sie zu. Sprechen Sie nicht nach.

■ **Carolin**

Der Text befindet sich auf Seite 137 bis 138. Hören Sie zu. Sprechen Sie nicht nach.

Thema 7   Multikulturelle Gesellschaft

A. Was sagen Sie? Sie sind Austauschstudentin/Austauschstudent° und   *exchange student*
sprechen mit anderen Studenten im Café. Sie hören jetzt vier Fragen.
Schreiben Sie für jede Frage eine kurze, logische Antwort. Sie hören jede
Frage zweimal. In der ersten Frage hören Sie ein neues Wort:

die Volkshochschule: adult evening school

1. _____

2. _____

3. _____

4. _____

B. Meinungsverschiedenheiten°. Lisa und ihr Bruder Robert sind erst seit zwei   *differences of opinion*
Wochen in Deutschland. Ergänzen Sie Lisas Brief an die Eltern mit den
Wörtern, die Sie hören. Sie hören den Brief zweimal.

Liebe Eltern,

uns geht es gut hier in Deutschland. _____ Robert und ich

_____ sind, denken wir oft sehr anders. Ich zum Beispiel finde, dass man

hier sehr freundlich _____ _____ ist. Robert findet

das _____ nicht. Er hat mir heute Abend _____

_____ gesagt, er fände die Deutschen sehr _____ und

arrogant. Ich finde, dass er Unsinn redet. _____ _____ sind

sehr nett und immer bereit uns zu helfen. Seine _____ sind wirklich unfair. Naja,

er hat schon immer _____ _____

gehabt als ich. Unsere Meinungsverschiedenheiten sind euch nicht neu.

    Alles Liebe,

    eure Lisa

C. Wer verbraucht° mehr? Wo trinkt man mehr Kaffee – in Deutschland oder in   *consumes*
den USA? Wo isst man mehr Kartoffeln? Man bildet sich leicht Vorurteile über
den Konsum in anderen Ländern. Raten Sie zuerst, wo der Verbrauch[1] eines
Produktes größer ist, und kreuzen Sie Ihre Vermutung° an. Sie hören dann die   *guess*
richtige Antwort. Kreuzen Sie die richtige Antwort an.

_____

[1] Verbrauch pro Jahr pro Person

1. Wo wird mehr Butter verbraucht? _____ _____ _____ _____

2. Wo isst man mehr Frischobst? _____ _____ _____ _____

3. Wo isst man mehr Geflügel (*poultry*)? _____ _____ _____ _____

4. Wo werden mehr Kartoffeln gegessen? _____ _____ _____ _____

5. Wo isst man mehr Frischgemüse? _____ _____ _____ _____

6. Wo wird mehr Kaffee getrunken? _____ _____ _____ _____

7. Wo trinkt man mehr Bier? _____ _____ _____ _____

■ Hunne im Abendland, von Janos Bardi

Der Text befindet sich auf Seite 170 bis 171. Hören Sie zu. Sprechen Sie nicht nach.

D. Richtig oder falsch? Sie hören jetzt sechs Aussagen zu Bardis Geschichte „Hunne im Abendland". Kreuzen Sie **R** an, wenn die Aussage richtig ist, und **F,** wenn sie falsch ist. Sie hören jeden Satz zweimal.

1. _____ R   _____ F

2. _____ R   _____ F

3. _____ R   _____ F

4. _____ R   _____ F

5. _____ R   _____ F

6. _____ R   _____ F

Das Gedicht und weitere Texte

■ Was ich nicht verstehen kann, von Sabri Çakir

Das Gedicht befindet sich auf Seite 167 bis 168. Hören Sie zu. Sprechen Sie nicht nach.

■ Metin sucht seinen Weg, von Mehmet Ünal

Der Text befindet sich auf Seite 156 bis 159. Hören Sie zu. Sprechen Sie nicht nach.

■ Jetzt kann ich sagen: Ich bin schwarz, von Helga Emde

Der Text befindet sich auf Seite 160 bis 162. Hören Sie zu. Sprechen Sie nicht nach.

Thema 8   Jung und Alt

A. Was sagen Sie? Sie hören jetzt vier Fragen. Schreiben Sie für jede Frage eine kurze, logische Antwort. Sie hören jede Frage zweimal.

1. _____

2. _____

3. _____

4. _____

B. Hörer suchen Rat. Frau Günther aus München bittet in einer Radiosendung um Rat. Hören Sie sich die Sendung an und beantworten Sie die Fragen. In der Sendung hören Sie drei neue Wörter:

der Ruhestand: retirement
die Empfangsdame: receptionist
Kunstausstellungen: art exhibitions

1. Was hatte Frau Günther schon immer geplant?

_____

2. Was hatte ihre Mutter gesagt, als die Kinder kamen?

_____

3. Was ist Frau Günther von Beruf?

_____

4. Wo wird sie bald arbeiten?

_____

5. Was möchte Frau Günthers Mutter nicht immer machen?

_____

6. Wen sucht Frau Günther?

_____

C. **Wortschatzübung: Synonyme.** Lesen Sie die sechs Sätze in Ihrem Übungsbuch. Zu jedem Satz hören Sie zwei Sätze, aber nur einer hat dieselbe
Bedeutung wie der Satz unten. Kreuzen Sie diesen synonymen Satz an. Sie
hören jedes Satzpaar zweimal.

1. _____ a.   _____ b.   Wenn ich bei der Arbeit bin, sorgt meine Mutter für meine Kinder.

2. _____ a.   _____ b.   Ein Angestellter meines Vaters kann seit vielen Wochen nicht zur
                                 Arbeit kommen, weil er krank ist.

3. _____ a.   _____ b.   Michael hat ziemlich unfreundliche Dinge gesagt.

4. _____ a.   _____ b.   Ich fahre oft zu meinen Großeltern.

5. _____ a.   _____ b.   Ich finde, es wäre klüger nicht jeden Abend auszugehen.

6. _____ a.   _____ b.   Für das Fest fehlen mir noch die richtigen Dinge zum Anziehen.

■ Brief aus Amerika, von Johannes Bobrowski

Der Text befindet sich auf Seite 191 bis 193. Hören Sie zu. Sprechen Sie nicht nach.

D. **Richtig oder falsch?** Sie hören jetzt acht Aussagen zu der Kurzgeschichte
„Brief aus Amerika" von Johannes Bobrowski. Kreuzen Sie **R** an, wenn die
Aussage richtig ist, und **F**, wenn sie falsch ist. Sie hören jeden Satz zweimal.

1. _____ R   _____ F

2. _____ R   _____ F

3. _____ R   _____ F

4. _____ R   _____ F

5. _____ R   _____ F

6. _____ R   _____ F

7. _____ R   _____ F

8. _____ R   _____ F

Das Gedicht und weitere Texte

■ Die alte Frau, von Anne Heitmann

Das Gedicht befindet sich auf Seite 190. Hören Sie zu. Sprechen Sie nicht nach.

■ Eine Frage der Existenz

Der Artikel befindet sich auf Seite 181. Hören Sie zu. Sprechen Sie nicht nach.

■ „Hilfe – Ich werde immer mehr wie meine Eltern!"

Der Text befindet sich auf Seite 184. Hören Sie zu. Sprechen Sie nicht nach.

Thema 9   Stereotypen

A. Was sagen Sie? Sie hören jetzt vier Fragen. Schreiben Sie für jede Frage eine kurze, logische Antwort. Sie hören jede Frage zweimal.

1. _____

2. _____

3. _____

4. _____

B. Logisch oder unlogisch? Sie hören jetzt sechs Fragen oder Aussagen. Kreuzen Sie **L** an, wenn die Erwiderung zur Frage oder Aussage logisch ist, und **U**, wenn sie unlogisch ist. Sie hören jedes kurze Gespräch zweimal.

1. _____ L   _____ U   4. _____ L   _____ U

2. _____ L   _____ U   5. _____ L   _____ U

3. _____ L   _____ U   6. _____ L   _____ U

C. Deutsche Fahrer. Es gibt Leute, die denken, dass Männer die besseren Autofahrer sind. Doch wer fährt wirklich besser – deutsche Frauen oder deutsche Männer? Das Kraftfahrt-Bundesamt° in Flensburg hat Zahlen veröffentlicht°, die diese Frage beantworten. Sie hören jetzt den Text eines Zeitungsartikels. In Ihrem Übungsbuch sehen Sie fünf Aussagen zum Text, die Sie vervollständigen° müssen. Kreuzen Sie das richtige Satzende (**a, b** oder **c**) an. In dem Text hören Sie fünf neue Wörter:

Federal Office of Motor Vehicles / made public

complete

das Bundesamt: *Federal Office*   **veröffentlichte:** *made public*
bestätigt: *confirms*   **Verkehrsregeln:** *traffic regulations*
die Probezeit: *probation period*

1. Die Statistik für Deutschland zeigt,

    _____ a. dass alle Frauen besser fahren als Männer.

    _____ b. dass Männer besser fahren als Frauen.

    _____ c. dass Frauen, die Fahranfänger sind, besser fahren als männliche Fahranfänger.

2. Die Probezeit für alle Fahranfänger

    _____ a. dauert ein Jahr.

    _____ b. dauert zwei Jahre.

    _____ c. dauert drei Jahre.

3. Wenn man als Fahranfänger bestimmte Regeln verletzt oder bestimmte Unfälle gehabt hat,

_____ a. darf man nicht fahren.

_____ b. muss man eine Probezeit von drei Jahren machen.

_____ c. muss man Fahrstunden nehmen oder die Prüfung wiederholen.

4. Die Statistik zeigt,

_____ a. dass mehr als 50 Prozent der männlichen Fahranfänger einen Unfall hatten.

_____ b. dass weniger als 5 Prozent der weiblichen Fahranfänger einen Unfall hatten.

_____ c. dass fast die Hälfte aller Fahranfänger einen Unfall hatte.

5. Die Verantwortung° für die meisten „schweren" Unfälle   *responsibility*

_____ a. lag bei den männlichen Fahranfängern.

_____ b. lag bei den weiblichen Fahranfängern.

_____ c. konnte das Bundesamt nicht feststellen.

■ Die grüne Krawatte, von Arthur Schnitzler

Der Text befindet sich auf Seite 211 bis 212. Hören Sie zu. Sprechen Sie nicht nach.

D. Richtig oder falsch? Sie hören jetzt acht Aussagen zu Arthur Schnitzlers Geschichte „Die grüne Krawatte". Kreuzen Sie **R** an, wenn die Aussage richtig ist, und **F**, wenn sie falsch ist. Sie hören jeden Satz zweimal.

1. _____ R   _____ F   5. _____ R   _____ F

2. _____ R   _____ F   6. _____ R   _____ F

3. _____ R   _____ F   7. _____ R   _____ F

4. _____ R   _____ F   8. _____ R   _____ F

Das Gedicht und weitere Texte

■ Anders II, von Rose Ausländer

Das Gedicht befindet sich auf Seite 210. Hören Sie zu. Sprechen Sie nicht nach.

■ Unser Ausland

Der Text befindet sich auf Seite 201. Hören Sie zu. Sprechen Sie nicht nach.

■ Tübinger Austauschstudenten berichten

Die Texte befinden sich auf Seite 204 und 205. Hören Sie zu. Sprechen Sie nicht nach.

Thema 10   Umwelt

A. Was sagen Sie? Sie hören jetzt vier Fragen. Schreiben Sie für jede Frage eine kurze, logische Antwort. Sie hören jede Frage zweimal. Sie hören ein neues Wort:

die Innenstädte: city or town centers

1. _____

2. _____

3. _____

4. _____

B. Wohnstraßen – eine Lösung zum Umweltproblem Innenstadt. Der Direktor eines Institutes für Verkehrsplanung erklärt, was eine Wohnstraße ist. Sie hören zuerst seine kurze Erklärung. Dann hören Sie fünf Bemerkungen von Anwohnern° einer Wohnstraße. Sie müssen entscheiden, ob die Anwohner von Vorteilen oder Nachteilen ihrer Wohnstraße sprechen. Kreuzen Sie die richtige Kategorie an. In der Erklärung hören Sie zwei neue Wörter:

residents

die Niederlande: the Netherlands   *aushalten: to stand, endure*

Sie hören die Erklärung und die Bemerkungen zweimal.

1. _____ Vorteil _____ Nachteil

2. _____ Vorteil _____ Nachteil

3. _____ Vorteil _____ Nachteil

4. _____ Vorteil _____ Nachteil

5. _____ Vorteil _____ Nachteil

C. Ein Interview. Der Journalist Frank Meyer sitzt draußen auf einer Bank und interviewt Anwohner einer Wohnstraße in Köln. In diesem Interview hören Sie drei Stimmen: Frank Meyer – Journalist, Kathrin Busch, Kathrins Mann Markus. Weiter unten sehen Sie fünf Fragen zu dem Interview. Für jede Frage lesen Sie drei Antworten. Kreuzen Sie die beste Antwort an. Im Interview hören Sie die folgenden neuen Wörter und Ausdrücke:

die Neugestaltung: redesign   *im Notfall: in an emergency*
die Einweihung: official opening   *die Karre: heap (referring to a car)*

1. Warum sind Kathrin und Markus in die Innenstadt gezogen?

_____ a. Die Wohnstraße hat ihnen sehr gefallen.

_____ b. Wohnungen waren dort billig.

_____ c. Dort konnten sie frische Luft und Ruhe genießen.

2. Was, meint Kathrin, ist ein großer Vorteil der Wohnstraße?

_____ a. Die Autos können jetzt schnell durchfahren.

_____ b. Man kann überall Parkplätze finden.

_____ c. Es ist nicht mehr so gefährlich für Fußgänger.

3. Was sagt Kathrin über die Anwohner der Wohnstraße?

_____ a. Sie sind unfreundlich.

_____ b. Kathrin kennt sie gar nicht.

_____ c. Sie sind gute Nachbarn.

4. Warum geben Kathrin und Markus eine Party?

_____ a. Sie feiern die Einweihung der Wohnstraße.

_____ b. Sie wollen, dass Herr Meyer ihre Nachbarn kennen lernt.

_____ c. Ihre Nachbarin nebenan hat Geburtstag.

5. Was, meint Markus, ist ein Nachteil der Wohnstraße?

_____ a. Es gibt zu viele Garagen.

_____ b. Es gibt zu wenig Parkplätze.

_____ c. Es gibt zu viele Partys.

■ Der Bergarbeiter, von Heinrich Böll

Die Geschichte befindet sich auf Seite 235. Hören Sie zu. Sprechen Sie nicht nach.

D. Richtig oder falsch? Sie hören jetzt sieben Aussagen zu Bölls Kurzgeschichte „Der Bergarbeiter". Kreuzen Sie **R** an, wenn die Aussage richtig ist, und **F**, wenn sie falsch ist. Sie hören jeden Satz zweimal.

1. _____ R   _____ F

2. _____ R   _____ F

3. _____ R   _____ F

4. _____ R   _____ F

5. _____ R   _____ F

6. _____ R   _____ F

7. _____ R   _____ F

Das Kartoffellied und weitere Texte

■ Kartoffellied, von Anni Becker

Das Lied befindet sich auf Seite 232 und 233. Hören Sie zu. Sprechen Sie nicht nach.

■ Das Allgäu ruft eine dosenfreie Zone aus

Der Text befindet sich auf Seite 220. Hören Sie zu. Sprechen Sie nicht nach.

■ Wüsten werden wachsen

Der Text befindet sich auf Seite 223. Hören Sie zu. Sprechen Sie nicht nach.

■ „Umweltschutz geht jeden an"

Der Text befindet sich auf Seite 226. Hören Sie zu. Sprechen Sie nicht nach.

Mündliche Übungen

Name _____   Datum _____

Sie hören jetzt mündliche Übungen. Für diese Übungen haben Sie keinen Text. Folgen Sie den mündlichen Anweisungen° der Sprecher.   *instructions*

Kapitel 1

A. An der Uni. Frank tells about his day at the university in Marburg. You are surprised at some of the things he does. Say **Wirklich?** Then ask Frank why he does them. Use the **du**-form, as in the model.

▷ Ich stehe schon um sieben auf.   *Wirklich? Warum stehst du schon um sieben auf?*

B. Reiseführer. Help a tourist in Bonn by giving directions from the Beethovenhalle to the Hauptbahnhof. The cues you hear are in the informal imperative. Restate in the formal imperative (**Sie**-form), as in the model.

▷ Geh am Fluss entlang!   *Gehen Sie am Fluss entlang!*

C. Vorbereitungen. You are coordinating plans for the German club party. Several members ask if they should do certain things. Tell them they should. Use informal imperatives, as in the model.

▷ Soll ich das Essen vorbereiten?   *Ja, bereite das Essen vor!*

D. Urlaubspläne. A friend asks about your and Inge's vacation plans. Answer using the appropriate modal, as in the model.

▷ Möchtest du in die Berge fahren?   *Ja, ich möchte in die Berge fahren.*

E. Im Park. Yesterday, you accompanied Petra to the park where she always walks her dog. You made a few observations. Tell a friend how Petra treats her dog, which is fairly typical in Germany. Use a form of **lassen,** as in the model. You will hear two new words:

  die Leine: leash   *der Strand:* beach

▷ Der Hund darf ohne Leine laufen.   *Petra lässt den Hund ohne Leine laufen.*

F. Sommerferienpläne. You and Sylvia are discussing your summer plans. Restate your conversation in the future tense, as in the model.

▷ Fährst du mit deiner Familie nach Deutschland?   *Wirst du mit deiner Familie nach Deutschland fahren?*

G. Frag nicht so viel! Sigrid asks you questions about other students. After each question she suggests a possible answer. Say that she is probably right. Use the future tense with the word **wohl** to express present probability, as in the model.

▷ Worüber schreibt Jürgen? Über Politik?   *Ja, er wird wohl über Politik schreiben.*

A. Ein komischer Kerl. While walking in a park, you observed a man who was dressed somewhat strangely. Tell a friend about it. You will hear sentences in the present tense. Restate in the simple past, as in the model.

▷ Ein Mann sitzt auf einer Bank im Park.   *Ein Mann saß auf einer Bank im Park.*

B. Wer kann helfen? Tell about your attempts to help a friend. You will hear sentences in the present tense. Restate in the simple past tense, as in the model.

▷ Mein Freund kann seine Arbeit nicht allein machen.   *Mein Freund konnte seine Arbeit nicht allein machen.*

C. Kurze Gespräche. You will hear some short conversations in the present tense. Restate them in the past, using the present perfect, as in the model.

▷ Was bekommst du zum Geburtstag?   *Was hast du zum Geburtstag bekommen?*

D. Das hatte ich schon gemacht. Mark asks why you and your friends didn't participate in certain activities a few days ago. Say you had already done those things last week. Use the past perfect tense, as in the model.

▷ Warum bist du gestern nicht ins Kino gegangen?   *Ich war letzte Woche ins Kino gegangen.*

E. Sommerabend. Last night was a beautiful summer evening. Tell what you saw and heard. You will hear two sentences. One describes what was happening. The other states whether you heard or saw it. Combine the sentences, as in the model.

▷ Die Kinder spielten im Garten. Ich sah sie.   *Ich sah sie im Garten spielen.*

F. Kleine Probleme. Julia tells about some problems Eva has at a staff meeting of the school newspaper. Say that this has always been true of Eva. Use the present perfect tense of the modals, as in the model.

▷ Eva kann uns am Nachmittag nicht helfen.   *Eva hat uns nie helfen können.*

Kapitel 3

A. Freunde. Someone gives you information about Frank and Jutta. Emphasize that Jutta does something other than Frank. Begin the clause about Jutta with **aber,** as in the model.

▷ Der Student heißt Frank. Seine *Der Student heißt Frank, aber seine*
Freundin heißt Jutta. *Freundin heißt Jutta.*

B. Am Wochenende. Tell why Dieter and Jürgen are doing certain things. Begin the sentences with **weil,** as in the model.

▷ Warum spielen Dieter und Jürgen *Weil ihre Freunde zu Hause bleiben.*
allein Tennis? Ihre Freunde bleiben
zu Hause.

C. Wie bitte? During a question-answer period after a lecture by a famous author, a person in the back of the room asks some questions. Unfortunately, he can't be heard. Act as go-between and repeat what he said. Begin your sentences with **Er möchte wissen,** as in the model.

▷ Wie heißt Ihr Buch? *Er möchte wissen, wie Ihr Buch*
heißt.

D. Was ist passiert? While waiting for Alexander in a café, you saw a strange meeting between a man and a woman. You tell Alexander, but he doesn't believe you. Insist that it happened. Begin each sentence with **Ich bin sicher, dass ...,** as in the model.

▷ Die Frau ist ins Café gekommen. *Ich bin sicher, dass die Frau ins Café*
gekommen ist.

E. Vielleicht nach Griechenland. Helmut wants to know how you feel about going to Greece. Answer his questions, using **zu** plus the infinitive, as in the model.

▷ Hast du vor eine Reise zu machen? *Ja, ich habe vor eine Reise zu*
machen.

F. In Paris. Mr. Bader often goes to Paris. Katharina thinks she knows what he normally does when he arrives there. Answer her questions and say that she is right, as in the model. Be sure to use the correct order of adverbs, time, manner, place.

▷ Wie oft fährt Herr Bader nach *Ja, er fährt einmal im Monat*
Frankreich? Einmal im Monat? *nach Frankreich.*

G. Willst du doch noch etwas wissen? A friend asks you about your life at college. Answer in the negative, as in the model. Use **nicht** in the proper place.

▷ Arbeitest du viel? *Nein, ich arbeite nicht viel.*

A. Wünsche. You and Jutta are looking at a catalog. Jutta says what she would like. Tell her you think a different one is nicer. Use a form of **dieser,** as in the model.

▷ Ich möchte die Küchenuhr da.　　　　*Ich finde diese Küchenuhr schöner.*

B. So viele Geschenke. Inge is surprised at all the things you got for your birthday. As she names them, tell her your mother gave them to you. Begin the sentence with a demonstrative pronoun that refers to the thing named, as in the model.

▷ Von wem ist die Jacke?　　　　*Die hat mir meine Mutter gegeben.*

C. Alles von den Eltern. Stefan wonders who gave you various things. Say your parents gave them to you. Use a personal pronoun to refer to the items, as in the model.

▷ Von wem hast du die Jacke?　　　　*Ich habe sie von meinen Eltern.*

D. Zum Geburtstag. The speaker will name a number of items. Tell Stefan you got them for your birthday. Use a form of **ein,** as in the model.

▷ Jacke　　　　*Zum Geburtstag habe ich eine Jacke bekommen.*

E. Beim Packen. While packing for a trip, your roommates can't find various belongings. Reassure them that the items are in the closet. Use the appropriate form of the possessive adjective, as in the model.

▷ Wo ist meine Tasche?　　　　*Deine Tasche? Im Schrank.*
　 Wo sind unsere Jacken?　　　　*Eure Jacken? Im Schrank.*

F. Reisevorbereitungen. You are traveling to Dresden with the Schmidts. Frau Schmidt is checking to see whether everyone has packed the crucial items. Answer her questions, using the appropriate form of the possessive adjective that agrees with the subject, as in the model.

▷ Hast du einen Kamm eingepackt?　　　　*Ja, ich habe meinen Kamm eingepackt.*

G. Wie lange? Marcel thinks he knows how long various activities lasted. Say that he is correct and emphasize they lasted the entire time, as in the model.

▷ Hat der Ausflug einen Morgen gedauert?　　　　*Ja, der Ausflug hat den ganzen Morgen gedauert.*

Kapitel 5

A. Geburtstagsgeschenke. You have a tentative birthday gift list for a year. Ulrich is looking at it and asking whether you are really giving those things. The people receiving the gift are in dative case, as in the model.

▷ Was schenkst du deinem Freund Thomas? Ein Bild?
Ja, ich schenke meinem Freund Thomas ein Bild.

B. Verrückte Ideen! Seven-year-old Claudia is eager to help you think of ways to spend your hard-earned money. Tell her that her ideas are crazy. Begin your response with **Unsinn** and use indirect-object pronouns, as in the model.

▷ Kauf deiner Schwester eine Bluse!
Unsinn! Ich kaufe ihr doch keine Bluse.

C. Schenkst du das denen? Christoph is looking at your gifts with the name tags attached and expresses surprise at your choices. Assure him those are your gifts. Begin with **Ja** and use a pronoun to refer to the gifts. These are direct-object pronouns in the accusative and hence precede the dative nouns. Follow the model.

▷ Schenkst du deinem Neffen diese Briefmarken?
Ja, ich schenke sie meinem Neffen.

D. Erik ist es nicht. Martina has Erik on her mind. In all her questions she wants to know whether Erik is the person or someone else. Each time, say it is the other person Martina names, as in the model.

▷ Ist Anna Erik oder ihrem Professor in der Stadt begegnet?
Anna ist ihrem Professor begegnet.

E. Die Familie. A friend wants to tell you some things about his family. However, he is just learning German and is having trouble with the dative prepositions. Help him out by telling him which of the two choices he should use, as in the model.

▷ Wohin fährt meine Mutter jeden Tag? Zur Arbeit oder bei der Arbeit?
Zur Arbeit.

F. Was weißt du über Pia? Anja knows a few things about your friend Pia but she wants to know more. Tell her what she wants to know, as in the model. Note that the adjectives are used with the dative case.

▷ Pia ist ihrem Vater dankbar. Und wie ist es mit ihrer Mutter?
Sie ist auch ihrer Mutter dankbar.

A. Neue Erfahrungen. An exchange student has rented a room and asks you where to go for certain things. He suggests two possibilities. Because his German is shaky, only one of the possibilities is logical. Tell him which it is, as in the model.

▷ Wo kann ich Sportschuhe kaufen?   *Im Warenhaus.*
    Auf der Post oder im Warenhaus?

B. Wie bitte? You are talking to Marta at a party but cannot hear the crucial part of her statement because of the noise. Ask her to repeat her statement, as in the model. Use a **wo-**compound or a preposition plus a pronoun as appropriate.

▷ Inge denkt nur an ihr Studium.   *Woran denkt sie?*
    Jürgen denkt nur an Inge.   *An wen denkt er?*

C. Neue Nachbarn. Jens is curious about your new neighbors. Confirm his assumptions, as in the model. Begin your answer with **Ja** and use a **da-**compound or a preposition plus a pronoun as appropriate. Follow the model.

▷ Weißt du viel über ihre Wohnung?   *Ja, ich weiß viel darüber.*
    Weißt du viel über die Leute?   *Ja, ich weiß viel über sie.*

D. In Zürich. You and Barbara are visiting Zürich. Ask if she has the addresses of the places you are trying to find. Use the genitive, as in the model.

▷ Wo ist das Café?   *Hast du die Adresse des Cafés?*

E. Ach so. Christel is telling you how various people hope to spend their vacations. Although you are not very interested, maintain the conversation politely by asking if that is really so. Begin your response with **So?**, as in the model.

▷ Mein Vater will in die Alpen.   *So? Ist das der Plan deines Vaters?*

F. Beim Umziehen. Your club is breaking up for the summer. Dieter is trying to remember whose things are left and he asks you for confirmation. Say you don't know. Begin your response with **Vielleicht,** and follow the model.

▷ Ist das Dieters Lampe?   *Vielleicht. Ich weiß nicht, wessen*
                                          Lampe das ist.

G. Der Geburtsort. Tanja is asking you about your visit to relatives in Europe. She thinks she knows the answers and asks for confirmation. Say that she is right by repeating the confirmation, as in the model. All the confirmations have a preposition governing the genitive case.

▷ Wann fährst du nach Europa?   *Ja, während des Sommers.*
    Während des Sommers?

Kapitel 7

A. Sarah erzählt. Sarah is giving you a brief tour of her hometown. However, her sentences seem somewhat disjointed. Combine each pair of her sentences, as in the model. Use the adjective in the second sentence to modify the appropriate noun in the first.

▷ Ich lebe in einer Kleinstadt.   *Ich lebe in einer alten Kleinstadt.*
   Die Kleinstadt ist alt.

B. Telefonnummern. Frau Winkler is new on the job and asks you for some information. Respond that you have the telephone numbers she needs, as in the model. Begin your response with **Ja, ich habe die Nummer,** followed by the genitive forms.

▷ Kennen Sie ein billiges Gasthaus?   *Ja, ich habe die Nummer eines*
                                          billigen Gasthauses.

C. Das schmeckt gut. Say that the following foods and drinks taste good or are good, under certain conditions. Repeat the first sentence, modifying the noun with the adjective you hear in the following sentence or phrase, as in the model. Note that these are unpreceded adjectives.

▷ Brötchen schmecken gut. Wenn sie   *Frische Brötchen schmecken gut.*
   frisch sind.

D. Besser, mehr, lieber. You will hear a statement followed by a short question. Answer using the comparative, as in the model.

▷ Ulla trinkt gern Milch. Und Limonade?   *Limonade trinkt sie lieber.*

E. Besuch in Konstanz. You're showing some friends around Konstanz. They ask you a number of questions. Say you'll show them something even larger, cheaper, etc., as in the model.

▷ Ist das ein sehr großer Supermarkt?   *Ja, aber ich zeige euch einen viel*
                                          größeren.

F. Weiteres aus Konstanz. In showing your friends around Konstanz you tell them you will show them the oldest, the most elegant, etc. tomorrow, as in the model.

▷ Ist das eine sehr alte Kirche?   *Ja, aber morgen zeige ich euch die*
                                          älteste in der Stadt.

G. Mehr, am meisten. You will hear a statement followed by a short question. Answer using the superlative, as in the model.

▷ Ulla trinkt lieber Limonade als Milch. *Kaffee trinkt sie am liebsten.*
   Und Kaffee?

A. Faule Ausreden. You are about to play a critical tennis match. Express the wish that conditions were different. Use the present-time subjunctive II in your sentences, as in the model.

▷ Es ist furchtbar heiß.   *Wenn es nur nicht so furchtbar heiß*
                                            wäre!

B. So wäre es höflicher. You will hear a number of statements or questions. Repeat each one but soften the tone by using the present-time subjunctive II of the modal, as in the model.

▷ Du sollst deine Großmutter besuchen.   *Du solltest deine Großmutter*
                                            besuchen.

C. Wir hätten's anders gemacht. The German club picnic was a flop. Insist your group would have done things differently. Use the past-time subjunctive II in your sentences, as in the model.

▷ Hoffentlich bringen sie genug zu   *Wir hätten genug zu essen*
essen mit.   *mitgebracht.*

D. Ein Unfall. Chris has had a car accident. Torsten, with marvelous hindsight, tells him how he could have avoided it. Take Torsten's role and restate the sentences in the past-time subjunctive, as in the model.

▷ Du musst schneller reagieren.   *Du hättest schneller reagieren*
                                           müssen.

E. So bin ich nicht. Cornelia thinks you and Ingrid are alike in many ways. Reject this notion, saying that there are things Ingrid does that you would not do. Use the **würde**-construction, as in the model.

▷ Ingrid schläft jeden Nachmittag.   *Ich würde nicht jeden Nachmittag*
                                           schlafen.

F. Etwas höflicher. You will hear a number of commands. Restate the commands as polite requests. Use the **würde**-construction, as in the model.

▷ Warten Sie bitte einen Augenblick!   *Würden Sie bitte einen Augenblick*
                                           warten?

G. Wenn du nur anders wärest! On an exchange program in Germany you share a room with a friend who has habits you don't like. Tell your roommate how you would like things changed, as in the model. Begin your sentence with **Ich wollte** and use a **würde**-construction.

▷ Du machst morgens so viel Lärm.   *Ich wollte, du würdest morgens*
                                       nicht so viel Lärm machen.

Name _____ Datum _____

Kapitel 9

A. Gesundheit. You have missed classes recently because of a cold and are discussing the situation with Felix. Felix makes a comment and then asks about you or a friend. All the sentences contain reflexive pronouns. Answer Felix's questions, as in the model. Remember to change the reflexive pronoun in your response.

▷ Jessica hat sich letzte Woche erkältet. Und du?   *Ich habe mich auch letzte Woche erkältet.*

B. Eine Bestellung. You and several friends have decided to purchase some items from a mail-order catalog. Various people say what they would like. You then say they will order those items. Use a dative reflexive pronoun, as in the model.

▷ Ich möchte eine Sportuhr.   *Ich bestelle mir eine Sportuhr.*

C. Furchtbar interessant! Five-year-old Hans gives you a blow-by-blow description of his early morning activities. Even though his ritual is not exciting, show interest by repeating his statements. Begin your response with **So,** as in the model.

▷ Ich wasche mich nach dem Frühstück.   *So. Du wäschst dich nach dem Frühstück.*

D. Ein Zufall. Karsten is telling you about his relatives' hobbies. Express your surprise that some of your relatives have the same hobbies. Begin your response with **Wirklich?** and use a relative clause, as in the model. The relative pronoun is in the nominative case.

▷ Meine Tante Lydia sammelt silberne Löffel.   *Wirklich? Ich habe auch eine Tante, die silberne Löffel sammelt.*

E. Woher? Marta wants to know where you got all your new purchases. Explain that you bought them on your last trip. Use a relative clause, as in the model. The relative pronoun is in the accusative case.

▷ Wo hast du das interessante Buch her?   *Oh, das ist das Buch, das ich auf meiner Reise gekauft habe.*

F. Wo bleiben sie denn? Barbara asks you where certain people are. You respond, "Oh, the one I'm supposed to be helping?" Use a relative clause, as in the model, with a relative pronoun in the dative.

▷ Du, wo ist der Student?   *Oh, der Student, dem ich helfen soll?*

G. Wie bitte? You join a group of friends for lunch. They are in the middle of a conversation. Ask Doris if she is acquainted with the people or things they're discussing. Begin your question with **Kennst du?** and use the preposition **von** with a relative pronoun, as in the model.

▷ Die Geschichte hat ein tragisches Ende.   *Kennst du die Geschichte, von der sie sprechen?*

A. Hausarbeit. Franziska asks who does what around the house. She has an idea who it might be and wonders if she is right. Agree that her suppositions are correct. Use the passive voice, as in the model.

▷ Von wem wird die Gartenarbeit *Ja, die Gartenarbeit wird von mir*
gemacht? Von dir? *gemacht.*

B. Ein Unfall. Someone tells you about an accident. Repeat the sentence in the present perfect tense of the passive, as in the model.

▷ Ein Mann wurde verletzt. *Ein Mann ist verletzt worden.*

C. Es muss noch gemacht werden. You are leaving for a trip and your parents are checking to see if everything has been taken care of. Admit that everything still needs to be done. Use a modal plus a passive infinitive, as in the model.

▷ Sind die Betten schon gemacht? *Nein, die Betten müssen noch*
gemacht werden.

D. In einem anderen Land. Paul is new in Hannover. Tell him about life in Germany. Restate the sentences you hear using the subject **man,** as in the model.

▷ Sonntags wird nicht gearbeitet. *Sonntags arbeitet man nicht.*

E. Ein Ferienjob. Tell a friend what Lore said about the conditions at a resort where she worked during the summer. Begin with **Lore sagte** and use the present-time subjunctive II to express indirect discourse in present time, as in the model.

▷ Man verdient gut. *Lore sagte, man verdiente gut.*

F. Noch ein Ferienjob. This time Alex tells about his experiences at a resort where he worked during the summer. His experiences are not the same as Lore's. Tell a friend what Alex said. Begin with **Alex sagte,** but this time use present-time subjunctive I to express indirect discourse in the present time, as in the model.

▷ Man verdient nicht gut. *Alex sagte, man verdiene nicht gut.*

G. Urlaub in Deutschland. Tell Ernst what your friend Erika said about her trip to Berchtesgaden. Begin with **Erika sagte** and use the past-time subjunctive II to express indirect discourse in past time, as in the model.

▷ Wir waren letztes Jahr in Deutschland. *Erika sagte, sie wären letztes Jahr in*
Deutschland gewesen.

Pronunciation Guide

Pronunciation Guide

Stress

Nearly all native German words are stressed on the *stem syllable,* that is, the first syllable of the word, or the first syllable that follows an unstressed prefix.

Without prefix

den'ken   to think, consider

kom'men   to come

With unstressed prefix

beden'ken   to think over

entkom'men   to escape

Vowels

German has short vowels, long vowels, and diphthongs. The short vowels are very short, and are never "drawled" as they often are in English. The long vowels are monophthongs ("steady-state" vowels) and not diphthongs (vowels that "glide" from one vowel sound toward another). The diphthongs are similar to English diphthongs except that they, like the short vowels, are never drawled. Compare the English and German vowels in the words below.

English (with off-glide)

bait

vein

tone

boat

German (without off-glide)

Beet

wen

Ton

Boot

Spelling as a reminder of vowel length

By and large, the German spelling system clearly indicates the difference between long and short vowels. German uses the following types of signals:

1. A vowel is long if it is followed by an **h** (unpronounced): **ihn, stehlen, Wahn.**
2. A vowel is long if it is double: **Beet, Saat, Boot.**
3. A vowel is generally long if it is followed by one consonant: **den, kam, Ofen, Hut.**
4. A vowel is generally short if it is followed by two or more consonants: **denn, Sack, offen, Busch, dick.**

Pronunciation of vowels

■ *Long and short a*

Long [ā] = **aa, ah, a** (**Saat, Bahn, kam, Haken**): like English *a* in *spa*, but with wide-open mouth and no off-glide.

Short [a] = **a** (**satt, Bann, Kamm, Hacken**): between English *o* in *hot* and *u* in *hut*.

[ā]	[a]
Bahn	Bann
kam	Kamm
Staat	Stadt
Schlaf	schlaff
lahm	Lamm

■ *Long and short* e

Long [ē] = e, ee, eh, ä, äh (wen, Beet, fehlen, gähnt): like *ay* in English *say*, but
with exaggeratedly spread lips and no off-glide.

Short [e] = e, ä (wenn, Bett, fällen, Gent): Like *e* in English *bet*, but more clipped.

[ē]	[e]
beten	Betten
Weg	weg
stehlt	stellt
Reeder	Retter
fehle	Fälle

■ *Unstressed* [ə] *and* [ər]

Unstressed [ə] = e (bitte, endet, gegessen): like English *e* in *begin, pocket*.

Unstressed [ər] = er (bitter, ändert, vergessen): When the sequence [ər] stands at
the end of a word, before a consonant, or in an unstressed prefix,
it sounds much like the final -*a* in English *sofa*; the -*r* is not
pronounced.

[ən]	[ə]	[ər]
bitten	bitte	bitter
fahren	fahre	Fahrer
denken	denke	Denker
fehlen	fehle	Fehler
besten	beste	bester

■ *Long and short* i

Long [ī] = ih, ie (ihn, Miete, liest): like *ee* in *see*, but with exaggeratedly spread
lips and no off-glide.

Short [i] = i (in, Mitte, List): like *i* in *mitt*, but more clipped.

[ī]	[i]
bieten	bitten
Bienen	binnen
stiehlt	stillt
riet	ritt
ihn	in

■ *Long and short* o

Long [ō] = oh, o, oo (Moos, Tone, Ofen, Sohne): like English *o* in *so*, but with
exaggeratedly rounded lips and no off-glide.

Short [o] = o (Most, Tonne, offen, Sonne): like English *o* often heard in the word
gonna.

[ō]	[o]
Moos	Most
bog	Bock
Schote	Schotte
Ofen	offen
Tone	Tonne

■ *Long and short u*

Long [ū] = **uh, u (Huhne, schuf, Buße, Mus)**: like English *oo* in *too*, but with more lip rounding and no off-glide.

Short [u] = **u (Hunne, Schuft, Busse, muss)**: like English *u* in *bush*, but more clipped.

[ū]	[u]
Mus	muss
Buhle	Bulle
Buße	Busse
Stuhle	Stulle
tun	Tunnel

■ *Diphthongs*

[ai] = **ei, ai, ey, ay (nein, Kaiser, Meyer, Bayern)**: like English *ai* in *aisle*, but clipped and not drawled.

[oi] = **eu, äu (neun, Häuser)**: like English *oi* in *coin*, but clipped and not drawled.

[au] = **au (laut, Bauer)**: like English *ou* in *house*, but clipped and not drawled.

[ai]	[oi]	[au]
nein	neun	Maus
heiser	Häuser	Haus
Seile	Säule	Sauna
Eile	Eule	Aula
leite	Leute	Laute

■ *Long and short ü*

Long [ǖ] = **üh, ü (Bühne, kühl, lügen)**: To pronounce long [ǖ], keep your tongue in the same position as for long [ī], but round your lips as for long [ū].

Short [ü] = **ü (Küste, müssen, Bünde)**: To pronounce short [ü], keep your tongue in the same position as for short [i], but round your lips as for short [u].

[ǖ]	[ü]
Füße	Füssen
büßte	Büste
Mühle	Müll
Düne	dünne
Hüte	Hütte
fühlen	füllen

■ *Long and short ö*

Long [ȫ] = **ö, öh (Höfe, Löhne, Flöhe)**: To pronounce long [ȫ], keep your tongue in the same position as for long [ē], but round your lips as for long [ō].

Short [ö] = **ö (gönnt, Hölle, Knöpfe)**: To pronounce short [ö], keep your tongue in the same position as for short [e], but round your lips as for short [o].

[ȫ]	[ö]
König	können
Höhle	Hölle
Öfen	öffnen
lösen	löschen
fröhlich	Frösche

Consonants

Most of the German consonant sounds are similar to English consonant sounds. There are four major differences.

1. German has two consonant sounds without an English equivalent: [x] and [ç]. Both are spelled **ch.**
2. The German pronunciation of [l] and [r] differs from the English pronunciation.
3. German uses sounds familiar to English speakers in unfamiliar combinations, such as [ts] in an initial position: **zu.**
4. German uses unfamiliar spellings of familiar sounds.

■ The letters *b, d,* and *g*

The letters **b, d,** and **g** generally represent the same consonant sounds as in English. German **g** is usually pronounced like English *g* in *go.* When the letters **b, d,** and **g** occur at the end of a syllable, or before an **s** or **t,** they are pronounced like [p], [t], and [k] respectively.

b = [b] **(Diebe, gaben)**   b = [p] **(Dieb, Diebs, gab, gabt)**
d = [d] **(Lieder, laden)**   d = [t] **(Lied, Lieds, lud, lädt)**
g = [g] **(Tage, sagen)**   g = [k] **(Tag, Tags, sag, sagt)**

[b]	[p]	[d]	[t]	[g]	[k]
graben	Grab	finden	fand	Tage	Tag
gaben	gab	Hunde	Hund	Wege	Weg
Staube	Staub	senden	Sand	trugen	trug
hoben	hob	baden	Bad	Kriege	Krieg

■ The letter *j*

The letter **j** = [j] **(ja, jung, jeder, Januar):** represents the sound *y* as in English *yes.*

■ The letter *k*

The letter **k** = [k] **(Keller, kommen, buk, nackt, Lack):** represents the same sound as the English *k* sound.

■ The letter *l*

English [l] typically has a "hollow" sound to it. When an American pronounces [l], the tongue is usually "spoon-shaped": It is high at the front (with the tongue tip pressed against the gum ridge above the upper teeth), hollowed out in the middle, and high again at the back. German [l] **(viel, Bild, laut)** never has the "hollow" quality. It is pronounced with the tongue tip against the gum ridge, as in English, but with the tongue kept flat from front to back. Many Americans use this "flat" [l] in such words as *million, billion,* and *William.*

[l]
wild
schmelzen
kalte
wollte
laut
Lied

■ *The letter* **r**

German [r] can be pronounced in two different ways. Some German speakers use a "tongue-trilled [r]," in which the tip of the tongue vibrates against the gum ridge above the upper teeth—like the *rrr* that children often use in imitation of a telephone bell or police whistle. Most German speakers, however, use a "uvular [r]," in which the back of the tongue is raised toward the uvula, the little droplet of skin hanging down in the back of the mouth.

You will probably find it easiest to pronounce the uvular [r] if you make a gargling sound before the sound [a]: **ra.** Keep the tip of your tongue down and out of the way; the tip of the tongue plays no role in the pronunciation of the gargled German [r].

 r = [r] + vowel **(Preis, fragt, kriechen, Jahre, fahren, rufen, Rose):** When German [r] is followed by a vowel, it has the full "gargled" sound.

r = vocalized [r] **(Tier, Uhr, Tür):** When German [r] is not followed by a vowel, it tends to become "vocalized," that is, pronounced like the vowel-like glide found in the final syllable of British English *hee-uh* (here), *thay-uh* (there).

[r] + vowel	vocalized [r]
Tie**r**e	Tier
Paa**r**e	Paar
fah**r**e	fahr
Klavie**r**e	Klavier
schwe**r**e	schwer

■ *The letters* **s, ss, ß**

 s = [s] **(sehen, lesen, Gänse):** Before a vowel, the letter **s** represents the sound [s], like English *z* in *zoo.*

s = [s] **(das, Hals, fast):** In most other positions, the letter **s** represents the sound [s], like English *s* in *so.*

ss, ß = [s] **(wissen, Flüsse, weiß, beißen, Füße):** The letters **ss** and **ß** (called **ess-tsett**) are both pronounced [s]. When they are written between vowels, the double letters **ss** signal the fact that the preceding vowel is short, and the single letter **ß** signals the fact that the preceding vowel is long (or a diphthong).

[s]	[s]	[s]
Sahne	reisen	reißen
sehen	heiser	heißer
Seile	Kurse	Kurs
sieht	weisen	weißen
Sonne	Felsen	Fels

■ *The letter* **t**

 t = [t] **(Tag, Tasse, Seite, Butter, tut):** The letter **t** is pronounced like English [t].

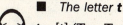

[d]	[t]
hindern	hinter
Sonde	sonnte
Seide	Seite
Boden	Boten
Mieder	Mieter

■ The cluster *th*

th = [t] (**Thomas, Theater, Kathode, Mathe, pathetisch**): In the cluster **th**, the **h** is silent.

■ The letter *v*

v = [f] (**Vater, viel, voll, aktiv, naiv**): The letter **v** is generally pronounced like English [f] as in *father*.

v = [v] (**Vase, Vokabeln, Vitamine, November, Universität**): In words of foreign origin, the letter **v** is pronounced [v].

■ The letter *w*

w = [v] (**wann, Wagen, Wein, wohnen, Möwe, Löwe**): Many centuries ago, German **w** (as in **Wein**) represented the sound [w], like English *w* in *wine*. Over the centuries, German **w** gradually changed from [w] to [v], so that today the **w** of German **Wein** represents the sound [v], like the *v* of English *vine*. Standard German no longer has the sound [w]. The letter **w** always represents the sound [v].

[f]	[v]
Vater	Wasser
Vieh	wie
vier	wir
voll	Wolle
Volk	Wolke

■ The letter *z*

z = final and initial [ts] (**Kranz, Salz, reizen, heizen, Zahn, zu, Zeile**): The letter **z** is pronounced [ts], as in English *rats*. In English, the [ts] sound occurs only at the end of a syllable; in German, [ts] occurs at the beginning as well as at the end of a syllable.

[s̩]	[ts]
Sohne	Zone
Sahne	Zahn
sehen	zehn
soll	Zoll
sieht	zieht
reisen	reizen
heiser	Heizer

■ The consonant clusters *gn, kn, pf, qu*

To pronounce the consonant clusters **gn, kn, pf, qu** correctly, you need to use familiar sounds in unfamiliar ways.

gn: pronunciation is [gn]   **pf:** pronunciation is [pf]
kn: pronunciation is [knl   **qu:** pronunciation is [kv]

gn = [gn-] (**Gnade, Gnom, gnädig**)

kn = [kn-] (**Knie, Knoten, Knopf, knapp, Knochen**)

pf = [pf-] (**Pfanne, Pflanze, Pfeffer, Pfeife, Kopf, Knöpfe**)

qu = [kv-] (**quälen, Quarz, quitt, Quiz, Qualität**)

■ The combination *ng*

ng = [ŋ] (**Finger, Sänger, Ding, Junge, singen, Hunger**): The combination **ng** is pronounced [ŋ], as in English *singer*. It does not contain the sound [g] that is used in English *finger*.

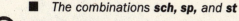

■ *The combinations* **sch, sp,** *and* **st**

sch = [š] (Schiff, waschen, Fisch, Schule, Kirsche)

sp = [šp] (Spaten, spinnen, Sport, spielen, springen)

st = [št] (Stein, Start, stehlen, Stücke, streng)

Many centuries ago, both German and English had the combinations **sp, st, sk,** pronounced [sp], [st], [sk]. Then two changes took place. First, in both languages, [sk] changed to [š], as in English *ship, fish,* and German **Schiff, Fisch.** Second, in German only, word-initial [sp-] and [st-] changed to [šp-] and [št-]. The *sp* in English *spin* is pronounced [sp-], but in German **spinnen** it is pronounced [šp-]. The *st* in English *still* is pronounced [st-], but in German still it is pronounced [št-]. Today, German **sch** always represents [š] (like English *sh,* but with more rounded lips); **sp-** and **st-** at the beginning of German words or word stems represent [šp-] and [št-].

■ *The letters* **ch**

The letters **ch** are usually pronounced either [x] or [ç]. The [x] sound is made in the back of the mouth where [k] is produced.

If you have ever heard a Scotsman talk about "Lo*ch* Lomond," you have heard the sound [x]. The sound [x] is produced by forcing air through a narrow opening between the back of the tongue and the back of the roof of the mouth (the soft palate). Notice the difference between [k], where the breath stream is stopped in this position and [x], where the breath stream is forced through a narrow opening in this position.

To practice the [x] sound, keep the tongue below the lower front teeth and produce a gentle gargling sound, without moving the tongue or lips. Be careful not to substitute the [k] sound for the [x] sound.

 ch = [x] (Sache, hauchen, pochen, Buch)

[k]	[x]
Sack	Sache
Hauke	hauchen
pocken	pochen
buk	Buch

The [ç] sound is similar to that used by many Americans for the *h* in such words as *hue, huge, human.* It is produced by forcing air through a narrow opening between the front of the tongue and the front of the roof of the mouth (the hard palate). Notice the difference between [š], where the breath stream is forced through a wide opening in this position and the lips are rounded, and [ç], where the breath stream is forced through a narrow opening in this position and the lips are spread.

To practice the [ç] sound, round your lips for [š], then use a slit-shaped opening and spread your lips. Be careful not to substitute the [š] sound for [ç].

 ch = [ç] (mich, ficht, Kirche, welch, München)

[š]	[ç]
misch	mich
fischt	ficht
Kirsche	Kirche
Welsch	welch
Menschen	München

Note two additional points about the pronunciation of **ch:**

1. **ch** = [x] occurs only after the vowels **a, o, u, au.**
2. **ch** = [ç] occurs only after the other vowels and **n, l,** and **r.**

■ *The combination* **chs**

chs = [ks] **(sechs, Fuchs, Weichsel, Lachs)**

chs = [xs] or [çs] **(Teichs, Brauchs, rauchst)**

The fixed combination **chs** is pronounced [ks] in words such as **sechs, Fuchs,** and **Ochse.** Today, **chs** is pronounced [xs] or [çs] only when the **s** is an ending or part of an ending **(ich rauche, du rauchst; der Teich, des Teichs).**

[x]	[ç]	[ks]
acht	echt	sechs
Buch	Bücher	Büchse
Fach	Fächer	Fuchs
Dach	durch	Dachs
wachen	welche	wachsen
machen	manche	wechseln

■ *The suffix* **-ig**

-ig = [iç] **(Pfennig, König, schuldig):** In final position, the suffix **-ig** is pronounced [iç] as in German **ich.**

-ig = [ig] **(Pfennige, Könige, schuldige):** In all other positions, the **g** in **-ig** has the sound [g] as in English *go.*

[iç]	[ig]
Pfennig	Pfennige
König	Könige
schuldig	schuldige
billig	billiger
wenig	weniger

The glottal stop

English uses the glottal stop as a device to avoid running together words and parts of words; it occurs only before vowels. Compare the pairs of words below. The glottal stop is indicated with an *.

an *ice man	a nice man
not *at *all	not a tall
an *ape	a nape

German also uses the glottal stop before vowels to avoid running together words and parts of words.

Wie *alt *ist *er?
be*antworten
Ich *arbeite *immer *abends.

The glottal stop is produced by closing the glottis (the space between the vocal cords), letting air pressure build up from below, and then suddenly opening the glottis, resulting in a slight explosion of air. Say the word *uh-uh,* and you will notice a glottal stop between the first and second *uh.*

VIDEO WORKBOOK

Kaleidoskop:
Das Video

Name _____ Datum _____

Map of Germany

Deutschland

Wennigstedt
Westerland
Sylt

DÄNEMARK

Ostsee

Nordsee

Helgoland

Kiel ★

SCHLESWIG-
HOLSTEIN

Lübeck

Rostock

Güstrow

MECKLENBURG-VORPOMMERN

HAMBURG
★
Hamburg

Schwerin

Elbe

Oder

POLEN

Bremen ★ BREMEN

NIEDERSACHSEN

Weser

Hannover

Braunschweig

Elbe

Magdeburg

SACHSEN-ANHALT

BERLIN
⊛ Berlin

Potsdam

BRANDENBURG

Spree

Oder

NIEDERLANDE

Gütersloh

NORDRHEIN-
WESTFALEN

Düsseldorf ★

Köln
Rhein
Bonn

Marburg

HESSEN

Erfurt ★

Weimar

THÜRINGEN

Leipzig

Dresden ★

SACHSEN

Elbe

BELGIEN

Frankfurt am Main
★ Wiesbaden
Mainz
Trier

LUXEMBURG

RHEINLAND-
PFALZ

SAARLAND
Saarbrücken

Rhein

Heidelberg

Main

Würzburg

Nürnberg

BAYERN

Regensburg

TSCHECHISCHE
REPUBLIK

FRANKREICH

★ Stuttgart

BADEN-
WÜRTTEMBERG

Donau

München ★

Donau

ÖSTERREICH

Freiburg

Rhein

Bodensee

LIECHTENSTEIN

SCHWEIZ

0   50   100   150 km

0   50   100 mi

Map of Berlin

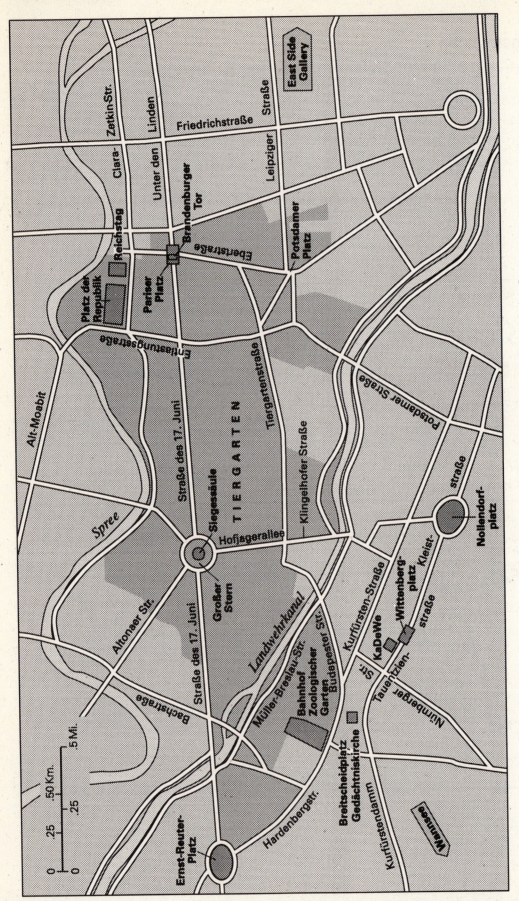

▶ Wichtige Wörter

At the end of each video workbook section is a list of key words from the video
soundtrack and from the printed exercises. The definitions are tailored to the con-
text of the video segment. As you work with *Kaleidoskop: Das Video*, you will
find that many words and expressions occur again and again, especially those that
have to do with watching the video and doing the accompanying activities in this
Video Guide. Below is a list of such words for your reference.

der **Abschnitt, -e** segment,
 section
die **Aktivität, -en** activity
an•geben (i; a, e) to indicate
an•kreuzen to check (off), mark
sich an•schauen to watch, to
 look at
sich an•sehen (sieht; a, e) to
 look at, watch
aus•drücken to express
die **Äußerung, -en** statement,
 remark
die **Aussage, -n** statement
das **Aussehen** appearance
aus•wählen to choose, select
die **Bedeutung, -en** meaning
begründen to give reasons for
der **Beitrag, ̈e** segment, contribution
der **Bericht, -e** report
berichten to report
beschreiben (ie, ie) to describe
die **Beschreibung, -en** description
betrachten to observe
der **Bildschirm, -e** monitor
 screen
das **Bundesland, ̈er** federal
 state of Germany
dar•stellen to represent,
 present
die **Diskussion, -en** discussion

diskutieren to discuss
der **Eindruck, ̈e** impression
der **Einstieg** entry, approach
entscheiden (ie, ie) to decide
entsprechen (i; a, o) to correspond to
erfahren (ä; u, a) to find out
ergänzen to complete, to fill in
die **Ergänzung, -en** completion
erwähnen to mention
der **Grund, ̈e** reason
der **Interviewer, -/die
 Interviewerin, -nen** interviewer
die **Lösung, -en** solution
markieren to mark, to check
merken to notice
nach•denken (dachte, gedacht)
 to reflect
die **Notizen** *(pl.)* notes
nummerieren to number
passen to fit
passend appropriate
passieren [ist] to happen,
 occur
persönlich personally
raten (ä; ie, a) to guess
die **Reihenfolge** order,
 sequence
das **Rollenspiel, -e** role-play
der **Satz, ̈e** sentence
das **Segment, -e** segment

der **Sender, -** TV or radio
 station
die **Sendung, -en** (TV) program
der **Sprecher, -/die Sprecherin,
 -nen** speaker
statt•finden (a, u) to take place
die **Szene, -n** scene
das **Thema, Themen** topic
der **Ton, ̈e** sound
der **Unterschied, -e** difference
vergleichen (i, i) to compare
vervollständigen to complete
der **Videoabschnitt, -e** video
 segment
der **Videobeitrag, -beiträge**
 video segment
der **Vorschlag, ̈e** proposal,
 suggestion
vor•stellen to present
sich vor•stellen to imagine
wählen to choose
wahrscheinlich probably
zeigen to show
zusammen•passen to fit
 together, match
der **Zuschauer, -/die
 Zuschauerin, -nen** viewer
 (TV)

Thema 1   Freizeit

1.1 Urlaub auf der Insel Sylt

Worum geht es hier?

Obwohl Sylt der nördlichste Teil Deutschlands ist, ist diese Insel in der
Nordsee einer der beliebtesten deutschen Sommerurlaubsorte. Die „Königin
der Nordsee" liegt vor dem Westwind geschützt und die Urlauber können
sich an den 40 Kilometer langen Stränden sonnen und im Meer baden. In
diesem Video aus der Sendung *drehscheibe Deutschland* sehen wir den Strand
von Wennigstedt. Und was die Gäste sonst noch im Urlaub machen können,
sehen wir in Westerland, dem wohl größten und vornehmsten Seebad in
Deutschland. Dort ist alles natürlich sehr teuer, wie die Sprecherin am Ende
sagt: „Ohne Moos echt nichts los" auf Sylt *(Without money you can't do anything
on Sylt).*

A. Einstieg

1. Was machen Sie im Sommer gern in Ihrer Freizeit?

   _____

2. Was für Urlaubsorte gibt es bei Ihnen?

   _____

3. Gehen Sie gern schwimmen? Warum (nicht)?

   _____

4. Verbringen Sie Ihre Zeit gern am Meer oder an einem See? Warum (nicht)?

   _____

5. In welchem Bundesland liegt die Insel Sylt?

   _____

▶ 0:10–2:14

B. Der Badeurlaub. Dieser Beitrag zeigt, was die Gäste, ob Erwachsene oder
Kinder, auf Sylt alles machen können. Lesen Sie zuerst die folgenden Sätze.
Sehen Sie sich dann das Video ohne Ton an. Kreuzen Sie an, was Sie sehen.

_____ 1. Ein kleines Mädchen spielt im Sand.

_____ 2. Einige Touristen liegen in Strandkörben und sonnen sich.

_____ 3. Viele Leute gehen am Strand spazieren.

_____ 4. Zwei junge Männer fahren am Strand Motorrad.

_____ 5. Zwei Hände fangen einen großen Wurm.

Kaleidoskop: Das Video **Thema 1** ■ **189**

_____ 6. Kinder stehen um einen Mann herum, der mit einem Spaten im Watt gräbt.

_____ 7. Eine Familie picknickt am Strand.

_____ 8. Im Wellenbad liegt ein Junge auf einem Plastiktier.

_____ 9. Eine Frau lässt sich in heiße Tücher wickeln.

_____ 10. Ein Mann lässt sich in einem türkischen Bad massieren.

_____ 11. Gäste essen in einem Restaurant.

_____ 12. Abends schauen sich die Gäste im Meerkabarett eine Show an.

_____ 13. Junge Leute tanzen in einer Disko.

_____ 14. Eine Frau kauft eine Eintrittskarte an der Kasse des Strandbads.

_____ 15. Touristen gehen die Treppe zum Strand hinunter.

_____ 16. Viele Menschen gehen durch die Fußgängerzone von Wennigstedt.

_____ 17. Touristen kaufen in einer Boutique ein.

▶ 0:10–2:14

C. **Interessantes über Sylt.** Die Sprecherin erzählt viel über Sylt. Sie hören einige Wörter, die speziell mit dem Seebad zu tun haben. Die Bedeutungen finden Sie auf Seite 192. Lesen Sie die Wörter und die folgenden Sätze und sehen Sie sich dann das Video mit Ton an. Ergänzen Sie die Sätze mit den passenden Wörtern.

einwandfrei	Schlick	überprüft
planschen	Strände	Wattwanderung
Schlamm	Strandkorb	Wellenbad

1. Die _____ sind insgesamt über 40 Kilometer lang.

2. Fast ein Muss im Badeurlaub ist die _____.

3. Unter sachkundiger Führung geht es durch den _____.

4. Das ist zwar anstrengend, lohnt sich aber, denn im _____ gibt es viel zu sehen.

5. Meeresblick und Salzwasser hat das neue _____ in Westerland zu bieten.

6. Wer vom _____ genug hat, lässt sich nebenan im so genannten Wellness-Bereich verwöhnen.

7. Das Nordseewasser wird alle 14 Tage durch die Gesundheitsbehörden _____.

8. Bisher immer mit demselben Ergebnis. Es ist _____.

9. Sylt ist teuer. Allein der Gang zum Strand kostet bis zu DM 5,50 (circa 2,75 Euro) täglich. Dazu kommt eine Gebühr für den _____.

D. Inselaktivitäten. Wählen Sie eine Szene und beschreiben Sie sie. Wie sehen die Leute aus? Was machen sie?

_____

_____

_____

E. Diskussion. Im Video haben Sie einige Freizeitbeschäftigungen gesehen, z.B. am Strand wandern, baden, sich sonnen, sich massieren lassen, eine Show im Kabarett anschauen. Aber es gibt auch andere Möglichkeiten, z.B. Rad fahren, windsurfen, segeln, Konzerte, tanzen (Diskos), essen gehen (Restaurants).

1. Nennen Sie zwei positive und zwei negative Seiten eines Urlaubs auf Sylt.

2. Welche zwei Aktivitäten würden Sie auf Sylt am liebsten machen? Warum?

3. Welche Freizeitbeschäftigung würde Sie überhaupt nicht interessieren? Warum nicht?

F. Rollenspiel. Sie und drei Ihrer Freundinnen/Freunde wollen im Sommer zusammen Urlaub machen. Sie und eine Freundin möchten gern auf die Insel Sylt fahren, doch Ihre beiden anderen Freunde sind von der Idee nicht so begeistert. Bilden Sie eine Vierergruppe und diskutieren Sie darüber, welche Vor- und welche Nachteile ein Badeurlaub auf Sylt hat.

▶ Wichtige Wörter

anstrengend strenuous
aus·klingen (a, u) to end
ausreichend sufficient
das Bad, ⸚er resort
baden to swim
der Badeurlaub vacation at a seaside resort
beliebt popular
der Besuch attendance
bisher until now
die Bühne, -n stage
durch·rubbeln to rub thoroughly
echt really
ein·cremen to put on cream
einwandfrei perfect
das Ergebnis, -se result
der/die Erwachsene (noun decl. like adj.) adult
die Freizeitbeschäftigung, -en leisure activity
die Führung, -en guided tour
der Gang walk
die Gebühr, -en charge
die Gesundheitsbehörde, -n health board
graben (ä; u, a) to dig
heulen to cry; **[das ist] zum Heulen** it's enough to make you cry

die Hochsaison high season
insgesamt altogether
das Kleopatra-Bad Cleopatra spa
der Künstler, -/die Künstlerin, -nen artist
sich lohnen to be worthwhile
los happening, going on
massieren to massage
das Meer, -e sea
der Meeresblick ocean view
das Meerkabarett, -s sea cabaret
das Moos (slang) money
das Muss a must, necessity
nebenan next door
nördlichst most northern
die Nordsee North Sea
planschen to splash
ruhen to rest
sachkundig well-informed
das Salzwasser salt water
der Schlamm mud
der Schlick ooze, mud
schützen to protect
der See, -n lake
die See, -n sea
das Seebad, ⸚er seaside resort
segeln to sail
so genannt so-called

sich sonnen to sunbathe
der Spaten, - spade
der Strand, ⸚e beach
das Strandbad, ⸚er beach resort
der Strandkorb, ⸚e wicker beach chair with hood
die Treppe, -n stairs
das Tuch, ⸚er cloth
überhöht exorbitant
überprüfen to examine
der Urlauber, -/die Urlauberin, -nen vacationer
der Urlaubsort, -e vacation spot
verwöhnen to spoil
vornehm elegant, fashionable
das Watt mud flats
die Wattwanderung walk in mud flats
das Wellenbad, ⸚er swimming pool with artificial waves
der Wellness-Bereich wellness area
Wennigstedt city on Sylt
Westerland largest seaside resort on Sylt
wickeln to wrap

Thema 1   Freizeit

1.2 Blade-Night in Berlin

Worum geht es hier?

Für die meisten Menschen ist Inlineskaten ein Sport. Aber einige Menschen
nutzen Rollerskates als Fortbewegungsmittel, statt dem Fahrrad oder dem
Auto. Das kann dann zu Problemen im Straßenverkehr führen, denn die
Skater passen weder auf den Bürgersteig noch auf die Straße. Und oft ärgern
sich entweder die Fußgänger oder die Autofahrer über sie. 1998 fand in Berlin
die erste Blade-Night statt, um dafür zu demonstrieren, dass Skater dieselben
Rechte haben wie Autofahrer. Seitdem finden in Berlin und auch in anderen
Städten Blade-Nights jeden oder jeden zweiten Monat statt. Im Sommer 2000
nahmen 50 000 Menschen an der Blade-Night in Berlin teil. Zwei Stunden
lang fuhren die Skater auf den Straßen und sie hatten die gesamte Strecke für
sich. Die Autos mussten warten. Im Bundestag kam es dann zu einer
Expertenanhörung: Sollten Skater auf der Straße fahren dürfen? Das
Fernsehjournal *heute nacht* zeigte einen Beitrag zu diesem Thema. In diesem
Videoabschnitt sehen wir eine Blade-Night in Berlin und hören, was Renate
Künast, die Vorsitzende der Grünen Partei und begeisterte Skaterin, und
andere Skater zu diesem Problem zu sagen haben.

A. Einstieg

1. Ist Inlineskating bei Ihnen sehr beliebt?

    _____

2. Dürfen Skater bei Ihnen auf dem Bürgersteig fahren? Oder auf der Straße? Wenn nicht, wo dürfen
    sie skaten?

    _____

3. Betrachten Sie Inlineskaten als ein Fortbewegungsmittel oder nur als Sport? Warum?

    _____

4. Skaten Sie selber? Warum (nicht)?

    _____

5. Suchen Sie Berlin auf der Landkarte auf Seite 185. Berlin ist wie Bremen und Hamburg ein
    Stadt-Staat und liegt wie eine Insel in einem größeren Bundesland. Wie heißt das Land?

    _____

B. Blade-Night. Stellen Sie sich vor, Sie waren mit auf der Blade-Night und wollen jetzt Bekannten etwas darüber erzählen. Sehen Sie sich im Video die Blade-Night ohne Ton an und kreuzen Sie dann an, was Sie sehen.

Teil I ▶ 3:04–3:47

_____ 1. das Brandenburger Tor

_____ 2. viele Inlineskaterinnen und Inlineskater

_____ 3. viele Kinder mit Rollerskates

_____ 4. die meisten Skater mit Helmen

_____ 5. einige Skater mit Knie-, Ellenbogen- und Handgelenkschonern

_____ 6. einen Streifenwagen (Polizeiwagen)

_____ 7. einen Mann mit Videokamera, der filmt

_____ 8. einige Skater mit Kinderwagen

Teil II ▶ 4:16–4:46

_____ 9. eine Kirche, an der Skater vorbeifahren

_____ 10. In den Gebäuden brennt Licht.

_____ 11. Einige Polizisten skaten mit.

_____ 12. Es ist dunkel.

_____ 13. Skater mit Rucksäcken

_____ 14. Einige Skater sind müde und sitzen auf Bänken.

_____ 15. Die Blade-Night endet wieder am Brandenburger Tor.

▶ 4:01-4:11

C. Skaten in der Stadt. Skater skaten nicht nur während der Blade-Night durch die Stadt, sondern auch Tag für Tag. Sehen Sie sich diese Szenen noch einmal ohne Ton an und kreuzen Sie an, was Sie sehen.

_____ 1. Eine Dame skatet in der Fußgängerzone.

_____ 2. Sie skatet an einem Straßencafé vorbei.

_____ 3. Ein Mann skatet auf der Straße vor einem Bus.

_____ 4. Zwei Jungen fahren auf dem Bürgersteig mit Rollern.

_____ 5. Fußgänger gehen über die Straße.

_____ 6. Ein Radfahrer fährt auch auf der Straße.

_____ 7. Ein Skater fällt hin.

D. Wohin mit den Inlineskatern? Zu dieser Frage äußern sich einige Leute in diesem Videoabschnitt. Sehen Sie sich das Video mit Ton an und kreuzen Sie die richtige Äußerung an. Die Sprecherinnen/Sprecher stehen in der Reihenfolge, in der sie in diesem Video erscheinen.

▶ **3:14**   1. Renate Künast meint:

_____   a. Das Skaten muss als Verkehrsmittel anerkannt werden.

_____   b. Skater sollen nicht über Tempo 30 fahren.

▶ **3:31**   2. Der zweite Sprecher sagt:

_____   a. Die Skater demonstrieren hier schon seit fünf Jahren.

_____   b. Bisher sind Inlineskates rechtlich Kinderrollern gleichgestellt.

▶ **3:53**   3. Anke Leue vom Bundesverkehrsministerium sagt:

_____   a. Es werden Unfallerhebungen stattfinden.

_____   b. Es gibt bei weitem zu viele Unfälle.

▶ **4:01**   4. Der zweite Sprecher sagt:

_____   a. Skater galten bisher nicht als Fußgänger.

_____   b. Selbst der ADAC kann sich Skater auf der Straße statt auf dem Bürgersteig vorstellen.

▶ **4:28**   5. Die Inlineskaterin sagt:

_____   a. Es ist schön auf der Straße zu skaten.

_____   b. Das ist einfach zu stark, der Verkehr.

▶ **4:31**   6. Der Inlineskater sagt:

_____   a. Aber als Fahrzeug anerkannt zu werden, wäre schon nicht schlecht.

_____   b. Aber ich wäre gegen einen Führerschein für Skater.

E. Diskussion

1. Schauen Sie sich die Bilder der Blade-Night noch einmal an. Wie fahren die Skater? Tragen sie alle die richtige Kleidung und fahren sie so, dass es sicher ist? Wenn nicht, erklären Sie, was sie falsch machen.

2. Welchen der folgenden Standpunkte finden Sie richtig? Warum?
   a. Skater sollen auf dem Bürgersteig fahren dürfen.
   b. Skater sollen auf der Straße fahren dürfen.
   c. Skater sollen weder auf dem Bürgersteig noch auf der Straße fahren dürfen.

3. Ein Sprecher im Video sagt, wenn die Skates als Fahrzeug betrachtet würden, müssten sie vielleicht Beleuchtung oder Bremsen haben. Ein junger Mann spricht von Rücklicht. Vielleicht sollte man zum Skaten sogar einen Führerschein machen müssen. Was meinen Sie? Wären Sie dafür Inlineskates als Fahrzeug zu akzeptieren und sie dann auch technisch besser auszustatten? Warum (nicht)?

F. Rollenspiel. Sie möchten an der Blade-Night teilnehmen, doch Ihre Partnerin/Ihr Partner will nicht. Versuchen Sie sie/ihn zu überreden mitzukommen.

▶ Wichtige Wörter

der **ADAC (Allgemeiner Deutscher Automobil Club)** German Automobile Club
allerdings of course
an·erkennen (erkannte, erkannt) to recognize; to acknowledge
die **Anerkennung** recognition; acknowledgment; acceptance
an·führen to lead
die **Anhörung, -en** hearing
sich **ärgern** to be annoyed
sich **äußern** to express oneself
die **Äußerung, -en** statement
aus·statten to equip
begeistert enthusiastic
die **Beleuchtung** light; illumination
beliebt popular
berücksichtigen to take into account, consider
bisher until now
bislang up to now
die **Bremse, -n** brake
der **Bundestag** lower house of German parliament
der **Bürgersteig, -e** sidewalk
diejenigen the ones
die **Dienstfahrt, -en** business or official trip
die **Einladung, -en** invitation
endgültig definitive, final
entsprechend corresponding
erfreuen to please, delight
erhalten (ä; ie, a) to preserve
die **Expertenanhörung, -en** hearing with specialists
die **Fahrt, -en** trip
das **Fahrzeug, -e** vehicle
fehlen to be missing; lacking
forschen to investigate
das **Fortbewegungsmittel, -** means of transportation
der **Führerschein, -e** driver's license

der **Fußgänger, -/die Fußgängerin, -nen** pedestrian
die **Fußgängerzone, -n** pedestrian zone
gelten (i; a, o) to be considered as
gesamt entire
gleichberechtigt with equal right(s)
gleich·stellen to treat as equal
die **Grünen** (pl.) Green Party
halt (coll.) just, simply
der **Helm, -e** helmet
der **Inlineskate, -s** Inline skate
der **Inlineskater, -/die Inlineskaterin, -nen** inline skater
die **Insel, -n** island
insgesamt altogether
irgendwohin somewhere
klären to clarify
die **Knie-, Ellenbogen- und Handgelenkschoner** (pl.) knee, elbow, and wrist guards
der **Kinderroller, -** child's scooter
liegen (a, e) to be located
mindestens at least
mobil mobile
das **Modell, -e** model
nutzen to use
die **Partei, -en** political party
polizeilich legal
prinzipiell in principle
quer right over, across
das **Recht, -e** right
rechtlich legal
die **Regel, -n** regulation
die **Regelung, -en** regulation
rollend rolling
der **Roller, -** scooter
das **Rücklicht, -er** rear or tail light
der **Schoner, -** protection device, guard

die **Sicherheit** safety
die **Sicherheitsmaßnahme, -n** safety measure
der **Sinn** sense; **in dem Sinn** in that sense
skaten to skate
der **Standpunkt, -e** viewpoint, position
stellen to put; to arrange; to provide
der **Straßenverkehr** street traffic
die **Straßenverkehrsordnung, -en** traffic regulation
die **Strecke, -n** stretch
der **Streifenwagen, -** patrol car
die **Studie, -n** study
technisch technically
das **Tempo** speed
die **Tendenz, -en** trend
teil·nehmen (nimmt; a, genommen) to participate
überraschend surprising
überreden to persuade
die **Unfallerhebungen** (pl.) accident investigations
die **Unfallzahlen** (pl.) number of accidents
der **Verkehr** traffic
die **Verkehrsart, -en** type of traffic
das **Verkehrsmittel, -** means of transportation
der **Verkehrsteilnehmer, -/die Verkehrsteilnehmerin, -nen** road user
der **Verkehrsweg, -e** highway
vorbei·sausen [ist] to roar by
der/die **Vorsitzende** (noun decl. like adj.) leader (of party)
zu·weisen (ie, ie) to assign, allocate

Thema 2   Kommunikation

2.1 Lernen mit dem Laptop

Worum geht es hier?

Nach Meinung der deutschen Bundesbildungsministerin Bulmahn sollten jede Schülerin und jeder Schüler einen eigenen Laptop besitzen. In dem Evangelisch Stiftischen Gymnasium in Gütersloh ist das schon der Fall. In fünf Klassen dieses Gymnasiums arbeiten die Schüler in der Schule und zu Hause mit Laptops. Die Bertelsmann Stiftung[1] hat dieses Programm initiiert und finanziell unterstützt. Alle Schüler ab der fünften Klasse haben einen eigenen Laptop. Die Eltern bezahlen dafür jeden Monat 65 Mark (circa 33 Euro) und nach vier Jahren ist der Computer abbezahlt.

In diesem Videobeitrag aus der Sendung *Morgenmagazin* erfahren wir, wie das Programm in Gütersloh funktioniert. Gabi Haneld stellt die Schule vor. Sie interviewt den Direktor der Schule, einen Mathelehrer und einige Schüler.

A. Einstieg

1. In welchen Fächern benutzen die Studenten an Ihrer Universität Computer?

   _____

2. Wählen Sie ein Fach und beschreiben Sie kurz, was die Studentinnen und Studenten da mit dem Computer machen.

   _____

3. In welcher Klasse lernen die Schüler bei Ihnen an den Schulen mit dem Computer zu arbeiten?

   _____

4. Gibt es in Ihrem Land Schulen, in denen Schüler auch im Unterricht Computer benutzen?

   _____

▶ **5:20–7:34**

B. Was passiert? In diesem Videoabschnitt sehen wir die Schüler im Unterricht, bei der Arbeit am Computer und hören, was der Direktor und ein Mathelehrer über die Vorteile des Laptops zu sagen haben. Um einen Überblick über die verschiedenen Aktivitäten zu bekommen, sehen Sie sich das Video zuerst ohne Ton an und ergänzen Sie dann die folgenden Sätze.

1. In der ersten Szene _____ die Schülerinnen und Schüler _____.
   a. schreiben … ihre Hausaufgaben   b. hören … zu   c. arbeiten … am Laptop

2. Die Schülerinnen und Schüler _____.
   a. arbeiten in Gruppen an einem Computer   b. arbeiten in Paaren an einem Computer
   c. haben alle ihre eigenen Computer

---

[1] Die Bertelsmann Stiftung, die ein jährliches Budget von circa 50 Millionen Euro hat, wurde 1977 von Reinhard Mohn, einem Mitglied der Familie Bertelsmann, gegründet. Bertelsmann ist heute eines der größten Medienhäuser der Welt.

3. Ein Mädchen im blauen Pulli _____.
   a. wischt die Tafel ab   b. schreibt an die Tafel   c. zeichnet ein Dreieck an die Wandtafel

4. Der Direktor des Gymnasiums _____.
   a. spricht mit den Schülern   b. steht vor der Schule   c. sitzt an seinem Schreibtisch

5. Auf dem Bildschirm des Laptops ist _____ zu sehen.
   a. ein Parallelogramm   b. ein Kreis   c. ein Dreieck

6. Der Mathelehrer hat einen Bart und er _____ einer Schülerin.
   a. sitzt neben   b. steht vor   c. geht zu

7. Die Schüler legen ihre Laptops _____.
   a. auf einen Tisch im Klassenzimmer   b. auf ein Regal im Klassenzimmer   c. in Schließfächer

8. Der Mathelehrer erklärt das Dreieck _____.
   a. auf dem Computer   b. an der Tafel   c. auf einem Poster

9. In der Mathestunde _____ die Schüler _____, während der Lehrer die Aufgabe erklärt.
   a. hören … zu   b. arbeiten … am Computer   c. sprechen … miteinander

10. Beim Verlassen der Schule tragen die Schüler _____.
    a. ihre Laptops in der Hand   b. Ranzen auf dem Rücken   c. ihre Bücher in Mappen

▶ 5:20–7:34

C. Die Rolle des Laptops. In diesem Videoabschnitt hören wir, was einige Leute über die Bedeutung von Laptops in der Schule zu sagen haben. Lesen Sie zuerst die folgenden Aussagen. Sehen Sie sich dann das Video mit Ton an und geben Sie an, welche Person den jeweiligen Satz sagt.

a. die Sprecherin   b. der Schuldirektor   c. der Mathelehrer   d. ein Schüler

_____ 1. Wir wollen, dass die neue Technologie ganz selbstverständlich genutzt wird, weil wir nicht wollen, dass sie ideologisiert wird, verherrlicht wird.

_____ 2. Das ist ein normales Arbeitsgerät, das man beherrschen muss.

_____ 3. Ob Mathe, Deutsch, Politik oder Geschichte, der Laptop wird in jedem Fach genutzt.

_____ 4. Also, irgendwie ist das jetzt schon Alltag geworden, da man jetzt jeden Tag mit dem Laptop zur Schule geht.

_____ 5. Ja, also, wenn der Lehrer nicht guckt, dann wird gespielt.

_____ 6. Doch schon jetzt steht fest: Hausaufgaben, die mit dem Laptop erledigt werden können, stehen hoch im Kurs.

_____ 7. Die Hausaufgaben am Laptop sind in der Regel immer alle da. Nun gibt's ja auch die normalen Hausaufgaben, und … da ist dann eher so eine normale Klasse.

_____ 8. Aber dann, die Sachen, die mit dem Rechner gemacht werden dürfen, machen deutlich mehr Spaß und sind dann eben da. Das ist ein großer Vorteil.

▶ **4:56–7:34**

D. Richtig oder falsch. Lesen Sie die folgenden Sätze. Sehen Sie sich dann das Video noch einmal an. Markieren Sie die Aussagen als richtig (**R**) oder falsch (**F**).

_____ 1. Das Evangelische Gymnasium in Gütersloh ist eine sehr konservative Schule.

_____ 2. In Deutschland hat jede Schülerin und jeder Schüler ab der fünften Klasse einen eigenen Laptop.

_____ 3. Für den Laptop zahlen die Eltern 65 Mark pro Monat.

_____ 4. Nach vier Jahren gehören die Laptops den Schülern.

_____ 5. Der Direktor der Schule betrachtet den Computer als ein normales Arbeitsgerät.

_____ 6. Der Laptop wird in allen Fächern genutzt.

_____ 7. Die Schülerin sagt, es macht ihr mehr Spaß in die Schule zu gehen, seitdem sie einen Laptop hat.

_____ 8. Die Schüler spielen manchmal mit dem Computer.

_____ 9. Der Mathelehrer benutzt immer noch die Tafel.

_____ 10. Alle Mathehausaufgaben werden mit dem Computer gemacht.

E. Diskussion

1. Für welche Fächer arbeiten Sie mit dem Computer? Was machen Sie?
   STICHWÖRTER: Textverarbeitung, im Internet surfen, Chatroom, Hausaufgaben für Kurse mit Websegmenten

2. Für welche Fächer arbeiten Sie nicht mit dem Computer? Warum nicht?

3. Finden Sie, dass es Vorteile hat in den Kursen so viel wie möglich mit Computern zu arbeiten? Gibt es da auch Nachteile? Nennen Sie Vor- und Nachteile.

F. Rollenspiel. Ihr Kind ist in der achten Klasse. Die Eltern wollen, dass der Schulrat Laptops für alle Schüler ab der siebten Klasse kauft. Vor dem Schulrat sind Sie die Sprecherin/der Sprecher für die Eltern. Ihre Partnerin/Ihr Partner sitzt im Schulrat und argumentiert gegen diesen Plan. Spielen Sie die Szene.

Kaleidoskop: Das Video **Thema 2** ■ **199**

▶ Wichtige Wörter

ab from
ab·bezahlen to pay off
ab·wischen to wipe off
der Alltag everyday life
an·fordern to request
an·gehen (ging, [ist] gegangen) to concern; **jemanden etwas/ nichts angehen** (not) to concern someone
der Ansturm rush
das Arbeitsgerät, -e tool
auf·passen to pay attention
die Ausbildung education
aus·dienen to serve one's time
die Ausstattung equipment
der Bart, ̈e beard
beherrschen to master
die Berechnung, -en calculation
die Bertelsmann Stiftung the Bertelsmann Foundation
besitzen (besaß, besessen) to own
der Bundesbildungsminister, - /die -ministerin, -nen Minister of Education
dank (+ *dat.*) thanks to
Denkste! That's what you think!
deutlich clear
das Dreieck, -e triangle
ein·flößen to instill
entdecken to discover
erledigen to complete
evangelisch Protestant
das Fach, ̈er subject (school)
der Fall, ̈e case
fest·stehen (stand, gestanden) to be definite
die Furcht fear

gehen: geht's ab nach Hause it's off for home
gucken to look
die Hausaufgaben (*pl.*) homework
ideologisieren to make into an ideology
initiieren to initiate
jeweilig respective, in each case
die Kasse, -n cash box; **zur Kasse bitten (bat, gebeten)** to ask to cough up money; **Die Eltern werden zur Kasse gebeten.** The parents are asked to cough up money.
das Kleingeld change
klingen (a, u) to sound
der Kreis, -e circle
der Kurs, -e exchange rate; **hoch im Kurs stehen** to be popular
längst not by a long way
die Mappe, -n briefcase; schoolbag
der Mitschüler, -/die Mitschülerin, -nen fellow student
der Nachteil, -e disadvantage
nötig necessary
oder? isn't that true?
öffentlich public
pauken to study hard
der Ranzen, - school bag
die Recherche, -n research
der Rechner, - computer
das Regal, -e shelf
die Regel, -n rule; **in der Regel** as a rule
der Rücken, - back

das Schließfach, ̈er locker
schließlich after all
der Schulrat, -räte school board
selbstverständlich naturally
der Sozialfonds financial aid
spitz acute
das Sponsoring sponsoring
stiftisch parochial
die Stiftung, -en foundation
die Strenge strictness
die Technik technology
die Technologie, -n technology
die Textverarbeitung word processing
träumen to dream
der Überblick, -e overview
der Unterricht instruction
die Unterstützung, -en support
unterstützen to support
verfügen to have at one's disposal
verherrlichen to glorify
das Verlassen leaving
vernetzt hooked up to the Internet
voraus ahead
der Vorteil, -e advantage
weg·schließen (schloss, geschlossen) to lock away
der Winkel, - angle
die Wirklichkeit reality; **zur Wirklichkeit werden** to become reality
zeichnen to draw
zumindest at least

Thema 2   Kommunikation

2.2 Suchmaschine www.zlash.de

Worum geht es hier?

Wer im Internet surfen will, kommt ohne Suchmaschine nicht aus. Suchmaschinen sind eine Art Inhaltsverzeichnis für das Internet. Sie möchten zum Beispiel die neuesten Nachrichten lesen, etwas über Erdbebenforschung erfahren oder etwas über Autowerkstätten wissen. Jugendliche haben oft andere Interessen als Erwachsene, deshalb brauchen sie eine eigene Suchmaschine. Die Sendung *Morgenmagazin* stellt Zlash vor, die erste deutsche Suchmaschine für Jugendliche, die von Jugendlichen gemacht wird. Doch Zlash ist nicht nur eine spezielle Suchmaschine, sondern auch ein Onlinemagazin, von Jugendlichen für Jugendliche.

A. Einstieg

1. Welche speziellen Suchmaschinen gibt es bei Ihnen?

   _____

2. Welche Suchmaschinen benutzen Sie häufig?

   _____

3. Die Redaktion von Zlash befindet sich in Hamburg. Suchen Sie Hamburg auf der Karte auf Seite 185. Hamburg ist ein Stadt-Staat und liegt wie eine Insel in zwei anderen Bundesländern. Nennen Sie die Bundesländer.

   _____

   _____

▶ **8:18–10:27**

B. In der Zlash-Redaktion. In diesem Videoabschnitt sehen wir das Zlash-Team bei der Arbeit. Die Jugendlichen suchen Themen aus, schreiben und redigieren. Sehen Sie sich das Video ohne Ton an. Wählen Sie eine Jugendliche oder einen Jugendlichen.

1. Beschreiben Sie die Person.
   STICHWÖRTER: groß, klein; Haare (blond, brünett, dunkel, mit hellen Strähnchen); Kleidung (Pulli, Hose, Kleid, Bluse); eine Brille?

2. Welchen Eindruck haben Sie von der Person?
   STICHWÖRTER: freundlich, reserviert, ruhig, intelligent, fröhlich, ernst, entspannt, begeistert, gelangweilt, offen, motiviert, gesprächig

C. Onlinemagazin-Themen. In diesem Abschnitt sehen Sie einige Onlinethemen auf dem Bildschirm. Sehen Sie sich das Video ohne Ton an und kreuzen Sie an, welche Themen zu sehen sind.

_____ 1. Kennt ihr eigentlich Baseball?

_____ 2. Was soll man bei einem Date wissen?

_____ 3. Inlineskating. Sport oder Verkehrsmittel?

_____ 4. Adrian in England. Erfahrungen eines Austauschschülers.

_____ 5. Computerkauf leicht gemacht.

D. Aussagen über das Onlinemagazin. Im Videoabschnitt hören Sie, was Yasemin Dikman, Felix Ehrhardt und Peter Eckelin, der Leiter des Projekts, über das Projekt zu sagen haben. Sehen Sie sich das Video mit Ton an und finden Sie die richtigen Ergänzungen zu den verschiedenen Aussagen.

▶ **8:35–9:01 • Yasemin Dikman**

1. Ich bin ziemlich stolz auf die Seite, _____.

2. Und ansonsten finde ich sie ja auch ziemlich gut, _____.

3. Manche Seiten im Internet, die für Jugendliche gedacht sind, _____.

▶ **9:11–9:34 • Peter Eckelin**

4. Ich hab' Kinder, die nun zu klein sind, _____.

5. Deshalb war für mich von Anfang an klar, _____.

6. Wenn wir das richtig machen wollen, _____.

▶ **9:44–9:57**

7. Wir sind voll integriert hier _____.

8. Und ich denke mal, _____.

▶ **10:07–10:18 • Felix Ehrhardt**

9. In der Schule natürlich habe ich Werbung dafür gemacht, zum Beispiel, _____.

10. Die waren alle irgendwie _____.

ERGÄNZUNGEN:

a. um die Themen aus der Schule schon mitzubringen, die Jugendliche interessieren

b. und hab' schon ein bisschen Resonanz gekriegt

c. weil, da sind Themen, halt, mit denen wir etwas anfangen können

d. wir können das hier nicht mit unserem Team machen oder mit irgendwelchen anderen Redaktionen von auswärts

e. sind dann doch so, dass das Themen sind, von denen die Erwachsenen denken, dass sie uns interessieren

f. dann brauchen wir Jugendliche, die sozusagen voll im Jugendleben stehen, und die Themen einfach hier mit anbringen

g.   weil es ist natürlich cool, wenn man ins Internet guckt, und was sieht, was man selber geschrieben hat

h.   auch in das Team

i.   schon gut darauf zu sprechen. Also das war super.

j.   dass der eine oder andere sicherlich dann auch später nach der Schule hier irgendwie Fuß fassen wird

▶ **9:11–9:57**

E. Der Leiter des Projekts. Peter Eckelin von der Firma Fireball Netsearch ist der Leiter des Projekts. Hier erzählt er, wie es zu diesem Projekt kam und wie er es findet. Sehen Sie sich die Szenen mit Peter Eckelin an und markieren Sie die folgenden Aussagen als richtig (**R**) oder falsch (**F**).

_____   1. Peter Eckelin ist 37 Jahre alt.

_____   2. Seine Kinder sind zu klein, um Themen aus der Schule mitzubringen, die Jugendliche interessieren.

_____   3. Das geplante Magazin konnte er nicht mit seinem normalen Team von Erwachsenen machen, denn sie waren alle zu beschäftigt.

_____   4. Er braucht Jugendliche, die voll im Jugendleben stehen.

_____   5. Seiner Meinung nach sind die Jugendlichen voll in das Team integriert.

_____   6. Nach der Schule können sich die Jugendlichen bei Peter Eckelin weiter ausbilden und Praktika machen.

_____   7. Er sagt, dass das Team für die Arbeit auch gut bezahlt wird.

F. Diskussion

1. Kennen Sie besondere Suchmaschinen und/oder Onlinemagazine für Jugendliche? Wenn ja, wie heißen sie? Wenn nein, finden Sie, dass so etwas nützlich wäre? Warum (nicht)?

2. Welche Themen in einem Onlinemagazin würden Sie interessieren?

3. Wie viel Zeit verbringen Sie im Internet?

4. Benutzen Sie das Internet für Ihr Studium? Für Hausaufgaben? Wenn Sie Arbeiten schreiben? Warum (nicht)?

G. Rollenspiel. Planen Sie in einer Vierergruppe eine Ausgabe eines Onlinemagazins. Entscheiden Sie gemeinsam, welche Themen Studenten interessieren könnten. Verteilen Sie die verschiedenen Aufgaben. Wer soll was machen?

▶ Wichtige Wörter

ab from
Ähnliches something similar
an·bringen (brachte, gebracht) to bring in
die Anregung, -en suggestion
ansonsten otherwise
auf·nehmen (nimmt; a, genommen) to take up
aus·bilden to train, educate
aus·kommen (kam, [ist] o) to get by with
der Austauschschüler, -/die Austauschschülerin, -nen exchange student
auswärts outside
die Autowerkstätte, -n car repair shop
begeistert enthusiastic
das Berufsleben professional life
beschäftigt employed
beziehungsweise that is to say
die Brille, -n eyeglasses
der Computerkauf computer purchase
durchweg without exception
entspannt relaxed
entsprechend appropriate
entwickeln to develop
die Erdbebenforschung earthquake research
der Erfolg, -e success
der/die Erwachsene (noun decl. like adj.) adult
erwünscht desired
der Fall, ⁻e case
fassen to grasp
finden (a, u) to find, think

der Fuß: Fuß fassen to take hold
gehen (ging, [ist] gegangen): gehen um to concern
gelangweilt bored
gemeinsam together
gesprächig talkative
größtenteils for the most part
gucken to look
halt (coll.) to be sure
halten (ä; ie, a): halten von to regard
hart (ä) hard
häufig often
das Inhaltsverzeichnis, -se table of contents
integrieren to integrate
das Jugendleben young life
der/die Jugendliche (noun decl. like adj.) young person
der Jungredakteur, -e/die Jungredakteurin, -nen young person as editor
kriegen to get
der Leiter, -/die Leiterin, -nen head
liegen (a, e) to be located
die Möglichkeit, -en possibility
die Nachrichten (pl.) news
das Netz: ins Netz gehen to go online
nützlich useful
das Onlinemagazin, -e online magazine
das Praktikum, Praktika internship, practicum
raus·halten (ä; ie, a) to keep

out
die Redaktion editorial staff
der Redakteur, -e/die Redakteurin, -nen editor
redigieren to edit
der Reisetipp, -s travel tip
die Resonanz response, feedback
sich richten to direct oneself
sicherlich surely
sozusagen so to speak
sprechen: waren alle irgendwie schon gut darauf zu sprechen everyone spoke favorably about it
der Stil, -e style
stolz proud
das Strähnchen, - streak; **mit hellen Strähnchen** highlighted
sich stürzen to rush
die Suchmaschine, -n search engine
die Szene, -n scene
das Team, -s team
die Themensuche search for topics
unter anderem including
der User, -/die Userin, -nen user
verbergen (i; a, o) to hide
verteilen to distribute
voll complete
weiter·bilden to educate further
weltweit world wide
die Werbung publicity

Thema 3   Deutschland im 21. Jahrhundert

3.1 Wo einst die Berliner Mauer stand

Worum geht es hier?

Im August 1961 baute die DDR-Regierung die Mauer mitten durch Berlin. Die kommenden 28 Jahre sollte sie da bleiben und die Stadt und das ganze Land teilen. Seit die Mauer 1989 fiel, ist das geteilte Berlin langsam wieder zu einer Stadt zusammengewachsen. Dieser Beitrag aus der Sendung *Metropolis* zeigt Bilder Berlins aus der Zeit, als die Mauer noch stand, und den Jahren, nachdem die Mauer gefallen war bis in die jüngste Vergangenheit. Die Bilder sprechen für sich und abgesehen von einem erklärenden Satz am Anfang hören Sie in diesem Beitrag nur Musik, die diese Impressionen untermalt.

A. Einstieg

1. Versuchen Sie sich vorzustellen, welche Auswirkungen der Bau der Mauer auf die Stadt Berlin hatte. Wie sah das Stadtbild dann wohl aus? Nennen Sie drei mögliche Veränderungen.

   _____

   _____

2. Wie müssen die Menschen in beiden Teilen Berlins die Mauer empfunden haben? Wie veränderte sich dadurch wohl das Leben der Menschen?

   _____

   _____

3. Welche baulichen Probleme gab es wohl, als der Ost- und der Westteil Berlins wieder zusammenkamen?

   _____

   _____

▶ 10:43–13:24

B. Szenen. Schauen Sie sich das Video an und kreuzen Sie die Bilder an, die Sie sehen.

_____ 1. Ein Motorradfahrer fährt an der Mauer entlang.

_____ 2. Ein weißes Auto fährt hinter einem Bus.

_____ 3. Spaziergänger an der Mauer

_____ 4. Kinder klettern auf der Mauer.

_____ 5. Ein Taxi fährt langsam auf einer Straße.

_____ 6. Stacheldrahtzaun auf der Mauer

_____ 7. eine alte Kirche

_____ 8. moderne Wohnblocks

_____ 9. Eine Frau in gelbem Pullover geht an bemalten Mauerresten vorbei (East Side Gallery).

_____ 10. Mehrere Personen gehen über einen beleuchteten Hof.

_____ 11. Ein Mann trägt ein weißes Brett über den Hof.

_____ 12. großer leerer Platz, dahinter ältere Wohnblocks

_____ 13. Brücke über einen Fluss

_____ 14. Rohbau eines großen Gebäudes

_____ 15. orangefarbene Baustellenhäuschen, Baukräne im Hintergrund

_____ 16. ein modernes orangefarbenes Gebäude, am dem gebaut wird

_____ 17. ein Wachturm

_____ 18. Boote an einem Flussufer

_____ 19. Ein gelber Doppeldeckerbus fährt durch das Brandenburger Tor.

_____ 20. eine große Menschenmenge am Brandenburger Tor

C. Die Mauer. Schauen Sie sich die folgende Karte von Berlin aus dem Jahr 1961 an. Sie sehen, wie Westberlin ganz von der Mauer umschlossen war und somit eine Art Inselstellung innerhalb des DDR-Gebiets hatte. Suchen Sie die folgenden Orte aus dem Video auf der Karte und markieren Sie sie mit dem richtigen Buchstaben.

_____ 1. Brandenburger Tor [10:43–10:56]

_____ 2. Zimmerstr. (Ecke Friedrichstr. mit Martin-Gropius-Bau im Hintergrund) [10:57–11:06]

_____ 3. Kommandantenstr. [11:07–11:23]

_____ 4. Kiehlufer (Neukölln) [11:24–11:31]

_____ 5. East Side Gallery [11:32–11:38]

_____ 6. Zimmerstraße/Friedrichstraße [11:39–11:49]

_____ 7. Kiehlufer (Blick von oben) [11:50–12:18]

_____ 8. Potsdamer Platz [12:19–12:50]

_____ 9. Kontrollpunkt Dreilinden [12:51–13:01]

_____ 10. Brandenburger Tor [13:02–13:24]

Das geteilte Berlin (1961–1989)

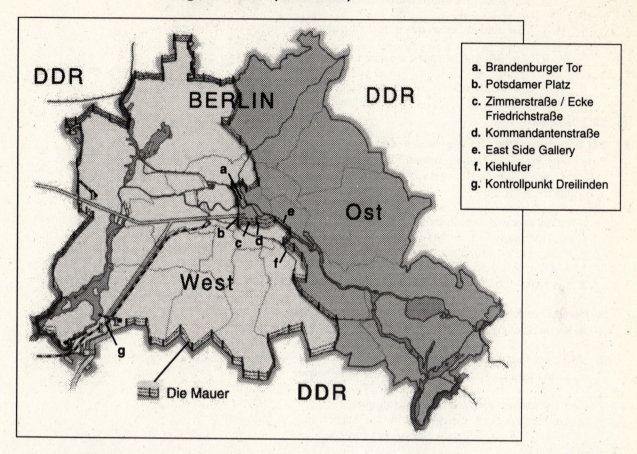

DDR

BERLIN

DDR

DDR

a. Brandenburger Tor
b. Potsdamer Platz
c. Zimmerstraße / Ecke Friedrichstraße
d. Kommandantenstraße
e. East Side Gallery
f. Kiehlufer
g. Kontrollpunkt Dreilinden

Ost

West

g

⊞⊞ Die Mauer

D. Das Brandenburger Tor. Am Anfang und am Ende dieses Videoabschnitts sehen Sie Bilder vom Brandenburger Tor. Suchen Sie das Brandenburger Tor auf Ihrer Karte von Berlin auf Seite 186 und sehen Sie sich die beiden Szenen im Video an. Wählen Sie dann aus, welche Jahreszahl zu der jeweiligen Beschreibung passt. Entscheiden Sie sich zwischen den folgenden Zahlen:

    a. vor 1989   b. 1993   c. 1999

▶ **Szene 1 (10:43–10:56)**

_____ 1. In der Nähe des Brandenburger Tors steht ein Wachturm.

_____ 2. Jetzt wachsen dort Bäume.

_____ 3. Am Brandenburger Tor weht eine rote Fahne.

_____ 4. An der Stelle des Wachturms steht jetzt ein neues Gebäude.

_____ 5. Ein gelber Doppeldeckerbus fährt vorbei.

Kaleidoskop: Das Video **Thema 3 ■ 207**

▶ **Szene 2 (13:02–13:24)**

_____ 6. Es fahren keine Autos am Brandenburger Tor.

_____ 7. Ein gelber Bus fährt durch das Brandenburger Tor.

_____ 8. Auf beiden Seiten des Brandenburger Tors wehen Fahnen.

_____ 9. Am Brandenburger Tor stehen keine Menschen.

_____ 10. Der Autoverkehr rollt mehrspurig durch das Brandenburger Tor.

▶ **12:20–12:50**

E. Der Potsdamer Platz im Wandel der Zeit. In der Szene sehen Sie den Potsdamer Platz. Suchen Sie diesen Platz auf Ihrer Karte von Berlin auf Seite 186 und vervollständigen Sie die folgenden Sätze mit der richtigen Ergänzung **a, b** oder **c.**

1. Vor 1989 war auf dem Potsdamer Platz _____.
   a. ein Hochhaus   b. nichts   c. ein Marktplatz

2. Die Mauer vor dem Potsdamer Platz war _____.
   a. aus Holz   b. aus Beton und voller Graffiti   c. aus Metall

3. Nach dem Fall der Mauer gab es auf dem Potsdamer Platz _____.
   a. breite Straßen   b. einen schönen Park   c. ein Schwimmbad

4. Auf dem Potsdamer Platz standen gleich nach der Wende viele _____.
   a. Kräne und Baufahrzeuge   b. Einfamilienhäuser   c. Bäume

5. Der Potsdamer Platz ist heute sicher ein _____.
   a. großer Parkplatz   b. großes Einkaufszentrum   c. Bahnhof

▶ **10:43–13:24**

F. Die DDR-Erinnerungen und Überbleibsel. In diesem Beitrag sehen Sie Dinge, die mit der Bewachung der Mauer zu tun hatten. Kreuzen Sie an, welche der folgenden Dinge oder Personen im Video zu sehen sind.

_____ 1. Soldaten

_____ 2. ein Wachturm

_____ 3. Panzer

_____ 4. Stacheldraht auf der Mauer

_____ 5. Videokameras an der Mauer

_____ 6. ein Grenzpolizist mit Gewehr

_____ 7. Hubschrauber

G. Beschreibung. Wählen Sie eine Szene aus, die Sie besonders eindrucksvoll finden. Beschreiben Sie, was Sie sehen und welche Stimmung auf dem Bild herrscht. Untermalt die Musik diese Stimmung noch? Warum (nicht)?

_____

_____

_____

_____

H. Diskussion

1. Welche Wirkung haben die Bilder mit Mauer auf Sie?
   STICHWÖRTER: deprimierend, bedrohlich, einengend, düster, städtisch, militaristisch, modern, futuristisch

2. Welche Atmosphäre haben die Bilder, die Berlin ohne Mauer zeigen?

3. Was für eine Stimmung vermittelt die Musik Ihrer Meinung nach?
   STICHWÖRTER: Schnelligkeit, Aufbruch, Optimismus, Sentimentalität, Bedrohung

4. Finden Sie, dass dieser Beitrag gelungen ist? Warum (nicht)?

▶ **11:32–11:38**

I. Rollenspiel. In dieser Szene sehen Sie die East Side Gallery, ein Freilicht-museum, das Teile der Mauer ausstellt. Bilden Sie eine Viewergruppe und stellen Sie sich vor, dass Sie auch eine Ausstellung über die Berliner Mauer organisieren müssten. Welche Bilder aus dem Videobeitrag würden Sie dort gern zeigen? Überlegen Sie sich auch, welche Objekte Sie dort ausstellen wür-den.

▶ Wichtige Wörter

abgesehen von apart from
atemberaubend breathtaking
der **Aufbruch** start, awakening
aus•stellen to exhibit
die **Ausstellung, -en** exhibition
die **Auswirkung, -en** result
der **Bau, -ten** building
das **Baufahrzeug, -e** construction vehicle
der **Baukran, ̈-e** crane
baulich construction (*adj.*)
das **Baustellenhäuschen, -** construction shed or office
bedrohlich threatening
die **Bedrohung, -en** threat
beleuchtet lit up, illuminated
bemalt painted
der **Beton** concrete
die **Bewachung** guard
das **Brett, -er** board
deprimierend depressing
düster gloomy
eindrucksvoll impressive
das **Einkaufszentrum, -zentren** shopping center
einengend claustrophobic
empfinden (a, u) als to experience something as
die **Erinnerung, -en** memory
erklärend explanatory
die **Eröffnung** opening
die **Fahne, -n** flag
das **Flussufer, -** river bank
das **Freilichtmuseum, -museen** open-air museum
futuristisch futuristic

gelungen (gelingen) successful
das **Gewehr, -e** rifle
der **Grenzpolizist, -en, -en**/die **Grenzpolizistin, -nen** border policeman/policewoman
herrschen to dominate
der **Hintergrund** background
das **Hochhaus, -häuser** high-rise
der **Hof, ̈-e** courtyard
der **Hubschrauber, -** helicopter
die **Inselstellung** island-like position
die **Jahreszahl** date
jeweilig respective
jüngst most recent
klettern to climb
die **Mauer** the Wall
der **Mauerrest, -e** remains of the Wall
mehrspurig multi-lane, in several lanes
die **Menschenmenge, -n** crowd
militaristisch militaristic
mitten durch through the middle
der **Motorradfahrer, -**/die **Motorradfahrerin, -nen** motorcyclist
die **Nähe** proximity
orangefarben orange-colored
der **Panzer, -** tank
die **Regierung, -en** government
der **Rohbau, -bauten** shell of a building
rollen to roll

die **Schnelligkeit** speed, rapidity
spurlos without a trace
der **Stacheldraht** barbed wire
der **Stacheldrahtzaun, -zäune** barbed-wire fence
das **Stadtbild** cityscape, urban features
städtisch urban
die **Stimmung** atmosphere, mood
das **Überbleibsel, -** remnant
umschlossen (umschließen) surrounded by
untermalen to underscore, to reinforce
sich verändern to change
die **Veränderung, -en** change
die **Vergangenheit** past
vermitteln to convey
verschwinden (a, [ist] u) to disappear
der **Wachturm, -türme** watch-tower
der **Wandel** change
wehen to wave
die **Wende** change; 1989 peaceful revolution in the German Democratic Republic
die **Wirkung, -en** effect
der **Wohnblock, -s** apartment house
zusammen•wachsen (ä; u, [ist] a) to grow together

Thema 3   Deutschland im 21. Jahrhundert

3.2 Ost und West und die Liebe

Worum geht es hier?

Als 1989 die Mauer fiel und Ost- und Westdeutschland 1990 wieder ein Land wurden, hatte das nicht nur politische Konsequenzen, sondern auch persönliche. Es gab neue Verbindungen zwischen den Menschen in Ost- und Westdeutschland und natürlich fanden sich auch „gemischte" Paare aus Ost und West. Die Sendung *37 Grad* stellt ein solches Paar vor. Jutta und Andreas haben kurz nach der Wende geheiratet und leben in der ostdeutschen Stadt Erfurt. In diesem Videobeitrag beantworten sie Interviewfragen und erzählen über ihr Leben vor und nach der Wende.

A. Einstieg

1. Gibt es in Ihrem Land große Unterschiede zwischen den Menschen in verschiedenen Regionen oder Gegenden? Geben Sie ein paar Beispiele.

    _____

    _____

2. Wie groß ist in Ihrem Land die Bereitschaft der Menschen auch über größere Entfernungen umzuziehen und damit auch größere kulturelle Unterschiede zu erleben?

    _____

    _____

3. Welche Schwierigkeiten kann das mit sich bringen?

    _____

4. Suchen Sie auf der Landkarte auf Seite 185 die Stadt Erfurt. In welchem Bundesland liegt Erfurt?

    _____

▶ 13:32–14:05, 14:40–15:03

B. Erfurt. In diesem Videoabschnitt begleiten wir Jutta auf ihrem Nachhauseweg und wir sehen einige Aufnahmen der Stadt Erfurt. Sehen Sie sich das Video ohne Ton an und kreuzen Sie an, was Sie sehen.

_____   1. Jutta und ein junges Mädchen – sicher ihre Tochter – gehen durch eine Fußgängerzone.

_____   2. Jutta und ihre Tochter gehen durch einen großen Park.

_____   3. Auf dem Nachhauseweg kommt Jutta an einem Hochhaus vorbei.

_____   4. Juttas Tochter trägt einen Rucksack.

_____   5. Jutta kauft in einem Supermarkt ein.

_____ 6. Juttas Wohnung liegt in einem Neubaugebiet.

_____ 7. In Erfurt gibt es viele Fachwerkhäuser.

_____ 8. An einem Mehrfamilienhaus wird gebaut.

_____ 9. Ein Haus ist über einen kleinen Fluss gebaut.

_____ 10. Wir sehen einen alten Kirchturm.

_____ 11. In der Altstadt fahren viele Motorradfahrer.

▶ **15:17–15:55**

C. Bei Jutta. In diesem Videoabschnitt arbeitet Jutta in der Küche. Wie sieht die Küche aus und was macht Jutta? Schauen Sie sich das Videosegment ohne Ton an und kreuzen Sie das an, was Sie sehen.

_____ 1. Herd

_____ 2. Flaschen

_____ 3. Schränke

_____ 4. eine Kaffeemaschine

_____ 5. Die Küche ist aus dunkelbraunem Holz.

_____ 6. Jutta schält Karotten und Kartoffeln.

_____ 7. Das junge Mädchen deckt den Tisch.

_____ 8. Auf dem Boden liegt ein Hund.

_____ 9. Die Familie sitzt zusammen am Tisch und isst.

▶ **13:32–14:12**

D. Die Heirat. In diesem Videoabschnitt erzählt Jutta, was damals ihre Erklärung für ihre schnelle Heirat war. Sehen Sie sich das Videosegment mit Ton an. Ergänzen Sie ihren Bericht mit den richtigen Wörtern aus der folgenden Liste.

Altstadt	Grund	Parkgenehmigung
Auto	heiratet	Parkplatzproblem
beide	Ossis	sinnvoll

Die fragten uns: „Warum _____ ihr denn so schnell und warum muss es

denn so hoppla hopp gehen?" Und ehe man nun … und dann nun _____,

die in Steuergesetzen recht unbedarft sind, erklärt, warum das nun auch _____

war, hat Andreas immer gesagt: „Tja, weil … sonst kriege ich keine Parkgenehmigung für das

_____." Also in Erfurt gab und gibt es auch immer noch ein großes

_____ und da meine Wohnung damals mitten in der _____

war, bekam er tatsächlich keine, und ja, das war immer ein guter _____ und

wir haben das _____ immer todernst beteuert. Ja, wir heiraten wegen einer

_____.

▶ **14:30–14:51**

E. Andreas. In diesem Abschnitt berichtet Andreas von seinen Entscheidungen direkt nach der Wende. Sehen Sie sich das Video noch einmal an und kreuzen Sie die richtige Ergänzung an.

1. Andreas hatte vor, _____.

    a. einen Job bei einer Firma zu suchen   b. sich selbstständig zu machen
    c. an der Uni Erfurt zu studieren

2. Er kam schon _____ in die damalige DDR.

    a. im Sommer 1990   b. 1999   c. im Februar 1990

3. Erfurt fand er _____.

    a. die schönste Stadt in Ostdeutschland   b. nicht besonders schön, aber billig
    c. nicht so schön wie Leipzig

4. Dort schaute er sich nach _____ um.

    a. einer Praxis   b. einem Haus   c. einer Kanzlei

▶ **15:03–15:51**

F. Jutta über die Westfrauen. Der Sprecher hat Jutta über ihre Erfahrungen mit Frauen aus Westdeutschland gefragt. Die Frage hören wir nicht, nur Juttas Antwort. Lesen Sie die folgenden Sätze und markieren Sie sie mit **R**, wenn sie Juttas Aussagen entsprechen oder mit **F**, wenn sie Juttas Aussagen nicht entsprechen.

_____ 1. Ihrer Meinung nach reden die Westfrauen zu sehr darüber, wie viel sie schaffen müssen.

_____ 2. Jutta findet, dass diese Frauen sich ein wenig zurücknehmen sollten.

_____ 3. Jutta kennt viele Frauen im Westen mit einer tollen Ausbildung, die arbeiten gehen, obwohl sie kleine Kinder haben.

_____ 4. Juttas Meinung nach beschäftigen sich diese Frauen aus Unzufriedenheit und Langeweile mit Esoterik.

_____ 5. Die Frauen beschäftigen sich dann mit Finde-dich-selbst oder Finde-deine-Mitte-Büchern.

_____ 6. Jutta findet solche Selbstfindungsbücher auch gut.

G. Und was wäre heute, wenn es die Wende nicht gegeben hätte? In diesem
Abschnitt werden Jutta und Andreas gefragt, was in ihrem Leben wohl
passiert wäre, wenn es die Wende nicht gegeben hätte. Schauen Sie sich den
Abschnitt noch einmal an und kreuzen Sie die Aussagen an, die Sie hören.

_____ 1. Ich wäre wahrscheinlich auch verheiratet und hätte drei Kinder.

_____ 2. Im Osten wäre das ein bisschen langweiliger gewesen.

_____ 3. Ich hätte sicher mehr Mut gehabt.

_____ 4. Ohne Wende wär' ich wahrscheinlich Wirtschaftsprüfer in Würzburg.

_____ 5. Aber ausgewandert wär' ich bestimmt nicht.

_____ 6. Ich hätte mehr Geld ausgeben können.

H. Jutta und Andreas. Wählen Sie entweder Jutta oder Andreas und beschreiben
Sie, wie sie/er aussieht und welchen Eindruck sie/er auf Sie macht.

1. Beschreiben Sie die Person.

   STICHWÖRTER: groß, klein; Haare (blond, brünett, dunkel, grau); Augenfarbe
   (blau, braun, grün); Gesichtsform (rund, schmal, breit, lang); Kleidung
   (Pulli, Hose, Kleid, Bluse, Hemd); eine Brille? Ohrringe?

   _____

   _____

   _____

2. Welchen Eindruck haben Sie von der Person?

   STICHWÖRTER: freundlich, reserviert, ruhig, intelligent, fröhlich, lebenslustig,
   energiegeladen, ernst, entspannt, kritisch, offen, gesprächig

   _____

   _____

   _____

I. Diskussion: Die letzte Szene

1. Was glauben Sie, warum Andreas Jutta diese Frage stellt?

2. Aus welchem Grund haben Jutta und Andreas wohl geheiratet? War es
   wirklich wegen der Steuern oder der Parkgenehmigung?

3. Welchen Eindruck machen die beiden in dieser letzten Szene auf Sie?

4. Denken Sie, dass Jutta und Andreas mit ihrer Situation zufrieden sind?
   Warum (nicht)?

J. Rollenspiel. Sie erzählen Ihrer Freundin/Ihrem Freund, dass Sie in eine
andere Stadt/in ein anderes Land umziehen wollen. Sie/Er findet die Idee
nicht so gut. Spielen Sie die Szene.

▶ Wichtige Wörter

die **Abfolge** sequence, next step

die **Altstadt** old city center

arg (coll.) very

die **Aufnahme, -n** picture

auf•schlagen (ä; u, a) to open

die **Ausbildung** education

aus•wandern [ist] to emigrate

befragen to question

begleiten to accompany

die **Belastung** burden

die **Bereitschaft** willingness

sich beschäftigen to occupy oneself with

beteuern to affirm, declare

decken to cover; **den Tisch decken** to set the table

drin•stehen (stand, gestanden) (coll.) to be written in

eingeschränkt limited

energiegeladen energetic

die **Entfernung, -en** distance

die **Entscheidung, -en** decision

entspannt relaxed

das **Erachten** judgment; **meines Erachtens nach** in my opinion

erkunden to explore

die **Esoterik** esoteric thinking, a special philosophy

das **Fachwerkhaus, -häuser** half-timbered house

die **Fußgängerzone, -n** pedestrian zone

das **Gebiet, -e** area

die **Gegend, -en** region

gemischt mixed

gesprächig talkative

die **Grenze, -n** border

die **Heirat** marriage

heiraten to marry

der **Herd, -e** stove

das **Hochhaus, -häuser** high rise

das **Holz** wood

hoppla hopp lickety-split

die **Kaffeemaschine, -n** coffee maker

die **Kanzlei, -en** office (lawyer, auditor)

der **Kirchturm, ¨e** church steeple

die **Langeweile** boredom

lebenslustig love of life, positive outlook, optimistic

das **Mehrfamilienhaus, -häuser** multi-family dwelling

die **Mitte** middle

mitten in in the middle of

der **Mut** courage

der **Nachhauseweg** way home

das **Neubaugebiet, -e** area with new homes

die **Parkgenehmigung, -en** parking permit

die **Praxis, Praxen** practice

recht quite

reinste sheer

restlich remaining, additional

schaffen to work, to accomplish

schälen to peel

der **Schrank, ¨e** cupboard

der **Schritt, -e** step

die **Schwierigkeit, -en** difficulty

selbstständig self-employed; independent

sinnvoll meaningful, sensible

der **Stern, -e** star; **die Sterne fragen** to look up one's horoscope

das **Steuergesetz, -e** tax law

tatsächlich actually, really

todernst deadly serious

sich um•sehen (ie; a, e) to look around for

um•ziehen (zog, [ist] gezogen) to move

unbedarft inexperienced; to be without a clue

die **Unzufriedenheit** discontent

die **Verbindung, -en** connection

vorbei•kommen (kam, [ist] o) to go past

die **Wende** change; 1989 peaceful revolution in the German Democratic Republic

der **Wirtschaftsprüfer, -/die Wirtschaftsprüferin, -nen** auditor

die **Zeitverschwendung** waste of time

sich zurück•nehmen (nimmt; a, genommen) to retract

Thema 4   Familie

4. Vaterschaftsurlaub: Ein Mann mit Baby

Worum geht es hier?

Nach der Geburt eines Kindes darf ein Elternteil (d.h. entweder die Mutter
oder der Vater) für drei Jahre zu Hause bleiben. Nach dem Erziehungsurlaub
haben sie das Recht ihre alte Stelle wiederzubekommen. In diesem Videoabschnitt aus der Sendung *ML Mona Lisa* erfahren wir, wie Margit und
Henry Rücker den Erziehungsurlaub organisiert haben und wie ihr Alltag
funktioniert. Familie Rücker wohnt im Ostberliner Stadtteil Hohenschönhausen. Margit ist Rechnungsprüferin beim Land Berlin. Nach einem Jahr
Erziehungsurlaub ist sie zu ihrer Arbeit zurückgegangen. Seitdem kümmert
sich ihr Mann Henry um ihre Tochter Laura-Marie. In diesem Videoabschnitt
erleben wir einen Tag im Leben von Familie Rücker.

A. Einstieg

1. Was machen Eltern in Ihrem Land nach der Geburt eines Babys?

   _____

2. Wie würde für Sie der ideale Erziehungsurlaub aussehen?

   _____

3. Kennen Sie eine Familie, in der der Vater nach der Geburt des Babys zu Hause blieb? Wie waren
   seine Erfahrungen?

   _____

▶ **16:36–21:47**

B. Henry Rückers Alltag. Der Videoabschnitt zeigt einen typischen Tag im
Leben von Henry Rücker. Lesen Sie die folgenden Punkte durch. Sehen Sie
sich dann das Video ohne Ton an und machen Sie sich Notizen. Notieren Sie,
was Henry macht und wann er es macht. Nummerieren Sie dann die folgenden Punkte in der richtigen Reihenfolge.

_____ Henry sitzt mit den Müttern in der
           Krabbelgruppe.

_____ Er holt Laura aus dem Bett.

_____ Henry und Margit frühstücken.

_____ Laura sitzt mit der Mutter am Tisch.
           Henry ist daneben.

_____ Er füttert Laura ihr Mittagessen.

_____ Er macht den Haushalt (Geschirr spülen,
           Wäsche waschen, Staub saugen).

_____ Margit kommt nach Hause und
           zieht den Mantel aus.

_____ Margit küsst Henry und geht aus
           der Tür.

_____ Er kommt mit Laura im Sport-
           wagen aus dem Haus.

_____ Er wäscht und wickelt das Kind.

_____ Laura isst ihr Frühstück.

C. Henry Rücker. Was erfahren wir von der Sprecherin über Henry? Lesen Sie
die folgenden Aussagen und sehen Sie sich dann das Video mit Ton an.
Kreuzen Sie die richtige Ergänzung an.

1. Henry Rücker ist _____.
   a. Physiker   b. Chemiker   c. Fotograf

2. Seit der Wende arbeitet er _____.
   a. in einem Fotolaborunternehmen   b. in einem Fotogeschäft   c. in einer pharmazeutischen Firma

3. Trotz Erziehungsurlaub des Vaters geht es der Familie finanziell fast so gut wie früher, denn _____.
   a. die Frau verdient mehr als ihr Mann   b. die Frau macht Überstunden
   c. die Frau verdient etwa genauso viel wie ihr Mann

4. Henry ist für _____ im Erziehungsurlaub.
   a. ein halbes Jahr   b. ein Jahr   c. 18 Monate

D. Vaterschaftsurlaub. Lesen Sie zuerst die folgenden Aussagen und sehen Sie
sich dann die beiden Szenen an, in denen Henry über seinen Vaterschaftsurlaub erzählt. Markieren Sie die Aussagen als richtig (R) oder falsch (F).

_____ 1. Am Anfang war die Situation für Henry recht ungewohnt.

_____ 2. Aber die Großmutter hat ihm gezeigt, wie man mit einem kleinen Kind umgeht.

_____ 3. Er hat sich ziemlich schnell daran gewöhnt.

_____ 4. Zum Glück ist Laura ein braves Kind.

_____ 5. Leider hat Henry wegen der vielen Hausarbeit wenig Zeit mit Laura zu spielen.

_____ 6. Die Geschäftsführung von Henrys Firma hat seinen Wunsch Erziehungsurlaub zu
nehmen sofort akzeptiert.

_____ 7. Henry war nicht der Erste in seiner Firma, der Vaterschaftsurlaub genommen hat.

_____ 8. Seine Kollegen haben das auch toll gefunden.

_____ 9. Henry ist froh, dass er Vaterschaftsurlaub genommen hat und bereut es nicht.

▶ **19:42–20:25**

E. In der Krabbelgruppe. Was denken die Mütter darüber, dass ein Mann in der Krabbelgruppe mit dabei ist? Lesen Sie zuerst die folgenden Paraphrasierungen von Aussagen der zwei Frauen in der Krabbelgruppe. Sehen Sie sich dann die Szene noch einmal an und machen Sie sich Notizen. Markieren Sie, wer von den beiden was sagt. (Die Frau im blauen Pullover spricht Berliner Dialekt und sagt **ick** statt **ich**, und **it** statt **es**.)

a. die blonde Frau mit der rosa Bluse
b. die dunkelhaarige (brünette) Frau im blauen Pullover

_____ 1. Zuerst dachten wir, die Mutter ist krank.

_____ 2. Es ist eigentlich egal, ob eine Mutter oder ein Vater hier in der Gruppe ist.

_____ 3. Ich fand es sehr gut, dass mal ein Mann in der Gruppe ist.

_____ 4. Ob Frau oder Mann – die Themen, über die wir uns unterhalten, sind gleich.

_____ 5. Wir möchten von einander erfahren, wie wir dies und das machen.

_____ 6. Für meinen Mann wäre es unmöglich ein halbes Jahr von seiner Arbeit in der EDV-Branche weg zu sein.

_____ 7. Mein Mann würde sicher auch gern Vaterschaftsurlaub nehmen.

_____ 8. Es ist die schönste Zeit mit einem Kind in diesem Alter und die würde ich mir nicht nehmen lassen.

F. Diskussion

1. Welchen Eindruck haben Sie von Henry Rücker als Vater?

2. Laura sagt zu ihrem Papa „ Mama". Was meinen Sie, wie es zu dem „Rollentausch" kommt?

3. Gibt es Berufe, bei denen ein Erziehungsurlaub schwierig oder unmöglich wäre? Was meinen Sie? Warum (nicht)?

4. Würden Sie gern Erziehungsurlaub nehmen, während Ihre Partnerin/Ihr Partner weiterarbeitet? Warum (nicht)?

G. Rollenspiel. Sie und Ihre Partnerin/Ihr Partner erwarten ein Kind. Sie sind beide berufstätig. Sie müssen entscheiden, wie Sie in den ersten Monaten/ Jahren für das Kind sorgen werden.

EINIGE MÖGLICHKEITEN:
1. Ein Elternteil gibt seine Arbeit auf.
2. Ein Elternteil nimmt Erziehungsurlaub.
3. Sie finden eine Person, die für das Kind sorgen kann.
4. Sie schicken das Baby in eine Kinderkrippe.

▶ Wichtige Wörter

ab: ab geht's off to
der Abschied, -e good-bye, leave-taking
der Anspruch, :e advantage; **in Anspruch nehmen** to take advantage of
der Arbeitsplatz, :e workplace
das Ärztehaus, -häuser clinic
die Auszeit time off
aus·ziehen (zog, gezogen) to take off
der Beamte (*noun decl. like adj.*)/**die Beamtin, -nen** state employee
beantragen (ä; u, a) to apply for
bei·bringen (brachte, gebracht) to instruct
bereuen to regret
beschäftigt occupied, busy
der Betrieb, -e firm, business
der Bezirk, -e district
brav good, well-behaved
die Butterstulle, -n slice of bread and butter
der Chemiker, -/die Chemikerin, -nen chemist
davon: das hat er nun davon that's what he gets for it
der Dienst, -e service; **im Dienst** on the job
durchweg totally
die EDV-Branche (EDV = elektronische Datenverarbeitung) data processing business
der Ehemann, -männer husband
sich ein·schränken to economize
der Elternteil parent
die Entscheidung, -en decision
die Erfahrung, -en experience
der Erziehungsurlaub paid leave for new parents
die Fähigkeit, -en capability, talent
fallen: einem nicht leicht fallen to find it not easy
die Fertigkost prepared food
der Flug, :e flight; **wie im Flug** in a flash
das Fotolaborunternehmen, - photo lab company
friedlich peaceful(ly)
die Frischluft fresh air

füttern to feed
die Geburt, -en birth
geduldig patient
das Gehalt, :er salary
der Gemüsebrei mashed vegetables
die Geschäftsführung management
das Geschirr, -e dishes; **Geschirr spülen** to wash dishes
sich gewöhnen an (*acc.*) to get accustomed to
das Glück luck; **Glück haben** to be lucky
der Glücksfall stroke of luck
die Gorgonzolasauce pasta sauce with blue cheese
der Grund, :e reason; **aus diesem Grunde** for this reason
der Haushalt housekeeping; **Haushalt machen** to do housework
der Haustag, -e day at home
der Hintergrund, :e background
der Hobbykoch amateur cook
Hohenschönhausen district in eastern part of Berlin
ick *Berlin dialect for* **ich**
it *Berlin dialect for* **es**
das Kindernörgeln children's whining
die Krabbelgruppe, -n play group for children at crawling stage
die Krabbelstunde, -n play session for children at crawling stage
sich kümmern um to look after
längst a long time ago
lieb good (children), sweet
die Linie: in erster Linie top priority
mampfen to gum, munch
nehmen (nimmt; a, genommen): ich lass mir das nicht nehmen I won't be deprived
nervig irritating
pflegeleicht easy to care for
die pharmazeutische Firma, Firmen pharmaceutical company
raus (heraus) out

reagieren to react
die Rechnungsprüfer, -/die Rechnungsprüferin, -nen auditor
recht right, quite
rein pure; clean
der Rollentausch role reversal
die Ruhe peace
die Runde, -n group
schmieren to spread
selbstzufrieden self-satisfied
der Sinn, -e sense; meaning
der Spielgefährte, -n, -n/die Spielgefährtin, -nen playmate
der Staub dust; **Staub saugen** to vacuum
der Sportwagen, - child's stroller
stimmen to be right, to agree
das Töpfchen, - potty; **Stimmt das schon mit dem Töpfchen?** Is it working out with potty training?
das Überleben survival
die Überstunde, -n overtime
um·gehen (ging, [ist] gegangen) to deal with
ungeduldig impatient
ungewohnt unfamiliar
sich unterhalten (ä; ie, a) to converse
sich verändern to change
vergehen (verging, [ist] vergangen) to pass (time)
das Vergnügen, - pleasure
der Vertrieb, -e marketing department of business
völlig completely
vollzogen completed
die Wende change; 1989 peaceful revolution in the German Democratic Republic
das Wesen, - creature
wickeln to put on a diaper
wirtschaftlich financially
Wurst: völlig Wurst (*coll.*) all the same
zerbrechlich fragile
zugute kommen (kam, gekommen) to be of benefit

Thema 5   Musik

5.1 Clara Schumann: Ein Porträt zum 100. Todestag

Worum geht es hier?

„Die Ausübung der Kunst ist ein großer Teil meines Ichs. Es ist die Luft, in der ich atme." Das sagte Clara Wieck, die als größte Komponistin und Klaviervirtuosin ihrer Zeit gilt, über ihr musikalisches Wirken. Dieser Beitrag wurde anlässlich des 100. Todestags von Clara Schumann in der Nachrichtensending *heute-journal* gezeigt. Wir erfahren etwas über die Hauptstationen ihres Lebens, wozu auch die Ehe mit Robert Schumann gehörte. Der Moderator bezeichnet Clara Schumann in der Einleitung als „eine begnadete, eine eigenwillige, eine von einem glanzvollen und dennoch herben Schicksal verfolgte Frau". Im anschließenden Porträt kommt auch Barbara Schumann, eine Ur-Urenkelin von Clara Schumann, zu Wort.

A. Einstieg

1. Welche klassischen Komponistinnen/Komponisten kennen Sie?

   _____

2. Nennen Sie einige Ihrer Lieblingskomponisten.

   _____

3. Welche heutigen klassischen Pianistinnen/Pianisten kennen Sie?

   _____

4. Wer sind Ihre nicht-klassischen Lieblingsmusikerinnen und -musiker?

   _____

5. Clara und Robert sind nebeneinander in Bonn begraben. Suchen Sie Bonn auf der Landkarte auf Seite 185. In welchem Bundesland liegt Bonn?

   _____

▶ **22:28–25:48**

B. Clara Schumanns Leben in Bildern. In diesem Videobeitrag werden verschiedene Bilder aus Clara Schumanns Leben gezeigt. Sehen Sie sich das Video ohne Ton an und kreuzen Sie die Bilder an, die Sie hier beschrieben finden. Die Beschreibungen stehen in der Reihenfolge, in der die Bilder im Video gezeigt werden.

   _____   1. Porträt von Clara Schumann als junge Frau

   _____   2. Porträt von Clara Schumann als Kind

   _____   3. Clara Schumann am Klavier

   _____   4. Hände spielen am Klavier

_____ 5. Friedrich Wieck, Vater und Musiklehrer von Clara Schumann

_____ 6. Foto von Claras Mutter

_____ 7. Porträt von Robert Schumann, Komponist und Ehemann von Clara

_____ 8. handgeschriebene Briefe

_____ 9. Clara Schumann sitzt am Klavier, Robert Schumann steht davor.

_____ 10. Bild von sechs Kindern

_____ 11. Robert Schumann sitzt am Klavier, Clara steht davor.

_____ 12. Barbara Schumann steht vor einer Tür und spricht in die Kamera.

_____ 13. Konzertsaal

_____ 14. Titelseiten einiger Konzertprogramme von Clara Schumann

_____ 15. Titelseiten einiger Kompositionen von Robert Schumann

_____ 16. Skulptur von Clara Schumann

_____ 17. Bücher über Clara Schumann

_____ 18. Porträt von Brahms

_____ 19. Menschen vor dem Grabmal von Clara und Robert Schumann

C. Clara Schumanns Leben in Worten. Karin Cartal erzählt aus Clara Schumanns Leben. Sehen Sie sich die folgenden Videoabschnitte mit Ton an und machen Sie dann die Übungen.

▶ **22:32–23:11**

I. Clara Schumann als Wunderkind. Beantworten Sie die Fragen.

1. Wann ist Clara Wieck geboren? _____

2. Was hat sie zuerst gelernt – Sprechen oder Klavierspielen? _____

3. Wie alt war Clara, als sie ihr erstes Konzert gab? _____

4. Wie alt war Clara, als sie ihr erstes Klavierkonzert komponierte? _____

▶ **23:25–23:50**

II. Vater Wieck. Markieren Sie die folgenden Aussagen als richtig (**R**) oder falsch (**F**).

_____ 1. Vater Wieck war Claras Klavierlehrer.

_____ 2. Als Robert Schumann um Clara warb, entbrannte ein erbitterter Kampf zwischen den Männern.

_____ 3. Aber nach einem Jahr durfte das Paar sich wieder sehen.

_____ 4. Das Paar wechselte viele Briefe und Robert schrieb Kompositionen als eine Art Korrespondenz in Noten.

▶ **23:53–24:16**

III. Die Ehe. Kreuzen Sie die Aussagen an, die Ihrer Meinung nach
Schwierigkeiten in der Schumann-Ehe zeigen.

_____ 1. Geheiratet wird endlich 1840 per Gerichtsbeschluss.

_____ 2. In 13 Ehejahren 8 Kinder geboren.

_____ 3. Trotzdem komponiert und konzertiert Clara weiter, vom Ehemann beargwöhnt.

_____ 4. „Geniale Frauen sind schlechte Hausfrauen", sagt Schumann und unterdrückt sie als
Komponistin.

_____ 5. Als Interpretin seiner Werke braucht er sie. Er kann nicht spielen. Ein Finger ist gelähmt.

▶ **24:17–24:32**

IV. Barbara Schumann. Ergänzen Sie die Sätze von Barbara Schumann über
ihre Ur-Urgroßmutter Clara Schumann.

Besonderes	Geld	Kinder
Gabe	geleistet	Komponieren
gekonnt	Großartiges	

Das ist was ganz _____, was sie da _____ hat, und

wie sie _____ verdient hat und ihre _____ durch-

gebracht hat. Aber _____ ist auch was ganz Großartiges. Das habe ich nie

_____, und das ist auch was _____, wenn man das

kann – die _____ hat.

▶ **24:45–25:06**

V. Nach dem Tod Robert Schumanns. Kreuzen Sie die Äußerungen an, die
Sie in diesem Videoabschnitt hören.

_____ 1. Als Robert stirbt, lebt Clara auf.

_____ 2. Sie ist 37, gibt ihre Kinder in Pension und schafft ein glanzvolles Comeback.

_____ 3. Ihr Stern geht auf, als grandiose Interpretin der Werke ihres Mannes.

_____ 4. Johannes Brahms liebt sie und will sie heiraten.

D. Diskussion

1. Wählen Sie eines der Bilder von Clara, Robert oder Vater Wieck und
beschreiben Sie, welchen Eindruck Sie darauf von der Person bekommen.

2. Clara Schumann hatte in ihrem Leben viel Erfolg, aber auch viele
Schwierigkeiten. Was sind Ihrer Meinung nach die Ursachen für ihre
Schwierigkeiten? Durch wen oder was wurden sie verursacht?

3. Im Video hören Sie Musik von Clara Schumann. Was halten Sie von ihrer
Musik? Gefällt sie Ihnen? Warum (nicht)?

E. Rollenspiel. Sie möchten am Wochenende in ein klassisches Konzert gehen. Eine bekannte Pianistin spielt Kompositionen von Mozart, Beethoven und Schumann. Ihre Freundin/Ihr Freund will aber lieber die Gruppe R.E.M. sehen, die in Ihrer Stadt spielt. Versuchen Sie sich gegenseitig zu überzeugen, bevor Sie dann eine Entscheidung treffen.

▶ Wichtige Wörter

abgebildet portrayed
anlässlich on the occasion of
anschließend following
atmen to breathe
auf•gehen (ging, [ist] gegangen) to rise
auf•leben to come to life
auf•treten (tritt; trat, [ist] getreten) to appear (concert, stage)
die Ausstellung, -en exhibition
die Ausübung pursuit
beargwöhnen to hold a grudge
begnadet highly gifted
begraben buried
beherrschend governing
der Besitz possession
bezeichnen to designate, to call
bisweilen sometimes
darauf for it; after that
durch•bringen (brachte, gebracht) to bring up (children)
die Ehe, -n marriage
das Ehejahr, -e year of marriage
der Ehemann, -männer husband
eigenwillig willful, self-willed
entbrennen (entbrannte, entbrannt) to break out
erbittert embittered, bitter
die Erinnerung, -en memory
faszinierend fascinating
das Frauenschicksal woman's fate
das Frauenzimmer, - (old-fashioned word) woman
der Friedhof, -e cemetery
die Gabe, -n gift, talent
der Gatte, -n, -n/die Gattin, -nen spouse
gelähmt lamed

der/die Geliebte (noun decl. like adj.) lover
gelten als is considered to be, is viewed as
genial brilliant
der Gerichtsbeschluss, -e court decision
glanzvoll grand
das Grabmal, -mäler or **-e** grave monument
grandios grand
Großartiges: etwas Großartiges something wonderful
handgeschrieben handwritten
herb harsh, bitter
der Hundertmarkschein, -e hundred mark bill
der Interpret, -en, -en/die Interpretin, -nen interpreter
jemals ever
der Kampf, -e fight
das Kindbett (old-fashioned) confinement of a woman in childbirth
das Klavierkonzert, -e piano concerto
der Klaviervirtuose, -n, -n/die Klaviervirtuosin, -nen piano virtuoso
komponieren to compose
der Komponist, -en, -en/die Komponistin, -nen composer
die Komposition, -en composition
konzertieren to concertize
der Konzertsaal, -säle concert hall
die Kraft, -e force; strength
die Kunst, -e art
leisten to accomplish
Lieblings- favorite
die Muse, -n muse, source of inspiration
musizieren to make music

nach•lesen (ie; a, e) to read into; to glean
neuerdings recently
die Pension, -en boarding school
die Rabenmutter, - unfit mother
resigniert to be resigned
die Romantik romanticism
schaffen to produce
der Schein, -e bill (money)
das Schicksal, -e fate
der Schluss, -e end; **zum Schluss** finally
die Sprache, -n language
sterben (i; a, [ist] o) to die
der Stern, -e star
die Titelseite, -n title page
der Todestag, -e anniversary of one's death
treibend driving
unterdrücken to suppress
der Ur-Urenkel, -/die Ur-Urenkelin, -nen great-great-grandchild
die Ur-Urgroßmutter, - great-great-grandmother
verfolgt persecuted
verheiraten to marry
verklärt radiant
verursachen to cause
wechseln to exchange
der Weiberkram woman's stuff (derogatory)
werben (i; a, o) to woo
widmen to dedicate
das Wirken activity
das Wort: zu Wort kommen to get a chance to speak
das Wunderkind, -er child prodigy
zumindest at least

Thema 5   Musik

5.2 Love Parade

Worum geht es hier?

Die Berliner Love Parade ist die wohl größte Techno-Party der Welt. An der
Love Parade 2000 nahmen circa 1,3 Millionen Menschen teil. Dieser
Videoabschnitt aus der Sendung *heute nacht* zeigt nicht nur den Tag des
Umzugs, sondern auch den Tag davor. Während dieses „Warm-ups" tanzen
tausende von Ravern auf den Straßen. Am Tag des Umzugs rollen dann 50
Umzugswagen mit. Der Techno-Umzug startet am Brandenburger Tor und
führt über eine Strecke von sechs Kilometern durch den Tiergarten zur
Siegessäule. Zu dieser zwölften Love Parade kamen Teilnehmer aus neun
Ländern und die Love Parade wird jetzt auch international. Seit kurzem gibt
es auch eine Love Parade in England, und zwar in Leeds.

A. Einstieg

1. Welche großen Musikfestivals (z.B. Jazz, Techno) gibt es bei Ihnen? In welchen Städten finden sie
    statt? Wie lange dauern sie? Wissen Sie, wie viele Menschen beispielsweise ein bekanntes Festival
    in Ihrer Nähe besuchen?

    _____

    _____

2. Waren Sie schon mal auf so einem Musikfestival? Warum (nicht)?

    _____

    _____

3. Tanzen Sie gern zu Musik? Warum (nicht)?

    _____

4. Schauen Sie auf den Stadtplan von Berlin auf Seite 186. Suchen Sie darauf die Gedächtniskirche, das
    Brandenburger Tor, den Tiergarten und die Siegessäule. Über welche Straße führt die Love Parade?

    _____

▶ **26:26–27:46**

B. Love Parade: die Atmosphäre.
Bei der Love Parade herrscht eine ganz beson-
dere Stimmung. Schon am Tag davor und dann natürlich während des
Umzugs sind die Teilnehmer in ausgelassener Partystimmung. Dieser
Videobeitrag zeigt Bilder davon. Lesen Sie die folgenden Sätze. Schauen Sie
sich dann das Video ohne Ton an und kreuzen Sie an, was Sie sehen.

_____   1. Techno-Fans vor der Berliner Gedächtniskirche

_____   2. Jugendliche mit roten, grünen und blauen Haaren

_____   3. Zwei junge Frauen kommen mit Gepäck an.

_____ 4. Einen jungen Mann mit grünen hochstehenden° Haaren   _spiked_

_____ 5. Zwei Polizisten sprechen mit einigen Punks.

_____ 6. Eine junge Frau mit Cowboy-Hut spricht ins Mikrofon.

_____ 7. Ein junger Mann mit blauem Haar und Tätowierung am Hals spricht ins Mikrofon.

_____ 8. Männer arbeiten an einem Umzugswagen.

_____ 9. Einige ältere Herren im Anzug und mit Krawatte

_____ 10. Ein Mann in einem _UR_-T-Shirt sitzt vor dem Love-Parade-Poster.

_____ 11. Männer bauen an der Bühne.

_____ 12. Jugendliche fahren mit Inlineskates.

_____ 13. Am Tag der Love Parade sieht man eine riesige Menschenmenge vor dem Brandenburger Tor.

_____ 14. Tanzende Menschen auf einem Umzugswagen

_____ 15. Eine Rockgruppe spielt auf der Bühne.

▶ **26:26–27:14**

C. Aussagen zur Love Parade. Was bedeutet die Love Parade für die Teilnehmer und die Sprecherin? Lesen Sie die folgenden Äußerungen. Sehen Sie sich dann das Video mit Ton an und markieren Sie, wer was über die Bedeutung der Love Parade sagt.

a. die Sprecherin
b. junge Frau mit Cowboy-Hut
c. junger Mann mit blauen Haaren
d. junge Frau mit rot gefärbten Haaren
e. junger Mann mit roten Haaren und Halskette
f. Dr. Motte im _UR_-T-Shirt

_____ 1. Dancing, music

_____ 2. Tausende von Ravern tanzen zur Stunde bereits an der Berliner Gedächtniskirche. Die Party schon in vollem Gange. Warm-up für die zwölfte Love Parade.

_____ 3. dass wir ein neues Zeichen setzen für Völkerverständigung, Toleranz und Liebe.

_____ 4. Stimmung top, echt alles top

_____ 5. Den ganzen Tag über sind sie angereist. Mit dabei schrille Frisuren, neueste Klamotten und gute Laune

_____ 6. Alle freuen sich schon auf morgen und das ist einfach toll hier.

_____ 7. Alles ist hier gut – ja, die Stimmung, die Leute hier.

D. Personenbeschreibung. Wählen Sie eine Person, die an der Love Parade teilnimmt.

1. Beschreiben Sie die Person.

   STICHWÖRTER: klein, groß; Haare; Kleidung; eine Brille?

   _____

   _____

2. Welchen Eindruck haben Sie von der Person?

   STICHWÖRTER: freundlich, reserviert, ruhig, intelligent, fröhlich, ernst, entspannt, begeistert, gelangweilt, offen, ausgelassen

   _____

   _____

3. Möchten Sie diese Person kennen lernen? Warum (nicht)?

   _____

   _____

E. Diskussion

1. Würde die Love Parade Sie interessieren? Warum (nicht)?

2. Der Mann in dem *UR*-T-Shirt ist Dr. Motte, einer der Initiatoren der Love Parade. Er sagt, dass die Love Parade ein neues Zeichen für Völkerverständigung, Toleranz und Liebe ist. Glauben Sie, dass so ein Festival solche hohen Ziele haben kann? Warum (nicht)?

3. Interessieren Sie sich für Musikfestivals? Warum (nicht)?

4. Es gibt inzwischen Love Parades in Leeds, Hamburg und Zürich, und auch in Moskau und Tel Aviv sind welche geplant. Sollte es auch eine Love Parade bei Ihnen geben (z.B. in New York, Toronto, San Francisco)? Warum (nicht)?

F. Rollenspiel. Bilden Sie eine Vierergruppe. Sie sind als Austauschstudentinnen/ Austauschstudenten in Heidelberg. Im Juli findet in Berlin wieder die Love Parade statt und sie wollen daran teilnehmen. Machen Sie Pläne. Wie fahren Sie hin? Wo übernachten Sie? Wie lange bleiben Sie? Was für Kleidung tragen Sie? Was wollen Sie sich sonst noch in Berlin ansehen?

▶ Wichtige Wörter

alljährlich yearly

an•legen to set up; **letzte Hand anlegen** to put on finishing touches

an•reisen [ist] to arrive

ausgelassen lively, unrestrained, wild (party)

der Austauschstudent, -en, -en/ die Austauschstudentin, -nen exchange student

beben to quake

bedeutungsschwer significant

bereits already

bilden to create

die Bühne, -n stage

dabei to be there

derzeit at present

echt really

ein•treffen (i; traf, [ist] o) to arrive

sich freuen auf to look forward to

die Frisur, -en hairstyle

der Gang running; **in vollem Gang** in full swing

der Hals, ⁻e neck

die Halskette, -n necklace

herrschen to dominate

das Herz, -ens, -en heart

hochstehend standing upright

die Hochtouren: auf Hochtouren laufen to be in full swing

der Initiator, -en/die Initiatorin, -nen initiator

die Klamotten *(pl.) (coll.)* clothing

kurz: seit kurzem lately

die Laune, -n mood

Leeds city in England

lieb dear

die Menschenmenge, -n crowd of people

mit•rollen [ist] to roll along

der Motivwagen, - theme float

die Nähe proximity

die Partybotschaft, -en message; motto; slogan of the party

der Polizist, -en, -en/die Polizistin, -nen police officer

der Raver, -/die Raverin, -nen raver

riesig gigantic

rot gefärbt dyed red

schaffen to create

schrill garish

die Siegessäule Victory Column (monument in Berlin)

die Sonnenbrille, -n sunglasses

der Stadtplan, ⁻e city map

die Strecke, -n stretch

die Stunde, -n hour; **zur Stunde** at the moment

der Tag day; **den ganzen Tag über** through the whole day

die Tätowierung, -en tatoo

die Techno-Party, -s techno party

der Teilnehmer, -/die Teilnehmerin, -nen participant

teil•nehmen (nimmt; a, genommen) to participate

toll fantastic

top topnotch

überhaupt in general

übernachten to stay overnight (hotel)

der Umzug, ⁻e parade

der Umzugswagen, - parade float

unterwegs on the way

der Veranstalter, -/die Veranstalterin, -nen organizer

vermarkten to market

die Völkerverständigung international understanding

die Vorbereitung, -en preparation

das Vorjahr the previous year

das Zeichen, - sign

das Ziel, -e goal

der Zuschauer, -/die Zuschauerin, -nen viewer

Thema 6   Die Welt der Arbeit

6.1 Ferienjobs für Schüler

Worum geht es hier?

Viele Schüler und Studenten faulenzen sich nicht durch die Ferien, sondern sie versuchen durch Jobben ihre Kasse aufzubessern. In diesem Videobeitrag aus der Sendung *Morgenmagazin* berichtet Andreas Weiser über zwei Ferienjobs in Berlin. Zuerst sehen wir die Schülerin Ana Isabel Sühling bei der Arbeit in der Hotel-Pension Charlottenburg. Danach lernen wir die Schülerinnen Julia Wieners und Janine Heidemann bei ihrer Arbeit auf einem Forellenhof kennen.

A. Einstieg

1. Welche Jobs gibt es bei Ihnen für junge Leute während des Jahres oder in den Sommerferien?

   _____

   _____

2. In Deutschland gibt es auf Grund des Jugendschutzgesetzes bestimmte Einschränkungen. Wie ist das in Ihrem Land? Ab welchem Alter darf man bei Ihnen arbeiten? Welche Art von Jobs darf man erst ab einem bestimmten Alter machen?

   _____

   _____

▶ 28:28–29:20

B. Ana Isabel Sühling bei der Arbeit. Wie sieht Ana Isabels Tagesablauf in der Pension aus? Lesen Sie die folgenden Sätze. Sehen Sie sich dann den Videoabschnitt ohne Ton an und nummerieren Sie die Tätigkeiten in der richtigen Reihenfolge.

_____   Sie macht Betten.

_____   Sie spricht in die Kamera.

_____   Sie beantwortet einen Telefonanruf.

_____   Sie arbeitet am Computer.

_____   Sie spricht mit dem Besitzer des Hotels.

C. Der Job auf dem Forellenhof. Julia und Janine müssen auf dem Forellenhof
verschiedene Arbeiten machen. Lesen Sie die folgenden möglichen Tätigkeiten.
Sehen Sie sich dann den Videoabschnitt ohne Ton an und kreuzen Sie die
Tätigkeiten an, die die Schülerinnen in diesem Segment machen

_____ 1. Staub saugen

_____ 2. die Fische füttern

_____ 3. im Garten arbeiten

_____ 4. die Blumen auf den Tischen gießen

_____ 5. Geschirr spülen

_____ 6. Fische im Laden verkaufen

_____ 7. Kochen

_____ 8. das Essen von der Küche über den Hof tragen

_____ 9. Tische im Speisesaal abräumen

D. Der Job in der Pension. In diesem Videoabschnitt erfahren wir, wie Ana Isabel
den Job in der Pension bekommen hat und wie viel sie verdient. Sehen Sie sich das
Video mit Ton an und markieren Sie dann die Sätze als richtig (**R**) oder falsch (**F**).

_____ 1. Ana Isabel hilft in der Pension aus, denn manche Angestellte der Pension nehmen im
Sommer Urlaub.

_____ 2. Sie verdient 950 Mark im Monat.

_____ 3. Weil sie Schülerin ist, muss sie keine Steuern zahlen.

_____ 4. Um einen Job zu finden, hatte sie sich ans Arbeitsamt gewandt.

_____ 5. Sie hat beim Arbeitsamt angerufen und da hat sie verschiedene Angebote bekommen.

_____ 6. Weil Ferienzeit war, gab es viele Jobs.

_____ 7. Als Schülerin hat sie keine Ausbildung, aber das Hotel suchte jemanden und sie bekam
den Job.

E. Auf dem Forellenhof. In diesem Videoabschnitt erfahren wir etwas über Julias
und Janines Arbeit auf dem Forellenhof. Lesen Sie die folgenden Fragen, sehen
Sie sich das Video mit Ton an und suchen Sie dann die richtigen Antworten.

_____ 1. Wie steht es mit der Jobsituation zur Zeit?

_____ 2. Wie sind Julia und Janine zu ihrem Job gekommen?

_____ 3. Wie viele Stunden arbeiten die beiden Schülerinnen am Tag?

_____ 4. Wann wird den Schülerinnen gesagt, wann und wie lange sie arbeiten müssen?

_____ 5. Was macht Janine mit dem Geld, das sie verdient?

a. Das erfahren sie meistens erst einen oder zwei Tage vorher.
b. Durch eigene Initiative. Sie hörten sich in der Nachbarschaft um und fanden den Job auf dem
Forellenhof.
c. Das geht erst mal aufs Konto. Und sie gibt es für Kleidung aus oder wenn sie abends weggeht,
z.B. ins Kino.
d. Die Tätigkeiten für Schüler und Studenten sind zurückgegangen.
e. Julia und Janine arbeiten zu flexiblen Zeiten. Mal zwei Stunden, mal vier Stunden.

F.   Jugendschutzgesetz. Im Jugendschutzgesetz stehen einige Regelungen zum
Thema Arbeit. Sehen Sie sich die Videoabschnitte an und ergänzen Sie die Sätze.

acht Stunden	Steuern	50 Tagen	15
Akkord	Stoffen	vier Wochen	16

▶ **27:55–28:25**

1. Jugendliche dürfen nicht im _____ arbeiten oder mit gefährlichen

    _____ .

▶ **28:50–29:06**

2. Jugendliche, die an weniger als _____ im Jahr jobben, müssen keine

    _____ zahlen.

▶ **29:53–30:11**

3. Jugendliche unter 18 dürfen maximal _____ im Kalenderjahr arbeiten.

4. Und in diesen Wochen darf nur _____ täglich gearbeitet werden.

5. Außerdem muss man _____ , in einigen Bundesländern sogar

    _____ Jahre alt sein, um überhaupt so einen Job machen zu dürfen.

▶ **30:25–30:42**

In den Regelungen kommen viele spezielle Ausdrücke vor, die wir für Sie übersetzen möchten.

Für Versicherungen und Sozialleistungen dagegen muss sie nichts abgeben. Kranken- und haftpflichtversichert sind Schüler über ihre Eltern. Bei Unfällen springt die Berufsgenossenschaft des Arbeitgebers ein. Ferienjobs können für alle Beteiligten eine gute Sache sein. Auch wenn die Firmen die Aushilfen nicht überall einsetzen können und dürfen.

For insurance and social security benefits, on the other hand, she doesn't have to contribute anything. Students are covered for health insurance and personal liability under their parents. In case of accidents the employers' liability insurance association takes over. Vacation jobs can be a good thing for all concerned. Even if the companies can't or aren't allowed to use the temporary help everywhere.

G.   Diskussion

1. Wählen Sie eine Person aus diesem Videobeitrag und beschreiben Sie sie.
    STICHWÖRTER: Aussehen, Kleidung, Haltung, Sprache

2. Was sieht im Video anders aus als bei Ihnen?
    STICHWÖRTER: Häuser, Kleidung, Hotel, Laden

3. Was halten Sie von den Jobs, die diese Schülerinnen haben? Würden Sie so einen Job gern machen? Warum (nicht)?

4. Was für Jobs haben Sie bisher gehabt? Welche haben Ihnen gefallen und welche nicht?

5. Was haben Sie mit Ihrem verdienten Geld gemacht?

H. Rollenspiel: Vorstellungsgespräch. Sie suchen einen Teilzeitjob. Sie haben möglicherweise einen Job gefunden. Ihre Partnerin/Ihr Partner ist die Chefin/der Chef und interviewt Sie. Sie/Er möchte verschiedene Dinge von Ihnen wissen: Zu welcher Zeit können Sie während des Semesters arbeiten? Wie viele Stunden in der Woche? Welche beruflichen Erfahrungen haben Sie? Können Sie auch in den Sommerferien arbeiten? Sie sprechen natürlich auch über die Bezahlung. Spielen Sie die Szene.

▶ Wichtige Wörter

ab·geben (i; a, e) to contribute
ab·räumen to clear away
achten to pay attention to
der Akkord piecework
allerdings of course
das Alter age
andernfalls otherwise
das Angebot, -e offer
an·weisen (ie, ie) to direct to
der Arbeitgeber, -/die Arbeitgeberin, -nen employer
das Arbeitsamt, -ämter employment office
auf·bessern to improve
die Ausbildung education, training
aus·helfen (i; a, o) to help out
die Aushilfe temporary worker
beachten to bear in mind
begrenzen to limit
der Bereich, -e area
die Berufsgenossenschaft, -en professional association
der/die Beteiligte (noun decl. like adj.) participant
die Bezahlung pay, compensation
dagegen on the other hand
dazu in addition
dazu·gehören to belong to
das Ding, -e thing; **vor allen Dingen** above all
drohen threaten
ebenso wie in the same way as
egal all the same
die Eigeninitiative on one's own initiative
einiges something
die Einschränkung, -en restriction
ein·setzen to use
ein·springen (a, [ist] u) to help out
der Engpass, ¨e bottleneck

erleichtern to alleviate
erst not until
fest·stellen to determine
der Forellenhof, -höfe trout farm
füttern to feed
die Geldbuße fine
das Gesetz, -e law
gießen (goss, gegossen) to water
das Glück luck; **auf gut Glück** to try one's luck
halt (coll.) you know, simply
die Haltung bearing
heben (o, o) to lift
die Hilfstätigkeit temporary employment
hingegen on the contrary
der Hof, ¨e courtyard
jobben to work to earn money, as during the vacation
das Jugendschutzgesetz, -e law to protect minors
die Kasse: die Kasse aufbessern to improve one's finances
der Kellner, -/die Kellnerin, -nen waiter, waitress
die Klamotten (pl.) (coll.) clothing
klappen to work out well
klein gedruckt in small print
das Konto, -s/-en bank account
kranken- und haftpflichtversichert insured against illness and liability
die Last, -en load
laut according to
die Mark German currency before 2002
der Mitarbeiter, -/die Mitarbeiterin, -nen employee
die Nachbarschaft, -en neighborhood
die Pension, -en small hotel

die Regelung, -en regulation
die Rezeption hotel front desk
rund around
sich sammeln to increase
das Service-Thema service topic
die Sozialleistung social security
der Speisesaal, -säle dining room
spülen to wash dishes
Staub saugen to vacuum
die Steuer, -n tax
der Stoff, -e material
der Tagesablauf daily routine
das Taschengeld allowance
die Tätigkeit, -en job
der Teilzeitjob, -s part-time work
sich um·hören to listen around
sich um·schlagen (ä; u, a) to change abruptly
der Unfall, ¨e accident
unterschiedlich variable, various
die Urlaubskasse vacation money
verboten forbidden
der Verdienst earnings
verplanen to budget, plan
die Versicherung insurance
vorher previous
das Vorstellungsgespräch, -e job interview
sich wenden (wandte, gewandt) to turn to
wirtschaftlich economic
der/die Zurückgebliebene (noun decl. like adj.) the person left behind
zurück·gehen (ging, [ist] gegangen) to fall off, become less
zusammen·tragen (ä; u, a) to put together

Thema 6   Die Welt der Arbeit

6.2 Goldgräberinnen im Internet

Worum geht es hier?

Immer mehr Frauen werden im Internet tätig. Eine davon ist Chantal Salzberg aus München. Die Harvard-Business-School-Absolventin hat mit 28 ihr eigenes Unternehmen gegründet, die Internetfirma ALAFOLI. Per Mausklick kriegt man bei ihr alles, was mit dem Thema „Hochzeit" zu tun hat. Die Sendung *ML Mona Lisa* stellt Chantal vor, die über ihre Firma und ihre Erfahrungen mit der Internet-Geschäftswelt berichtet.

A. Einstieg

1. Warum kaufen viele Leute übers Internet ein?

   _____

2. Kaufen Sie übers Internet ein? Wenn ja, was kaufen Sie? Wenn nein, warum nicht?

   _____

   _____

3. Suchen Sie auf der Landkarte auf Seite 185 die Stadt München. In welchem Bundesland liegt München?

   _____

▶ 31:12–34:10

B. Chantal bei der Arbeit. Dieser Videobeitrag zeigt viele Szenen aus Chantals Berufsalltag. Lesen Sie die folgenden Sätze. Schauen Sie sich dann das Video ohne Ton an und nummerieren Sie, in welcher Reihenfolge die folgenden Szenen vorkommen.

_____ Chantal kommt die Treppe herunter in ihr Büro.

_____ Ein Model zieht ein Brautkleid an.

_____ Chantal kommt am Flughafen an.

_____ Chantal zeigt auf den Namen der Firma ALAFOLI.

_____ Ein Lieferwagen fährt vor das Gebäude.

_____ Chantal schläft im Flugzeug.

_____ Die Angestellten tragen Brautkleider aus dem Wagen ins Gebäude.

_____ Chantal und ihr Team stehen vor dem Schreibtisch.

_____ Chantal steigt aus dem Lieferwagen.

_____ Das Model im Brautkleid wird auf dem Bildschirm gezeigt.

_____ Chantal und eine Angestellte ziehen ihr Gepäck hinter sich her.

▶ **31:06–32:37**

C. Die Firma ALAFOLI. Chantal und die Sprecherin berichten über die Firma. Lesen Sie die folgenden Aussagen durch. Sehen Sie sich dann das Video mit Ton an und kreuzen Sie die Punkte an, die Sie hören.

_____ 1. Die Geldgeber glauben an Chantal und die Firma, die vor zwei Wochen in größere Räume gezogen ist.

_____ 2. Chantal hat sich Geld von ihrer Familie geliehen.

_____ 3. Online kann man alles kaufen, was zur Hochzeit gehört. Neben Brautkleidern sind das Accessoires wie Schuhe oder Blumen, aber auch Büfetts, und, wenn gewünscht, die komplette Organisation der Hochzeit, Flitterwochen inklusive.

_____ 4. Die Brautkleider im Internet sind circa 25 Prozent billiger als Brautkleider im Modegeschäft.

_____ 5. Die Arbeit ist anstrengend. Chantal steht jeden Morgen um sechs Uhr auf und geht nachts um zwei ins Bett.

_____ 6. Aber als Leiterin kann sie wenigstens viel Urlaub nehmen.

_____ 7. Die Firma hat zu dritt angefangen und sie sind jetzt 75.

_____ 8. Bevor Chantal ihre Firma gegründet hat, war sie selber Model.

▶ **33:08–33:24**

D. Die Chefredakteurin. Chantals Chefredakteurin erzählt, wie sie und Chantal zusammen arbeiten. Sehen Sie sich das Videosegment an und ergänzen Sie die Sätze.

Erfahrung	vor Chantal
Respekt	vor mir
Verhältnis	

Also, wir haben ein sehr partnerschaftliches, kollegiales _____, und haben,

glaube ich, beide _____ voreinander. Ich _____,

weil sie so ein „tough cookie" ist – sie natürlich auch _____, weil ich natür-

lich auch sehr viel _____ hab'.

E. Frauen und das Internet. Chantal spricht über ihre speziellen Erfahrungen als Geschäftsfrau und über Frauen und das Internet im Allgemeinen. Lesen Sie die Fragen und die Antworten. Sehen Sie sich dann die Videosegmente an und wählen Sie die richtigen Antworten.

▶ **31:19–31:41**

_____ 1. Warum glaubt Chantal, dass sie manchmal anders behandelt wurde?

_____ 2. Was denken die Leute bei der Telefongesellschaft, bei der Telekom und bei den Netzwerken?

_____ 3. Was machen diese Leute, was unfair ist?

_____ 4. Was glaubt Chantal, könnte passieren, wenn sie nicht aufpasst?

▶ **33:25–34:10**

_____ 5. Warum meint die Sprecherin, gibt es so wenige „Start-Upperinnen" in Deutschland?

_____ 6. Warum werden mehr und mehr Frauen jetzt auch in der Internetbranche tätig werden?

_____ 7. Was sollten Frauen, die im Internet arbeiten wollen, sich immer vor Augen halten?

_____ 8. Worauf muss man aufpassen?

a. Wie man die Firma leitet und was man da genau macht.
b. Sie würde richtig über'n Tisch gezogen werden.
c. Weil sie eine Frau und blond ist.
d. Weil es einfach hip und cool ist und jeder will im Internet arbeiten.
e. Die weiß sowieso nicht, was sie damit tut.
f. Chantal leitet nicht einen Laden, in dem man Birnen und Äpfel verkauft, sondern es geht um sehr viel Geld.
g. Sie verlangen dann 15 Prozent mehr. (Chantal sagt hier, „Sie hauen noch 15 Prozent drauf.")
h. Die Frauen müssen jung mit Berufserfahrung sein und bereit sein, sich voll der Arbeit zu widmen. (Die Redakteurin sagt hier „Biss".)

F. Diskussion

1. Welchen Eindruck haben Sie von Chantal? Würden Sie gern für sie arbeiten?

2. Was halten Sie von der Firma ALAFOLI? Würden Sie für Ihre Hochzeit alles von einer Internetfirma organisieren lassen – Kleidung, Büfett, Flitterwochen? Warum (nicht)?

G. Rollenspiel. Sie und Ihre Partnerin/Ihr Partner wollen eine Internetfirma gründen. Entscheiden Sie, was Sie zum Verkauf anbieten wollen. Warum glauben Sie, dass Leute bei Ihrer Firma einkaufen würden?

▶ Wichtige Wörter

ab und zu now and then

der Absolvent, -en, -en/die Absolventin, -nen graduate

die Accessoires (*pl.*) accessories

Allgemein: im Allgemeinen in general

anderthalb one and a half

der/die Angestellte (*noun decl. like adj.*) employee

die Angst, ¨e fear

an·sagen to announce

anstrengend demanding, exhausting

das Auge, -n eye; **vor Augen halten** to keep in mind

aus·steigen (ie, [ist] ie) to get out

Bavaria female symbol of Bavaria

behandeln to treat

bereit ready

die Berufserfahrung professional experience

der Berufsalltag typical work day

die Birne, -n pear

der Biss spirit

die Börse, -n stock market

die Branche, -n branch

die Braut, Bräute bride

das Brautkleid, -er wedding dress

das Büfett, -s buffet

der Chefredakteur, -e/die Chefredakteurin, -nen editor-in-chief

doppelt double

drauf·hauen to slap on additionally

dritt: zu dritt three together

durch·arbeiten to work through

die Eigeninitiative on one's own initiative, enterprise

der Firmenpartner, -/die Firmenpartnerin, -nen partner in a business

die Flitterwochen (*pl.*) honeymoon

der Flughafen, -häfen airport

das Ganze whole thing

der Geldgeber, -/die Geldgeberin, -nen creditor; financial backer

der Geldregen shower of money

der Geschäftstermin, -e business appointment

das Glück luck

glücklich happy

der Goldgräber, -/die Goldgräberin, -nen gold miner; gold digger

gründen to found

der Gründer, -/die Gründerin, -nen founder

die Hochzeit, -en wedding

inklusive inclusive

die Internetrecherche, -n research on the Internet

klappen to work out well

kollegial cooperative

die Konkurrenz competition

leiten to lead, to run

der Leiter, -/die Leiterin, -nen boss

der Lieferwagen, - delivery van

das Modegeschäft, -e fashion shop

das Muss requirement

nachts at night

das Netzwerk, -e network

das Nickerchen, - nap

die Panikattacke, -n panic attack

partnerschaftlich partnership

der PR Manager, -/die PR Managerin, -nen publicity manager

raus·kommen (kam, [ist] o) to come out

realisieren to carry out, produce

rund um die Hochzeit all about the wedding

schaffen to create

schnelllebig fast-moving

der Schritt, -e step; **Schritt halten** to keep pace

sich hin·setzen to sit down

sowenig no more

sowieso in any case

der Start-Upper, -/die Start-Upperin, -nen person starting up, starter-upper

tätig sein to work

die Telefongesellschaft, -en telephone company

der Tisch, -e table; **über'n Tisch gezogen** (*slang*) to be taken advantage of

der Traum, Träume dream

das Unternehmen, - business

das Verhältnis, -se relationship

der Verkauf sale; **zum Verkauf** for sale

vertreiben (ie, ie) to drive away

vor·kommen (kam, [ist] o) to occur

der Vortag day before

weshalb why

widmen to devote

ziehen (zog, [ist] gezogen) to move

die Zusammenarbeit cooperation

Thema 7   Multikulturelle Gesellschaft

7.1 Integration an Schulen

Worum geht es hier?

Seit Jahren ist das Thema Zuwanderung eines der meist debattierten Themen. Die rot-grüne Koalitionsregierung aus SPD und Grünen strebt eine Lösung an, die die Integration von Ausländern nicht erschwert, sondern erleichtert und will die Zuwanderung durch ein neues Gesetz regeln. Ein Teil der Bevölkerung ist dagegen und meint „Das Boot ist voll". Der andere Teil meint „Multikulti über alles".

Bei der Integration von jungen Ausländerinnen und Ausländern spielt die Schule eine wichtige Rolle. Die Berliner Gustav-Heinemann-Schule ist eine Schule, wo sich Kinder und Jugendliche unterschiedlicher Nationalitäten oft zum ersten Mal begegnen. Bei 20 Prozent der Schüler ist Deutsch nicht ihre Muttersprache. Die Sendung *Morgenmagazin* stellt die Schule und einige ihrer Schüler vor.

A. Einstieg

1. Was macht man in Ihrem Land an Schulen, um die Integration von Ausländern zu erleichtern? Werden sie getrennt oder zusammen mit den anderen Schülern unterrichtet? Können Schüler Unterricht in ihrer Muttersprache bekommen?

    _____

    _____

2. Aus welchen anderen Ländern kamen Mitschülerinnen und Mitschüler während Ihrer Schulzeit? Was haben Sie von Ihren ausländischen Mitschülern gelernt?

    _____

    _____

▶ **34:53 -35:24**

B. Vor der Schule. In den ersten Szenen bekommen wir einen Eindruck von den Schülern, von der Schule und ihrer näheren Umgebung. Schauen Sie sich den Videoabschnitt ohne Ton an und kreuzen Sie an, was Sie sehen.
TIPP: Es können auch mehrere Antworten richtig sein.

_____ 1. Welche Jahreszeit ist es wohl?
    a. Sommer   b. Herbst   c. mitten im Winter

_____ 2. Was für Gebäude gibt es hier?
    a. Einfamilienhäuser mit Garten   b. große Geschäftshäuser   c. Wohnblocks

_____ 3. Wie kommen die Jugendlichen zur Schule?
    a. zu Fuß   b. mit dem Auto   c. mit dem Fahrrad

_____ 4. Wie sehen die Jugendlichen aus?
    a. Sie sind alle hellhäutig.   b. Einige tragen Kopftücher.   c. Einige sind schwarz.

_____ 5. Viele Jugendliche tragen Jacken. Welche Farben haben sie?

a. rosa   b. grün   c. blau

▶ **34:25–37:05**

C. In der Schule. Wie sieht die Schule aus? Was machen die Schüler und die Lehrer? Schauen Sie sich den Videoabschnitt ohne Ton an und kreuzen Sie an, was Sie sehen.

_____ 1. Poster mit blauen Blumen

_____ 2. große Fenster

_____ 3. einen Globus

_____ 4. Eine Lehrerin schreibt an die Tafel.

_____ 5. Bilder an der Wand

_____ 6. rote und schwarze Stühle

_____ 7. Ein Jugendlicher spielt eine Szene.

_____ 8. eine rote Klassenzimmertür

_____ 9. Zwei Jungen tragen Baseballmützen.

_____ 10. Der Direktor sitzt am Schreibtisch.

_____ 11. Am schwarzen Brett hängen viele Zettel.

▶ **37:06–37:46**

D. Bei Eugenie zu Hause. Die Jugendliche in diesem Videoabschnitt ist Eugenie. Eugenies Familie kam vor acht Jahren aus Usbekistan nach Deutschland. Schauen Sie sich das Video ohne Ton an und markieren Sie die Aussagen als richtig (**R**) oder falsch (**F**).

_____ 1. Eugenie fährt mit ihrem Fahrrad nach Hause.

_____ 2. Die Wohnung hat eine Glastür.

_____ 3. Ihre Mutter arbeitet an der Nähmaschine.

_____ 4. Ihr Bruder macht Schulaufgaben.

_____ 5. Ihr Vater kocht in der Küche.

_____ 6. Die Wohnung scheint relativ klein zu sein.

▶ **35:14–35:24, 37:25–37:37**

E. Eugenie über Fremdenfeindlichkeit. Eugenie ist eine Jüdin aus Usbekistan. In dem Videoabschnitt spricht ihre Mutter russisch. Eugenie ist seit acht Jahren an der Schule. Sie spricht über ihre eigenen Erlebnisse in und außerhalb der Schule. Sehen Sie sich die Videoszenen mit Eugenie an und markieren Sie die folgenden Aussagen als richtig (**R**) oder falsch (**F**).

_____ 1. An der Schule hat Eugenie das Gefühl, dass sie dazugehört.

_____ 2. Außerhalb der Schule kommt es mal vor, dass sie daran erinnert wird, dass sie in Deutschland nur zu Gast ist.

_____ 3. Die Sprecherin sagt, dass Eugenie es gar nicht leicht findet sich zu integrieren.

_____ 4. Die Sprecherin sagt weiter, dass Eugenie von den Eltern kaum Hilfe erwarten kann.

_____ 5. Eugenie denkt, dass sie in die Gesellschaft bereits integriert ist und zwar durch die Schule.

_____ 6. Deshalb sind die Jugendlichen eigentlich für die Eltern eine Stütze.

36:05 -37:06

F. Integration an der Schule. In diesem Segment sprechen Jugendliche, ein Lehrer und der Direktor der Schule über die Integration von Ausländern. Einige stehen der Integration eher kritisch gegenüber, aber einige sehen Integration sehr positiv. Lesen Sie die Aussagen durch. Sehen Sie sich das Video an und machen Sie sich Notizen, wer was sagt. Markieren Sie dann, wer die folgenden Aussagen gemacht hat.

a. die Sprecherin
b. eine blonde Jugendliche im Pullover
c. eine schwarze Jugendliche
d. ein blonder Jugendlicher mit rotem Pulli
e. ein Lehrer
f. der Direktor

 1. Die Einwandererkinder müssen ihren Weg ganz alleine finden. Umso wichtiger ist da die Unterstützung der Schulen bei dem Anpassungsprozess.

 2. Wir denken, so ungefähr zwanzig Prozent an ausländischen Schülern kann man vertragen, um den hinreichenden Integrationsdruck zu üben.

 3. Ich denke, gerade wenn halt die Ausländer selbst nicht wollen und immer ihre eigene Kultur haben wollen und sich gar nicht integrieren lassen wollen, dann gibt's eine Grenze.

 4. Und zumal jetzt auch im Verhalten, also wenn die aggressiv sind oder die Regeln nicht einhalten, wir trennen uns auch von solchen Leuten.

 5. Ich meine, es gibt bestimmte Leute, die sind halt von Natur aus schüchtern und das heißt nicht, dass sie sich nicht integrieren wollen.

 6. Intoleranz wird an der Schule nicht geduldet. Wer sich dem Verhaltenskodex nicht anpasst, bekommt Probleme.

 7. Weil, wenn ich 80 Prozent Ausländer habe und 20 Prozent Deutsche, was in manchen Schulen in Berlin der Fall ist, dann kann man nicht von der Integration der Ausländer sprechen, sondern eher der Deutschen.

_A_ 8. Die sich anpassen, haben gute Chancen. Etwa jeder vierte Schüler mit nichtdeutscher Herkunftssprache schafft das Abitur.

G. Diskussion

1. Der Direktor sagt: „Wir sorgen dafür, dass ein bestimmtes Quorum nicht überschritten wird. Wir denken so ungefähr zwanzig Prozent an ausländischen Schülern kann man vertragen, um den hinreichenden Integrationsdruck zu üben." Was halten Sie von diesem Standpunkt? Vergleichen Sie diesen Standpunkt mit der Meinung oder dem Gesetz in Ihrem Land.

2. Eugenie und die Sprecherin denken, dass bei dem Anpassungsprozess von ausländischen Kindern und Jugendlichen die Schule wichtiger ist als die Eltern. Was meinen Sie?

H. Rollenspiel. Ihr Sohn/Ihre Tochter besucht die erste Klasse einer Berliner Grundschule, in der 50 Prozent deutsche Kinder und 50 Prozent ausländische Kinder sind, die noch nicht so gut Deutsch sprechen können. Da Sie befürchten, dass durch die ausländischen Kinder das Niveau° sinkt, überlegen Sie sich Ihre Tochter/Ihren Sohn auf eine andere Schule zu schicken, in der etwa 80 Prozent der Schüler Deutsche und nur 20 Prozent Ausländer sind. Ihre Frau/Ihr Mann ist dagegen. Spielen Sie die Szene.

level

▶ Wichtige Wörter

ab•schrecken to deter
die **Anforderung, -en** requirement
an•passen to adapt, conform
der **Anpassungsprozess** adjustment process
an•streben (e, e) to aim for
die **Arbeitsgruppe, -n** study group
die **Aufgabe, -n** assignment
ausländisch foreign
die **Baseballmütze, -n** baseball cap
begegnen to meet
bereits already
berücksichtigen to take into consideration
beschäftigt occupied with
die **Bevölkerung** population
bewerten to judge
der **Brennpunkt, -e** focus
dabei at the same time
dazu•gehören to belong to
debattieren to debate
die **Deutscharbeit, -en** test in German
dulden to tolerate
durchaus definitely
ein•halten (ä; ie, a) to follow (rules)
das **Einwandererkind, -er** child of immigrants
einzeln single
erinnern to remind
erleichtern to make easy
ernsthaft serious
erschweren to make difficult
die **Fremdenfeindlichkeit** xenophobia; hostility toward foreigners
der **Gast, ̈e** guest
gegenüber•stehen: etwas kritisch gegenüberstehen to have a critical view of something
die **Gesellschaft, -en** society
das **Gesetz, -e** law

getrennt separated
der **Globus, -se/Globen** globe
die **Grenze, -n** limit
die **Grünen** Green Party
halt (coll.) you know
hellhäutig light-skinned, white
die **Herkunft** origin
die **Herkunftssprache, -n** native language
hinreichend sufficient
hoch•schlagen (ä; u, a) to surge up (waves)
der **Integrationsdruck** pressure to integrate
integrieren to integrate
der **Jude, -n, -n**/die **Jüdin, -nen** Jew
die **Koalitonsregierung** coalition government
der **Königsweg** perfect path
das **Kopftuch, ̈er** headscarf
leider unfortunately
multikulti (coll.) multicultural
die **Muttersprache, -n** mother tongue
die **Nähmaschine, -n** sewing machine
die **Natur** nature; **von Natur aus** by nature
ohnehin anyway
(das) **Osteuropa** Eastern Europe
der **Parlamentarier, -/**die **Parlamentarierin, -nen** parliamentarian
die **Pflichtveranstaltung, -en** obligatory event
die **Praxis** practice
die **Quotierung, -en** quotation
der **Rauswurf, ̈e** dismissal, expulsion
rechnen to count on
die **Regel, -n** rule
regeln to regulate
Rot-Grün coalition government of SPD and Greens
schaffen to get

der **Schrecken** scare
schüchtern shy
das **schwarze Brett, die schwarzen Bretter** bulletin board
die **Sicht** view
sorgen to take care of
SPD = Sozialdemokratische Partei Deutschlands Social Democratic Party
der **Standpunkt, -e** view
die **Stütze, -n** support
die **Suche** search
tönen to sound
sich trauen to dare to do something
sich trennen to separate oneself
üben to practice, exercise
überschreiten (überschritt, überschritten) to exceed
die **Umgebung, -en** surrounding area
umso all the more
ungefähr approximately
unterrichten to teach
unterschiedlich different, various
die **Unterstützung, -en** support
unumstritten undisputed
das **Verhalten** conduct
das **Verhältnis, -se** proportion
der **Verhaltenskodex** code of conduct
vertragen (ä; u, a) to tolerate
vertreten (vertritt; a, e) to support
vor•kommen (kam, [ist] o) to happen
die **Welle, -n** wave
der **Wohnblock, -s** apartment house
zählen to count
zumal especially
die **Zuwanderung** immigration

Thema 7   Multikulturelle Gesellschaft

7.2 „Weil ich 'n Türke bin ..."

Worum geht es hier?

Erci Ergün ist Musiker und Radiomoderator bei dem Berliner Sender SFB 4
Radio Multikulti. Erci ist der Sohn von türkischen Einwanderern, die als
Gastarbeiter nach Deutschland kamen. Erci ist in Deutschland geboren und ist
deutscher Staatsbürger. Trotzdem ist er nicht sicher, dass die deutsche
Gesellschaft bereit ist türkische Einwanderer als gleichberechtigte
Mitbürgerinnen und Mitbürger zu akzeptieren. In diesem Videobeitrag lernen
wir Erci kennen und erfahren von ihm, welche Probleme und welche
Emotionen seine türkische Herkunft für ihn mit sich bringt.

A. Einstieg

1. Welche Minderheiten werden in Ihrem Land als Fremde betrachtet?

    _____

2. Finden Sie, dass manche Minderheiten weniger akzeptiert sind als andere? Wenn ja, welche?

    _____

3. Was für Fortschritte und Veränderungen gegenüber Minderheiten gab es Ihrer Meinung nach in
    den letzten fünf Jahren in Ihrer Gesellschaft?

    _____

▶ **37:55–38:33**

B. Auf dem Weg zur Arbeit. Dieses Videosegment zeigt, was Erci Ergün an
einem normalen Tag auf seinem Weg zur Arbeit sieht. Lesen Sie die folgenden
Punkte. Sehen Sie sich dann den Videoabschnitt ohne Ton an. Nummerieren
Sie in welcher Reihenfolge die Bilder vorkommen.

_____ Erci telefoniert auf seinem Handy.

_____ Ein Verkäufer an einem Imbiss-Stand verkauft Döner Kebap.

_____ Ein Mann und eine Frau mit Kinderwagen gehen vorbei.

_____ Frauen mit Kopftüchern steigen in einen Bus ein.

_____ Erci kommt aus der U-Bahnstation.

_____ Eine Asiatin kauft am Obststand ein.

_____ Erci sitzt im Café und spricht in die Kamera.

C. Erci bei der Arbeit. In diesen Videoabschnitten sehen wir Erci bei der Arbeit im Tonstudio des Senders Radio Multikulti. Lesen Sie die folgenden Sätze. Schauen Sie sich dann die Videosegmente ohne Ton an und kreuzen Sie die Bilder an, die Sie sehen.

▶ 38:40–39:03

_____ 1. Erci sitzt mit Kopfhörern im Tonstudio.

_____ 2. Eine Mitarbeiterin sitzt hinter einer Glasscheibe.

_____ 3. Die Mitarbeiterin arbeitet am Computer.

_____ 4. Eine Frau sitzt am Reglerpult.

▶ 39:23–39:52

_____ 5. Das Team frühstückt.

_____ 6. Erci spricht im Aufnahmestudio mit einer Mitarbeiterin.

_____ 7. Erci kommt ins Studio.

_____ 8. Erci sitzt am Reglerpult im Tonstudio.

▶ 38:05–39:57

D. Vorurteile und Integration. In diesem Videobeitrag hören wir von den Vorurteilen gegen Einwanderer, aber auch von Vorschlägen zur Integration. Lesen Sie die folgenden Aussagen. Sehen Sie sich dann das Video mit Ton an und markieren Sie die Aussagen als Vorurteil (**V**) oder Lösung (**L**).

_____ 1. Es gibt so viele Vorurteile, dass es einfach nötig war, fand ich, dass ein in Anführungsstrichen Fremder, der hier ist, all das mal einfach sagt.

_____ 2. Dass Einwanderer sich in Deutschland integrieren müssen, für ihn klare Sache.

_____ 3. Doch er habe so seine Zweifel, dass die deutsche Gesellschaft wirklich bereit sei, auch das Fremde an den Einwanderern zu akzeptieren.

_____ 4. Er selbst hat das Gefühl, dass das Verhältnis zwischen Deutschen und Einwanderern schwieriger wird.

_____ 5. Das macht sich ja dann insofern bemerkbar, dass, wenn früher – man hier und da mal gespürt hat, auf der Behörde oder bei der Polizei, dass man eigentlich nicht so gern gesehen ist, spürt man das jetzt vielleicht ein bisschen öfter.

_____ 6. Man denkt, ich bin einfach nicht gewollt. Und wieso eigentlich? Ich bin doch hier geboren.

_____ 7. Doch damit das Zusammenleben funktioniert, bedarf es einer gemeinsamen Sprache. Das müsste jeder Einwanderer begreifen.

_____ 8. Er muss sich und nichts weiter von sich aufgeben. Er muss nur den Austausch pflegen können, um sagen zu können, ich bin dies, ihr seid das, hier können wir uns treffen.

_____ 9. Die Sprache ist das Wichtigste.

_____ 10. Er selbst ist ein Beispiel dafür, dass Integration nicht bedeutet, dass man seine eigene kulturelle Herkunft aufgeben muss. Seine Songs produziert Erci Ergün auch auf Türkisch.

E. **Weil ich 'n Türke bin ...** Am Anfang des Videobeitrags hören wir einen Rapsong von Erci. Lesen Sie den Text. Sehen Sie sich dann das Video an und beantworten Sie die Fragen.

> ▶ **37:55–38:04**
>
> Fast an allem bin ich Schuld,
> man nennt mich liebevoll Kanake.
> Dein größtes Problem:
> dein Pickel an der Backe!
> Dass ich packe und geh',
> darauf kannst du lange warten.
> Solang' ich da bin, guck ich weiter böse
> und mach' 'n Harten.

> ▶ **38:18–38:39**
>
> Ich nehm dir deine Frau weg
> danach mach ich dich arbeitslos.
> Deutschland tut mir so gut, was machen
> wir da bloß?
> Und überhaupt –
> deine Frau weggenommen –
> Soll ich dir was sagen?
> Sie ist von ganz alleine mitgekommen.
> Natürlich bin ich Schuld
> an euren Arbeitslosenzahlen,
> ich kriege haufenweise Jobs
> und alle woll'n mir viel bezahlen.
> Weil ich 'n Türke bin,
> bist du gestresst ...

FRAGEN

1. Erci sagt: „Dein größtes Problem: dein Pickel an der Backe!" Wen redet Erci hier an? Was will er mit diesem Satz ausdrücken?

2. Aus welchen Gründen glaubt Erci, dass die Deutschen es gern hätten, wenn er wieder in die Türkei ginge? Was haben die Deutschen gegen die türkischen Einwanderer?

3. Was kritisiert Erci an den Deutschen?

4. Das Hauptelement in Ercis Song ist die Ironie. Die ersten zwei Zeilen sind ein Beispiel dafür. Nennen Sie einige andere ironische Elemente.

F. **Diskussion**

1. Beschreiben Sie Erci Ergün. Wie sieht er aus?

2. Ist er Ihrer Meinung nach ein guter Repräsentant für die Türken in Deutschland? Gefallen Ihnen seine Vorschläge für eine bessere Integration der Türken?

3. Finden Sie ihn sympathisch? Warum (nicht)?

4. Würde Erci Ergün denselben Vorurteilen begegnen, wenn er in Ihrem Land wohnen würde? Warum (nicht)?

5. Gefällt Ihnen Ercis Song als Rapsong? Warum (nicht)?

6. Ist die Integration von Einwanderern ein Thema in Rapsongs, die Sie kennen? Warum (nicht)? Was meinen Sie?

7. Welche anderen Themen gibt es häufig in Rapsongs?

▶ Wichtige Wörter

alles everybody

die Anführungsstriche (*pl.*) quotation marks

der Arbeitnehmer, -/die Arbeitnehmerin, -nen employee

arbeitslos unemployed

die Arbeitslosenzahlen (*pl.*) unemployment statistics

der Asiat, -en, -en/die Asiatin, -nen Asian man/woman

auf•geben (i; a, e) to give up

das Aufnahmestudio, -s recording studio

der Austausch exchange

die Backe, -n cheek

bedürfen to require

begegnen to be faced with

begreifen (begriff, begriffen) to understand

die Behörde, -n authority

bemerkbar noticeable

bloß only

böse angry

danach afterwards

der Döner Kebap, -s Southeast European food: mutton in a pocket (pita bread)

ein•steigen (ie, [ist] ie) to get on

der Einwanderer, -/die Einwanderin, -nen immigrant

das Einwandererkind, -er child of immigrants

fast almost

der Fortschritt, -e progress

der/die Fremde (*noun decl. like adj.*) stranger, foreigner

das Fremde foreignness; strangeness

der Gastarbeiter, -/die Gastarbeiterin, -nen foreign worker

die Gegenwehr resistance

gemeinsam common

gestresst stressed out

die Glasscheibe, -n pane of glass

gleichberechtigt having equal rights

gucken to look

gut tun to do someone good

das Handy, -s cell phone

(einen) Harten machen (*slang*) to stand up to someone

haufenweise loads of

häufig often

das Hauptelement, -e main element

die Herkunft origin

der Imbiss-Stand, ̈e fast food stand

insofern in this respect

integrieren to integrate

der Kanake, -n, -n (*pejorative*) foreigner

der Kinderwagen, - baby carriage

der Kopfhörer, - headphone

das Kopftuch, ̈er headscarf

liebevoll loving

die Minderheit, -en minority

der Mitarbeiter, -/die Mitarbeiterin, -nen employee

der Mitbürger, -/die Mitbürgerin, -nen fellow citizen

nötig necessary

der Obststand, ̈e fruit stand

packen to pack up

pflegen to foster

der Pickel, - pimple

produzieren to produce

der Radiomoderator, -en/die Radiomoderatorin, -nen radio presenter

das Reglerpult, -e audio mixer

die Sache, -n thing; **klare Sache** obvious

die Schuld blame

spüren to feel

der Staatsbürger, -/die Staatsbürgerin, -nen citizen

die Strophe, -n stanza

das Tonstudio, -s recording studio

der Türke, -n, -n/die Türkin, -nen Turk

türkisch Turkish

überhaupt anyway

die Veränderung, -en change

das Verhältnis, -se relationship

der Verkäufer, -/die Verkäuferin, -nen salesperson

verursachen to cause

die Vielfalt variety

vor•kommen (kam, [ist] o) to occur

der Vorschlag, ̈e suggestion

weg•nehmen (nimmt; a, genommen) to take away

das Wichtigste most important thing

wieso why

das Zusammenleben living together

der Zweifel, - doubt

Thema 8   Jung und Alt

8. Alt sind nur die anderen

Worum geht es hier?

Die Sendung *ML Mona Lisa* bringt einen Beitrag zum Thema Altwerden. Wir lernen drei Generationen einer ziemlich „aufgeweckten" Familie kennen, jede mit ihrer ganz eigenen Ansicht vom Altwerden. Wir treffen die Großeltern, Brigitte und Elard Würtz, die Tochter Iris Filmer mit ihrem Ehemann Werner und die Enkelin Jana Filmer.

A. Einstieg

1. Denken Sie an Ihre Großeltern oder an die Großeltern von Bekannten. Wie leben sie? Was sind ihre Interessen?

   _____

   _____

2. Inwiefern sind die Großeltern, an die Sie denken, „alt"? Inwiefern sind sie für Sie nicht „alt"?

   _____

   _____

▶ **40:16–45:33**

B. Drei Generationen. In diesem Videobeitrag sehen wir Bilder aus dem täglichen Leben von drei Generationen einer Familie. Schauen Sie sich das Video ohne Ton an und machen Sie sich Notizen über das, was Sie sehen. In welcher Reihenfolge kommen die folgenden Bilder?

_____ Jana sitzt im Wohnzimmer und spricht in die Kamera.

_____ Werner sitzt im Wohnzimmer und spricht in die Kamera.

_____ Brigitte und Elard sitzen am Computer.

_____ Brigitte spielt Blockflöte.

_____ Iris arbeitet am Schreibtisch.

_____ Iris und Werner sitzen an einem Tisch im Garten.

_____ Elard spricht in die Kamera.

_____ Jana klopft an die Tür.

_____ Jana macht die Küche sauber.

_____ Jana und Iris sprechen im Büro miteinander.

_____ Iris sitzt allein im Garten und spricht in die Kamera.

_____ Brigitte sitzt auf dem Sofa und spricht in die Kamera.

C. Iris und Werner beim Kaffeetrinken. Ein Bild aus dem täglichen Leben ist das Kaffeetrinken. Schauen Sie sich das Videosegment an und listen Sie mindestens sieben Dinge auf, die Sie sehen.

einen Tisch _____   _____

_____   _____

_____   _____

_____   _____

D. Die erste Generation. Die Sprecherin erzählt vom Ehepaar Würtz. Brigitte, 81, und ihr Mann Elard haben sich vor drei Jahren ihr erstes Notebook gekauft. Brigitte und Elard sprechen über das Internet und erzählen von ihrem Verhältnis zu jungen Leuten. Durch das Internet haben sie Kontakt zu vielen jungen Leuten zwischen 25 und 40 Jahren. Sehen Sie sich den Videoabschnitt mit Ton an und ergänzen Sie ihre Aussagen mit den angegebenen Wörtern.

Bekanntenkreises	Gewinn
Defizit	junge Leute
festgestellt	Kontakte

BRIGITTE: Also, zunächst ist es plötzlich eine Möglichkeit, _____

zu knüpfen mit Menschen, die sonst völlig außer dem Bereich des

_____ sind. ... Ich hab nicht gesagt, ach, jetzt will

ich unbedingt _____ kennen lernen. Das ist gar

kein _____ bei mir. Aber ich hab plötzlich

_____, dass ich da junge Leute kennen lerne und

das ist wirklich ein _____.

Briefen	früher
Denken	Sprache
ergänzen	verstehe
fremd	

ELARD: Und da lernen wir – aus den _____ lernen

wir jetzt die neue moderne _____, die uns an

sich als alten Leuten _____ ist. Und wir lernen

das _____ der jungen Leute. Und die wiederum

fragen; wie war's denn _____ mit euch? Und so

weiter. Und so _____ wir uns, und das, möchte

ich sagen, _____ ich unter Generationskooperation.

246 ■ Thema 8 *Kaleidoskop:* Das Video

▶ **41:46–44:18**

E. Die zweite Generation. Iris, die Tochter von Brigitte und Elard Würtz, war 50 als sie mit ihrem Sohn eine Agentur für Partnervermittlung via Internet gründete. Die Sprecherin sagt: In drei Jahren hat sie sich in einer Szene durchgesetzt, in der sonst nur 20- bis 30-Jährige arbeiten. In der Familie herrscht Aufbruchstimmung, denn ihre Mutter Brigitte startete mit 50 auch eine neue Karriere als Porträtmalerin. Iris' Mann Werner ist zwölf Jahre älter als sie und ist schon in Pension. Damit ist er dem Alter schon ein Stück näher. Sehen Sie sich das Video mit Ton an und wählen Sie die richtige Antwort auf die Fragen.

_____ 1. Wofür ist Iris' Mutter ein sehr positives Beispiel?

_____ 2. Was sieht Iris, wenn sie ihre Mutter ansieht?

_____ 3. Was ist das Jugendliche an ihrer Mutter, das Iris spürt?

_____ 4. Welchen Effekt hat es, dass Iris so eine jugendliche Mutter hat?

_____ 5. Zwischen jung und alt ist rein körperlich und optisch ein Einschnitt, meint Iris. Was macht sie jetzt als 53-jährige Frau zum Beispiel nicht mehr?

_____ 6. Was sagt Werner über das Älterwerden?

_____ 7. Was sagt Werner über den Tod?

a. Das ist eine Phase, die mit dem Tod endet.
b. Es nimmt ihr ein bisschen das Erschrecken um das Alter.
c. Sie ist auch faltig.
d. Wie man wirklich schön alt werden kann.
e. Sie geht nicht mehr im Bikini ins Schwimmbad oder am Strand lang.
f. Das bedrückt schon, weil es natürlich auch Melancholie ins Leben hineinbringt.
g. Es ist Brigittes jugendlicher Geist.

▶ **44:24–45:06**

F. Die dritte Generation. Jana arbeitet bei ihrer Mutter in der Agentur für Partnervermittlung. In der letzten Zeit denkt sie über das Altwerden nach. Sehen Sie sich den Videoabschnitt an und wählen Sie die richtigen Antworten auf die Fragen. Eine Frage kann auch mehr als eine Antwort haben.

_____ 1. Warum denkt Jana über das Altwerden nach?
　　a. Sie wird jetzt dreißig.
　　b. Ihr Großvater hat einen Schlaganfall gehabt.
　　c. Ihre Mutter sieht jetzt viel älter aus.
　　d. Ihr Vater ist in Pension gegangen.

_____ 2. Was sind für Jana die Konsequenzen des Älterwerdens?
　　a. Man ist begrenzt in dem, was man machen kann.
　　b. Menschen haben Angst vor dem Tod.
　　c. Menschen müssen Abstand von Sachen nehmen, die ihnen Spaß gemacht haben.
　　d. Man vereinsamt eventuell auch ein bisschen.

_____ 3. Janas Vorbilder, was das Älterwerden betrifft, sind ihre Großeltern. Was hat sie von ihrer Großmutter gelernt?
　　a. im Internet zu surfen　　　　c. dass man sich auch im Alter keine Grenzen setzen muss
　　b. Blockflöte zu spielen　　　　d. Porträts zu malen

G. Diskussion

1. Wer von den Personen aus dem Beitrag gefällt Ihnen am besten? Beschreiben Sie die Person. Wie sieht sie aus? Was macht sie alles? Was finden Sie an dieser Person besonders beeindruckend?

2. Ist Altwerden für Sie ein Thema? Warum (nicht)?

3. Wie möchten Sie im Alter gerne sein? Warum?

H. Rollenspiel. Jana Filmer wird in ein paar Tagen 30 und sie ist ein wenig melancholisch. Sie denkt über das Älterwerden nach und hat auch ein wenig Angst davor. Sie unterhält sich mit ihrer Großmutter Brigitte Würtz darüber. Spielen Sie die Szene.

▶ Wichtige Wörter

der **Abstand** distance; **Abstand nehmen** to refrain from
die **Agentur, -en** agency
das **Alter** age; old age
an·**tun (a, a)** to do something to someone
die **Aufbruchstimmung** spirit of initiative
aufgeweckt bright, sharp
bedrücken to depress
der **Begriff, -e** concept, idea
begrenzen to limit
beeindruckend impressive
der **Bekanntenkreis, -e** circle of friends
der **Bereich, -e** area
beruflich professional
betreffen (i; traf, o) to concern
bevorstehend approaching
die **Blockflöte, -n** recorder
sich **durch·setzen** to establish oneself
durch·starten to rev up
der **Einschnitt, -e** decisive point (in life)
die **Einstellung, -en** attitude
empfinden (a, u) to feel
der **Enkel, -/die Enkelin, -nen** grandson/granddaughter
die **Entwicklung, -en** development
erben to inherit
sich **ergänzen** to complement one another

erreichen to attain
das **Erschrecken** fright, shock
erwachsen adult
eventuell possibly
faltig wrinkled
fertig werden (i; u, [ist] o) to come to grips with
die **Freude, -n** joy, pleasure
der **Geist** spirit
die **Gelassenheit** composure
der **Gewinn, -e** profit, gain
gründen to establish
herrschen to prevail
hinein·horchen to listen in
infizieren to infect
der **Internetanschluss, ¨e** Internet connection
jugendlich youthful
knüpfen to strike up
die **Kontakfreudigkeit** sociability
körperlich physical
die **Lebenskonstante, -n** fact of life, constant value
oll (North German word) old, worn out
optisch optically, visually
die **Partnervermittlung** dating service
Pension: in Pension gehen to retire
die **Pensionierung** retirement
der **Porträtmaler, -/die Porträtmalerin, -nen** portrait painter

rücken to move
Sagen: das Sagen haben to have the say
sauer machen to annoy
der **Schatz, ¨e** treasure
der **Schlaganfall, -anfälle** stroke
schlechthin as such, per se
selbstbewusst self-confident
die **Spur, -en** trace
spüren to feel
der **Strand, ¨e** beach
die **Überraschung, -en** surprise
die **Überschaubarkeit** clarity
unbedingt absolutely
ungewöhnlich unusual
verblassen ([ist]) to fade
verdrängen to repress
vereinsamen to grow lonely
das **Verhältnis, -se** relationship
der/das **Virus, Viren** virus
völlig complete
das **Vorbild, -er** model
die **Wehmut** melancholy; nostalgia
Welt: aus aller Welt from the whole world
die **Zaubertüte, -n** magic bag of tricks
zunächst first of all

Thema 9   Stereotypen

9.1 Typisch deutsch, typisch türkisch

Worum geht es hier?

Wir benutzen das Wort „typisch" sowohl im positiven wie auch im negativen
Sinn. Was uns vertraut ist, nennen wir im positiven Sinne typisch. Wenn wir
etwas Fremdes als typisch bezeichnen, ist das oft negativ gemeint. Solch
stereotypes Denken führt dann zu Vorurteilen. In Deutschland leben
Deutsche, Türken und andere Ausländer zusammen. Wollen sie das friedlich
tun, müssen sie die Vorurteile abbauen, und das heißt, einander kennen
lernen. In einer Sendung zum Thema Stereotypen stellt *ML Mona Lisa* die
Fragen: Was ist typisch deutsch? Was ist typisch türkisch?

Der Videobeitrag beginnt mit Bildern von Deutschen und Türken zusammen.
Damit die Deutschen die Türken besser kennen lernen, versucht die Sendung
drei typische Vorurteile gegenüber den Türken zu entkräften: 1. Arbeitsplatz,
2. Islam (Religion), 3. Frauenrechte.

A. Einstieg

1. Welche Eigenschaften sollen für Ihre Landsleute typisch sein? Nennen Sie
   zwei positive und zwei negative Eigenschaften.

   _____

   _____

2. Glauben Sie, dass die Eigenschaften in Frage 1 wirklich typisch sind?
   Warum (nicht)?

   _____

▶ 45:42–46:25

B. Typisch deutsch, typisch türkisch.
Die Moderatorin nennt einige Eigen-
schaften und Gebräuche und stellt die Frage, ob sie typisch deutsch oder
türkisch sind. Raten Sie, ob die Moderatorin die folgenden Punkte für deutsch
oder türkisch hält. Markieren Sie **d** für deutsch und **t** für türkisch. Sehen Sie
sich dann das Video mit Ton an. Haben Sie richtig geraten?

_____ 1. Ordnung   _____ 6. ständiges Anklagen

_____ 2. Gemütlichkeit   _____ 7. Frauen mit Kopftüchern

_____ 3. Neuschwanstein   _____ 8. Vorliebe für Sauerkraut

_____ 4. Pünktlichkeit   _____ 9. geknechtete Analphabetinnen

_____ 5. in Großfamilien leben

C. Stereotype Bilder. Deutsche und Ausländer leben in einem Land zusammen. Das bedeutet aber nicht, dass die Ausländer ihre ursprüngliche Kultur verleugnen müssen. Das Aussehen, die Hautfarbe, die Kleidung, die Gebräuche – all das erinnert an ihre Herkunft. Sehen Sie sich das Video ohne Ton an. Welche Dinge und Menschen würden Sie als „deutsch" und welche als „ausländisch" kennzeichnen? Markieren Sie die folgenden Punkte mit **d** für deutsch und **a** für ausländisch.

_____ 1. die Fahne

_____ 2. Verkäuferin in der Bäckerei

_____ 3. Verkäufer von Ledersachen, mit Turban

_____ 4. Verkäuferin mit schwarzem Kleid und Kopftuch

_____ 5. blonder Mann in dunkler Jacke

_____ 6. junger Mann mit Weste

_____ 7. blonde Frau mit Brille

_____ 8. tanzende Frauen

_____ 9. ältere Frauen mit grauen Haaren

_____ 10. Fachwerkhäuser

_____ 11. zwei Männer mit Shorts, am Tisch beim Biertrinken

_____ 12. Mann im T-Shirt mit Aufdruck Italia

_____ 13. Kind mit Baseballmütze

14. zwei Männer nebeneinander

_____ a. einer mit dunklen Haaren und Schnurrbart

_____ b. der andere mit beigem Hut, Jacke und Krawatte

D. Vorurteile. Die Sendung beschäftigt sich mit Vorurteilen gegenüber den Türken und illustriert sie anhand von drei Beispielen: Arbeitsplatz, Islam und Frauenrechte. Lesen Sie die Fragen und die Auswahl der Antworten. Sehen Sie sich das Video mit Ton an und wählen Sie die richtigen Anworten auf die Fragen.

▶ 47:33–47:59 • **Arbeitsplatz**

_____ 1. Was meinen viele Deutsche zum Thema Arbeitsplätze?

_____ 2. Welche Arbeit machen die Ausländer oft?

_____ 3. Warum sucht die deutsche Wirtschaft in vielen Bereichen nach qualifizierten Arbeitskräften?

▶ **48:01–48:36 · Islam**

_____ 4. Wie erscheint manchen Deutschen die Ausübung des islamischen Glaubens?

_____ 5. Was befürchten viele Deutsche?

_____ 6. Welcher Prozentsatz von Moslems in der Bundesrepublik geht in Moscheen?

_____ 7. Wie viele der Moslems sind Fundamentalisten?

▶ **48:38–48:59 · Frauenrechte**

_____ 8. Was ist ein gängiges Vorurteil türkischen Frauen gegenüber?

_____ 9. Inwiefern sind junge Ausländerinnen anders als die Frauen der älteren Generationen?

ANTWORTEN:

a. Sie entfernen sich immer mehr von den alten Geschlechterrollen.
b. Sie haben Angst, dass das Land von religiösen Fanatikern terrorisiert und Kirchen von Moscheen verdrängt werden.
c. Für die weniger schönen Arbeiten sind die Deutschen nur schwer zu begeistern.
d. Als akute Bedrohung.
e. Ausländische Frauen werden unterdrückt.
f. Die Ausländer nehmen ihnen die Arbeitsplätze weg.
g. 20 Prozent.
h. Mit Deutschen allein kann der Bedarf an Arbeitskräften nicht mehr gedeckt werden.
i. Nur wenige Prozent. Und es gibt auch in der christlichen Kirche Fanatiker.

E. Diskussion

1. Dieter Oberndörfer, Vorsitzender des Rates für Migration, sagt am Ende des Videosegments [49:00–49:26], dass Deutschland ein Geburtendefizit hat und auf dem Weg ist ein Altersheim zu werden. Durch Ausländer könnte das Land ein bisschen jugendlicher, bunter und weniger dröge werden. Was meinen Sie? Braucht ein Land Immigranten? Braucht Ihr Land Immigranten? Warum (nicht)?

2. Durch diesen Videobeitrag sollen die Deutschen die Türken besser kennen lernen und Vorurteile abbauen. Glauben Sie, dass das Video dieses Ziel erreichen kann? Warum (nicht)?

F. Rollenspiel. Bilden Sie eine Zweiergruppe. Sie sind eine Ausländerin/ein Ausländer, die/der zum ersten Mal Ihr Land besucht. Erzählen Sie von Ihren Eindrücken. Ihre Partnerin/Ihr Partner reagiert darauf, indem sie/er ein bisschen mehr dazu erklärt. Denken Sie an die folgenden Bereiche: 1. Leben an der Uni, 2. Freundschaften und 3. Familienleben. Spielen Sie die Szene.

▶ Wichtige Wörter

ab·bauen to reduce
ab·hängen to depend on
ab·lehnen to reject
aktuell current
das **Altersheim, -e** retirement home
der **Analphabet, -en, -en**/die **Analphabetin, -nen** illiterate
an·gehören to belong to
anhand von by means of
die **Anklage, -n** reproach
an·passen to adapt
die **Arbeitskraft, ̈e** worker
der **Aufdruck, -e** saying on T-shirt
sich auf·regen to get upset
die **Ausübung** practice
der **Bedarf** need
die **Bedrohung, -en** threat
befürchten to fear
begeistern to make enthusiastic
bei·tragen (ä; u, a) to contribute
der **Bereich, -e** area
die **Bereitschaft** readiness
sich beschäftigen to deal with
beweglich agile-minded
bunt colorful; varied
christlich Christian
dabei at the same time
decken to cover
dröge (*North German*) boring
dynamisieren to make dynamic
die **Eigenschaft, -en** characteristic
das **Einschmelzen** fusion
sich entfernen to distance oneself
entkräften to weaken; refute
das **Ergebnis, -se** result
erinnern to remind, recall
erledigen to do
das **Fachwerkhaus, -häuser** half-timbered house
die **Fahne, -n** flag
der **Familienbericht, -e** report on families
die **Frage: in Frage stellen** to question
das **Frauenrecht, -e** women's right

der/die **Fremde** (*noun decl. like adj.*) foreigner
friedlich peaceful
gängig popular, current
der **Gebrauch, Gebräuche** custom
das **Geburtendefizit, -e** negative birth rate
gegenüber towards
geknechtet oppressed, enslaved
die **Gemütlichkeit** coziness
die **Geschlechterrolle, -n** gender role
der **Glauben** belief
händeringend wringing one's hands
die **Hautfarbe** skin color
die **Herausforderung, -en** challenge
die **Herkunft** origin
hin·nehmen (nimmt; a, genommen) to accept
jugendlich youthful
sich klammern to cling to
der **Knick, -e** crease
das **Kopftuch, ̈er** headscarf
kräftig strong, loud
die **Landsleute** fellow countrypersons
die **Langeweile** boredom
die **Ledersachen** (*pl.*) leather goods
die **Leitkultur** dominant or governing culture
die **Messlatte, -n** guage
messen (i; a, e) to measure
die **Moschee, -n** mosque
der **Nerv: auf die Nerven gehen** to get on one's nerves
Neuschwanstein castle in Bavaria, famous tourist attraction
die **Ordnung** order
der **Prozentsatz** percentage
die **Pünktlichkeit** punctuality
der **Rat, ̈e** council
rund um die Uhr round the clock
der **Schnurrbart, ̈e** moustache
schrecklich dreadful

das **Schwarzwaldmädel, -** woman in costume of Black Forest (tourist attraction)
die **Selbstverständlichkeit** obviousness
der **Sinn** sense; **im Sinn** in the sense of
das **Sofakissen, -** sofa cushion
das **Stadtviertel, -** section of the city
die **Stammtischparole, -n** watchword of group meeting regularly for drinks
ständig constant
stets always
steigen (ie, [ist] ie) to rise
die **Tatsache, -n** fact
tödlich deadly
sich tun: sich schwer tun to have problems with
unauffällig unobtrusive
unheimlich frightening, eerie
unterdrücken to suppress
ursprünglich original
verdrängen to replace
die **Vergangenheit** past
verleugnen to deny
vermeintlich supposed
die **Verschiedenheit, -en** difference
versinken (a, [ist] u) to sink
vertraut familiar
Vertrautes something familiar
verunsichern to make insecure
die **Vielheit** variety
die **Vorliebe** preference
der/die **Vorsitzende** (*noun decl. like adj.*) chairperson
die **Weise, -n** manner
weitgereist well-traveled
weltoffen cosmopolitan
der **Wert, -e** value
die **Weste, -n** vest
zahlreich numerous
zudem furthermore
die **Zuwanderung** immigration

Thema 9   Stereotypen

9.2 „Ich bin stolz ein Deutscher zu sein.“

Worum geht es hier?

„Ich bin stolz ein Deutscher zu sein" ist ein typischer Slogan der Rechts-radikalen in Deutschland. Für sie sind Menschen, die in Deutschland leben, aber anders aussehen und andere Bräuche haben, keine Deutschen, auch wenn sie in Deutschland geboren sind. In diesem Beitrag lernen wir den schwarzen Deutschen Christian kennen, der den Slogan „Ich bin stolz ein Deutscher zu sein" stolz auf seinem T-Shirt trägt. Er macht das im Rahmen einer Kampagne, die den Rechtsradikalen ihre Slogans nehmen will und darauf aufmerksam machen will, dass in einem multikulturellen Land alle akzeptiert werden müssen und dass Deutschland aus vielen verschiedenen Gruppen von Menschen besteht, die auch auf ihr Land und ihre Nationalität stolz sind.

A. Einstieg

1. Welche Minderheiten gibt es in Ihrem Land?

   _____

2. Ist es in Ihrem Land typisch oder untypisch, dass Menschen mit unterschiedlichen Hautfarben und unterschiedlicher ethnischer Herkunft Staatsbürger werden? Warum ist es typisch oder untypisch?

   _____

3. Suchen Sie auf der Landkarte auf Seite 185 die Stadt Marburg. In welchem Bundesland liegt Marburg?

   _____

▶ **49:34–50:42**

B. Christian zu Hause. Als wir Christian in seiner Wohnung besuchen, treffen wir ihn bei Fitnessübungen. Er macht Sit-ups. Schauen Sie sich das Video ohne Ton an und kreuzen Sie an, was Sie sehen.

_____ 1. einen Perserteppich

_____ 2. einen Bauchtrainer

_____ 3. Gewichte

_____ 4. ein T-Shirt mit dem Aufdruck „Ich bin stolz ein Deutscher zu sein."

_____ 5. Poster

_____ 6. Bilder

_____ 7. einen Stuhl

_____ 8. einen Schreibtisch

_____ 9. einen CD-Ständer

_____ 10. einen Fernseher

_____ 11. einen Computer

_____ 12. eine Gitarre

_____ 13. Bücher

_____ 14. eine Uhr

_____ 15. Frühstück auf dem Tisch

▶ 49:34–49:55

C. Christian. Was erfahren wir über Christian? Sehen Sie sich das Video mit Ton an und wählen Sie die richtigen Antworten auf die Fragen.

_____ 1. Wie alt ist Christian?
a. 23   b. 25   c. 29

_____ 2. Wo ist er geboren?
a. in Marburg   b. in Berlin   c. in Hamburg

_____ 3. Wo lebt er jetzt?
a. in Marburg   b. in Berlin   c. in Hamburg

_____ 4. Was ist er von Beruf?
a. Lehrer   b. Musiker   c. Investmentberater

_____ 5. Wie heißt er mit Nachnamen?
a. Klein   b. Kleinschmidt   c. Er sagt es nicht.

_____ 6. Wie kämpft er gegen stereotypes Denken?
a. Er ist Teil einer Aufklärungskampagne gegen Rechtsradikale.
b. Rechtsradikale sind seine Freunde.
c. Er komponiert Rapsongs.

▶ 49:56–50:42

D. Stereotypen. Christian spricht über das stereotype Bild, das manche Deutsche von ihm haben. Warum glauben diese Deutschen nicht, dass Christian Deutscher ist? Sehen Sie sich das Video an und schreiben Sie die Fragen und Kommentare der Deutschen auf.

1. _____

2. _____

3. _____

_____

▶ 49:46–50:42

E. Maßnahmen gegen stereotypes Denken. Christian sagt, wie Menschen gegen stereotypes Denken vorgehen könnten. Sehen Sie sich das Video an und ergänzen Sie seine Äußerungen mit den fehlenden Wörtern.

Beitrag   nicht so wie wir
der breiten Masse   sehen anders aus
Deutsche

Das heißt, man müsste natürlich erst mal diese Möglichkeit finden, _____

zu erklären, es gibt hier wirklich Menschen, die _____, die sind

_____, aber sie sind genauso _____ …

leisten genauso ihren _____ hier in dieser Nation.

F. Diskussion

1. Welchen Eindruck haben Sie von Christian? Finden Sie ihn sympathisch? Würden Sie ihn gerne persönlich kennen lernen? Warum (nicht)?

2. Wie sehen Sie Christians zukünftiges Leben?

   a. Wird er wohl glücklich sein? Warum (nicht)?

   b. Wird er wohl in seinem Beruf erfolgreich sein? Warum (nicht)?

3. Einige Deutsche, die Christian trifft, können nicht glauben, dass er Deutscher ist. Was für Vorstellungen haben diese Menschen von einem „typischen" Deutschen? Was glauben Sie?

G. Rollenspiel. Bilden Sie eine Zweiergruppe und spielen Sie ein Treffen im Fitnessclub zwischen Christian und einer anderen Deutschen/einem Deutschen, die/der ihn für einen Ausländer hält. Sie sind Christian, Ihre Partnerin/Ihr Partner die andere Person.

▶ Wichtige Wörter

sich an•fühlen to feel

der Aufdruck, -e saying on T-shirt

die Aufklärungskampagne, -n informational campaign

aufmerksam: aufmerksam machen auf to draw attention to

der Bauchtrainer, - incline bench

behalten (ä; ie, a) für sich to keep to oneself

der Beitrag, ̈e contribution

bereit ready

bestehen (bestand, bestanden) aus to consist of

der Brauch, Bräuche custom

bunt colorful; varied, diverse

der CD-Ständer, - CD tower

durchaus complete

erfolgreich successful

ethnisch ethnic

die Fitnessübungen (*pl.*) working out, physical exercises

genauso the same as

die Gewichte (*pl.*) weights

die Hautfarbe skin color

herkommen: Wo kommen Sie her? Where are you from?

die Herkunft origin

der Investmentberater, -/die Investmentberaterin, -nen investment advisor

die Kampagne, -n campaign

der Kommentar, -e comment

komponieren to compose

leisten to do, accomplish

die Masse, -n masses; **die breite Masse** the bulk of the population

die Maßnahme, -n measure, step, action

die Minderheit, -en minority

der Nachname, -ns, -n surname

die Nähe proximity

der Perserteppich, -e Persian rug

der Rahmen, - frame; **im Rahmen** in the framework

der/die Rechtsradikale (*noun decl. like adj.*) right wing radical

die Sicherheitsgründe (*pl.*) reasons of security

die Sitte, -n custom

der Staatsbürger, -/die Staatsbürgerin, -nen citizen

der Teppich, -e rug

unterschiedlich various, different

völlig complete

vor•gehen (ging, [ist] gegangen) to proceed, to act

die Vorstellung, -en idea, picture

wieso why

sich wundern to be surprised, to wonder about

zukünftig future

Thema 10   Umwelt

10.1 Der deutsche Wald

Worum geht es hier?

Können die Deutschen in ihrem Wald bald nicht mehr spazieren gehen? Wegen des sauren Regens nimmt das Waldsterben in Deutschland weiter zu und es geht dem Wald immer schlechter. Dieser Videobeitrag zeigt, wie wichtig der Wald für die Umwelt und den Menschen ist.

A. Einstieg

1. Wie stark ist das Problem des sauren Regens

   a. in dem Ort, wo Sie wohnen?

   _____

   b. in Ihrem Land?

   _____

2. Was wird in Ihrem Land gegen den sauren Regen getan?

   _____

3. Über welche Umweltprobleme sollten die Medien Ihrer Meinung nach mehr berichten?

   _____

▶ **50:50–53:22**

B. Der deutsche Wald in Bildern.   Die Bilder in diesem Videoabschnitt haben alle etwas mit dem Wald zu tun. Schauen Sie sich das Video ohne Ton an und schreiben Sie die Dinge auf, die Sie sehen (Minimum 6).

1. _____
2. _____
3. _____
4. _____
5. _____
6. _____

Kaleidoskop: Das Video **Thema 10** ■ **257**

▶ **50:59–51:38**

C. Funktion der Bäume. Eine Aufgabe der Bäume ist es die Luft zu erneuern. In diesem Videoabschnitt wird das genauer erklärt. Sehen Sie sich das Video mit Ton an und ergänzen Sie die Sätze, die Sie hören.

aufgebraucht	unbegrenzter Menge
Blättern	Bäume
Kohlendioxid	wandeln
Sauerstoff	um

Beim Atmen verbraucht jeder Mensch _____. Sauerstoff ist aber nicht in

_____ in der Luft vorhanden. Er würde langsam aber sicher

_____, wenn kein neuer Sauerstoff produziert würde. Diese Aufgabe

übernehmen die _____. Mit winzigen Öffnungen auf ihren

_____ atmen sie genau den Stoff ein, den wir ausatmen – das

_____ – und _____ ihn in Sauerstoff

_____.

▶ **51:40–52:01**

D. Aufgaben des Walds. In diesem Segment hören wir, welche weitere Aufgabe der Wald hat. Sehen Sie sich das Video an und ergänzen Sie die Sätze, die Sie hören.

Bäume	Erde
Bergen	weggeschwemmt
Boden	Wurzeln

Außerdem hält der Wald den _____ zusammen. Bei einem ausgiebigen

Wolkenbruch kann es vorkommen, dass der Boden _____ wird. Besonders

leicht passiert das in den _____. Wenn der Boden sich hier erst einmal

bergabwärts bewegt, reißt er immer mehr _____ mit sich. Die

_____ können solche gefährlichen Bergrutsche verhindern, denn sie halten

mit ihren _____ den Boden wie mit einem Netz zusammen.

▶ **52:12–52:34**

E. Waldsterben. Die Sprecherin beschreibt, wie aus einem gesunden Wald ein kranker Wald wird. Sehen Sie sich das Video an und markieren Sie die Vorgänge in der richtigen Reihenfolge. Was kommt zuerst? Was passiert dann?

_____ Immer mehr Blätter bekommen braune Flecken und fallen ab.

_____ Zuerst erkranken die Blätter.

_____ Riesige Wälder sind durch diese Krankheit schon vernichtet worden: das Waldsterben.

_____ Die Krankheit, an der die Bäume leiden, erkennt man erst nach und nach.

_____ Wenn die Krankheit schlimmer wird, sterben ganze Äste ab.

Name _____   Datum _____

▶ **52:42–53:08**

F. Die Hauptursache für das Waldsterben. Die Sprecherin erklärt die Hauptursachen für das Waldsterben. Sehen Sie sich das Video an und verbinden Sie die Satzteile, die zusammen passen.

_____ 1. Die Hauptursache für das Waldsterben

_____ 2. Die größten Umweltverschmutzer

_____ 3. Aber auch Fabriken und Kraftwerke

_____ 4. Diese Schadstoffe

_____ 5. Der Regen

_____ 6. Mit seinen Wurzeln

a. saugt der Baum den sauren Regen auf, und deshalb wird er krank.
b. werden vom Regen aufgenommen.
c. sind die Autos.
d. ist die Umweltverschmutzung.
e. wird sauer.
f. pusten täglich riesige Mengen Schadstoffe aus ihren Schornsteinen.

▶ **53:10 -53:22**

G. Lösungen. Die Sprecherin nennt zwei Dinge, die gemacht werden müssten, um weniger sauren Regen zu produzieren. Sehen Sie sich das Video an und schreiben Sie die zwei Dinge auf.

1. _____

2. _____

H. Diskussion

1. Für welche Zielgruppe ist dieser Videobeitrag gedacht? Begründen Sie Ihre Meinung mit Beispielen aus dem Video.

2. Können Zuschauer jeder Altersgruppe von diesem Video lernen? Warum (nicht)?

3. Halten Sie solche Beiträge über Umweltprobleme für wichtig? Glauben Sie, dass die Menschen dadurch mehr Umweltbewusstsein entwickeln?

▶ Wichtige Wörter

ab·fallen (ä; ie, [ist] a) to drop off
ab·sterben (i; a, [ist] o) to die
die Altersgruppe, -n age group
anders herum the other way around
der Ast, ⸚e branch
der Atem breath; **Atem wegbleiben** not to be able to breathe
atmen to breathe
auf·bringen (brachte, gebracht) to summon up
die Aufgabe, -n function
auf·nehmen (nimmt; a, genommen) to absorb
auf·saugen to soak up
aus·atmen to breathe out
ausgiebig large
bergabwärts downhill
der Bergrutsch landslide
die Besserung, -en improvement
sich bewegen to move
ein·atmen to breathe in
ein·bauen to install
erfüllen to fulfill
erkranken to become sick
erneuern to renew
der Fleck, -en spot
gelangen to reach

die Hauptursache, -n main cause
das Kohlendioxid carbon dioxide
das Kraftwerk, -e power plant
leiden (litt, gelitten) to suffer
die Medien (*pl. of* **das Medium**) media
die Menge, -n amount
nach und nach little by little
das Netz, -e net
die Öffnung, -en opening
pusten to puff
reißen (riss, gerissen) to pull
riesig huge
sauer acid
der Sauerstoff oxygen
der saure Regen acid rain
der Schadstoff, -e pollutant
der Schornstein, -e smokestack
die Sicht sight
übernehmen (übernimmt; a, übernommen) to take over
um·wandeln to transform
die Umwelt environment
das Umweltbewusstsein environmental awareness
der Umweltverschmutzer, -/die Umweltverschmutzerin, -nen polluter

die Umweltverschmutzung pollution
unbegrenzt unlimited
sich verändern to change
verbrauchen to consume
das Verhalten conduct
verhindern to prevent
vernichten to destroy
der Vorgang, ⸚e step in a process
vorhanden available
das Waldsterben dying of forests
weg·schwemmen to wash away
winzig tiny
der Wolkenbruch, ⸚e cloudburst
die Wurzel, -n root
die Zielgruppe, -n target audience
zu·nehmen (nimmt; a, genommen) to increase
zusammen·halten (ä; ie, a) to hold together
sich zusammen·setzen to consist of

Thema 10   Umwelt

10.2 Ein Umweltprojekt

Worum geht es hier?

Die Sendung *drehscheibe Deutschland* berichtet in diesem Beitrag über ein
Umweltprojekt der Stadt Güstrow, das auf der EXPO 2000 in Hannover
vorgestellt wurde. Die historische Stadt Güstrow liegt mitten in einem
Wassergebiet, das aus dem Fluss Nebel, vielen Kanälen und Sumpfwiesen
besteht. In den letzten zehn Jahren hat die Stadt alle Kanäle renaturiert und
die Sumpfwiesen so reguliert, dass sie nicht austrocknen oder bei starkem
Regen unter Wasser stehen. Neben dem interessanten EXPO-Projekt ist
Güstrow auch wegen des Güstrower Schlosses eine Reise wert. Das Schloss ist
das bedeutendste Renaissancebauwerk in Norddeutschland. Im Video
benutzen die Sprecher viele technische Ausdrücke, aber keine Angst, es macht
nichts, wenn Sie nicht jedes Wort verstehen.

A. Einstieg

1. Was für Wasserprojekte gibt es oder hat es in Ihrem Land gegeben?

   _____

2. Welche von den Wasserprojekten in Frage 1 sind erfolgreich? Welche sind eher schlecht für die
   Umwelt?

   _____

3. Inwiefern spielt Wasser heutzutage auf der ganzen Welt eine immer wichtigere Rolle?

   _____

4. Suchen Sie Güstrow auf der Landkarte auf Seite 185. In welchem Bundesland liegt Güstrow?

   _____

▶ 53:32–54:28

B. Güstrow: Die Landschaft. Was sehen Touristen, wenn sie sich die Umgebung
von Güstrow anschauen? Sehen Sie sich das Video ohne Ton an und wählen
Sie die passende Beschreibung.

_____ a. Ein kleiner Fluss fließt durch den Wald. Am Fluss steht ein Häuschen mit Garten (mit
Blumen und Gemüse). Ein Radfahrer fährt auf dem Waldweg.

_____ b. Ein großer Fluss fließt in einen See. Am See steht ein Wochenendhaus. Zwei Männer
fischen im See. Ein Kind spielt neben ihnen.

_____ c. Ein kleiner Fluss fließt vor einem Schloss. In der Nähe ist eine Sumpfwiese. Ein kleines
Gebäude, ein Wasserwerk, steht an einem Kanal. In dem Wasserwerk sind Turbinen in
Betrieb.

C. Güstrow: Die Stadt. Was sehen Touristen, wenn sie die Stadt besuchen? Schauen Sie sich das Video ohne Ton an und ergänzen Sie die Sätze.

1. Güstrow ist eine _____ Stadt.
   a. kleine   b. große

2. Im Stadtzentrum gibt es _____.
   a. Geschäftshäuser   b. Wohnblocks

3. In der Szene sehen wir _____ Leute.
   a. über zehn   b. weniger als fünf

4. Die Leute _____.
   a. kaufen Blumen auf dem Wochenmarkt   b. haben Einkaufstaschen in der Hand

5. Es gibt _____ Verkehr.
   a. wenig   b. viel

6. Ein _____ spielt am Brunnen.
   a. Junge   b. Mädchen

▶ 50:56–54:28

D. Das Umweltprojekt I. In diesem Videoabschnitt berichtet der Sprecher über das Wasserprojekt in Güstrow. Lesen Sie die Sätze. Sehen Sie sich dann das Video mit Ton an und ergänzen Sie die Sätze.

austrocknen	Regen
Bäche	reguliert
Kanäle	zehn Jahren

In den letzten _____ sind hier alle Kanäle renaturiert worden. Selbst das

historische Schneckenschöpfwerk _____ heute wieder den Grundwasser-

stand und sorgt dafür, dass die Sumpfwiesen nicht _____ oder eben bei

starkem _____ unter Wasser stehen. Die _____,

_____ und eben die Nebel – hier in Güstrow ist ein natürlicher

Wasserkreislauf wieder hergestellt worden.

▶ **54:30–54:55**

E. Das Umweltprojekt II. In diesem Videosegment erzählt Elke Schütt vom EXPO-Büro-Güstrow mehr über das Wasserprojekt. Lesen Sie die Fragen und die möglichen Antworten. Sehen Sie sich dann das Video an und wählen Sie die Antworten auf die Fragen.

_____ 1. Woher kommt das Wasser in Güstrow?

_____ 2. Wie wird das Wasser in der Natur normalerweise gefiltert?

_____ 3. Wo wurde das Gebäude (Aquarium) gebaut?

_____ 4. Was kann man im Aquarium sehen?

a. Im Wasser (im Becken).
b. Es wird aus der Nebel entnommen.
c. Wie es unter Wasser funktioniert mit Fischen und mit Pflanzen eben auch.
d. Es läuft durch bestimmte Erdschichten.

▶ **55:23–55:56**

F. Das Elektrizitätswerk. Der Sprecher nennt das ehemalige Elektrizitätswerk ein historisches Kleinod. Er erzählt, welche Rolle das Werk für den Kreislauf des Wassers in Güstrow spielt. Lesen Sie die Fragen und Antworten. Sehen Sie sich dann das Video an und wählen Sie die passenden Antworten.

_____ 1. Was soll die alten Turbinen antreiben?

_____ 2. Aus was ist das Werk eine Kombination?

_____ 3. Woher kommt der Strom für das Elektrizitätswerk?

_____ 4. Wohin fließt das Wasser der Nebel, das übrig bleibt?

a. In den Borgenbrunnen mitten in der Stadt.
b. Aus einem technischen Museum und einem Wohn- und Gewerbehaus
c. Das Wasser der Nebel.
d. Das Werk deckt seinen eigenen Strombedarf.

G. Diskussion

1. Glauben Sie, dass mehr Touristen wegen des Wasserprojektes nach Güstrow kommen werden? Warum (nicht)?

2. Würden Sie diese Stadt gern besuchen? Warum (nicht)?

3. Welche Dinge sehen Sie in diesem Video, die eher in Deutschland zu finden sind als bei Ihnen?

H. Rollenspiel. Sie und Ihre Partner haben die Aufgabe ein Umweltprojekt zu organisieren, das Ihren Ort auch für Touristen attraktiver macht. Diskutieren Sie in einer Vierergruppe, was Sie machen könnten.

▶ Wichtige Wörter

angelehnt modeled after
die Angst fear, worry; **keine Angst, ¨e** don't worry
das Anliegen intent
an·treiben (ie, ie) to drive
die Aquaerlebniswelt experiencing the world of water
aus·trocknen to dry up
der Bach, ¨e brook
das Becken, - pool
bedeutendste most significant
betreiben (ie, ie) to drive
der Betrieb operation; **Betrieb aufnehmen** to start operating
bildungsorientiert designed to teach
der Biofilter, - natural filter
der Borgenbrunnen name of the fountain in Güstrow
der Brunnen, - fountain
dar·stellen to show, present
decken to meet, cover
demnächst soon
das E-Werk: das Elektrizitätswerk electric power station
ehemalig former
eher more likely
die Einkaufstasche, -n shopping bag
das Elektrizitätswerk, -e electric power station
entnehmen (entnimmt, a, entnommen) to take from
die Erdschicht, -en layer of the earth, stratum
erfolgreich successful
erhalten (ä; ie, a) to preserve
erklärbar explainable
erlebbar able to be experienced
die EXPO 2000 in Hannover world exposition in 2000 in Hannover; world's fair
der Faden, ¨ thread

faszinierend fascinating
filtern to filter
das Flüsschen, - small river
der Grundwasserstand level of ground water
halt (*coll.*) you see
hautnah very close
heimisch indigenous, regional
her·kommen (kam, [ist] gekommen) to come from
her·stellen to establish
heutzutage nowadays
hinein·bauen to build in
hinein·führen to lead in
hinein·gucken to look in
jahrzehntelang for decades
das Kleinod, -e jewel
der Kreislauf cycle
das Kriterium, Kriterien criterion
machen to do; **es macht nichts** it doesn't matter
die Mechanik mechanism
die Nebel name of the river near Güstrow
normalerweise normally
regulieren to regulate
das Renaissancebauwerk, -e structure built in the Renaissance
renaturieren to restore to natural condition
rein into
die Reise, -n trip; **eine Reise wert sein** to be worth a trip
sich schlängeln to wind around, to meander (river)
das Schloss, ¨er castle
das Schneckenschöpfwerk name of works that regulated the water level
der Seitenarm, -e branch
sozusagen so to speak
die Spur, -en trace, track

sprudeln to bubble
der Strombedarf electricity requirement
die Sumpfwiese, -n swampy land
technisch technical
trocknen to dry
touristisch for tourists
trocken·legen to drain
die Turbine, -n turbine
die Umgebung, -en surroundings
umgekehrt reverse, opposite
sich um·schauen to look around
die Umwelt environment
das Umweltbildungszentrum, -zentren center for learning about the environment
unzählig countless
der Urzustand original state
vollautomtisch fully automatic
die Wanderung, -en journey
das Wassergebiet, -e area with water
der Wasserkreislauf water cycle
die Wasserkunst artificial water constructions like fountains
das Wasserwerk, -e water works
weiter·leiten to send on
die Weltausstellung, -en world's fair
das Wochenendhaus, -häuser cottage
das Wohn- und Gewerbehaus, -häuser structure with space for business and living quarters
der Wohnblock, -s apartment building